財富保全的**74**個超前部署

末日資本防衛戰

從金融崩壞到資產重建，
寫給下一場危機倖存者的行動藍圖

遠略智庫 著

當銀行帳戶凍結、養老金體系崩壞，你的財富還能倖存嗎？
金融菁英早已部署，普通人的資產保衛戰，正式啟動！

目 錄

作者序	給那些想在下一場風暴中站得更穩的人	005
第一章	經濟秩序正在重組：你準備好了嗎？	011
第二章	財富的幻象：你的錢為什麼消失？	035
第三章	階級上升神話的瓦解	059
第四章	財富焦慮的心理學解剖	083
第五章	理財失敗的社會結構性根源	113
第六章	金融資產不再安全的年代	137
第七章	財產的法律保護與避險策略	163
第八章	黃金、土地與收藏：價值實體的逆襲	189

目錄

第九章　現金流才是真正的生存力　213

第十章　企業家如何防震與重建？　239

第十一章　制度困局與避險路線圖　267

第十二章　數位貨幣與透明經濟的陷阱　303

第十三章　能源危機與新世界秩序　335

第十四章　情境模擬：你該怎麼反應？　359

第十五章　資本守則總結：抗災行動綱領　387

結語　從被動資產到主動資本，在不確定中活得更好　413

附錄　專有名詞一覽表　417

作者序
給那些想在下一場風暴中站得更穩的人

◎開場：時代裂縫與個人焦慮

我們正處於一個極度詭異而又令人不安的時代。

薪資看似成長，生活卻愈來愈難以維持；帳戶上的數字增加了，心裡卻總是覺得不安全；資本市場日夜運轉、股市屢創新高，但你我對未來的信任感，卻一年比一年更薄弱。

一場無聲的經濟地震，正持續侵蝕著我們的財務根基。不同於過去的明顯崩盤，如今的危機不再以「一天股市跌幾千點」的形式出現，而是像癌症一樣，無聲無息地，從中央銀行的利率決策、從全球供應鏈的邊角裂縫、從你手機裡的數位錢包，慢慢滲入你的生活。

我們開始懷疑銀行的承諾、害怕通膨的殺傷力、擔心某天政府不再允許我們自由提領現金……這樣的焦慮，不再只是金融專業者的議題，而成為每一位家庭主事者、上班族、創業者，甚至學生、退休族的日常。

◎問題提出：為什麼我們需要這本書？

市面上不乏教你「如何投資」、「如何存錢」、「如何規劃退休」的書。但當整個經濟結構已經不再穩定、當制度本身就是風險的一部分，這些以往的理財準則就顯得蒼白無力。

我們不缺乏投資建議，缺乏的是一套完整的「財富防衛機制」：當金融機構出現擠兌風險、當某國政府宣告資本管制、當你帳戶裡的資產突然被凍結、當你發現擁有資產也可能變成一種負擔時，你該怎麼辦？

作者序　給那些想在下一場風暴中站得更穩的人

這本書寫的不是金融市場的未來走勢，也不是資產暴增的祕技，而是為了幫助你建構一套「極端情境下，仍能保護自己資本生命」的實用架構。

◎**寫作動機與作者立場**

我並非財經名嘴，也不是傳統意義上的理財專家。

我只是與你一樣，在這個劇烈變動的世界中，努力理解背後邏輯，並思索「怎樣做，才能讓自己與家人的財富不被無聲地掏空」的人。

這幾年，我不斷研究金融危機的歷史資料、制度架構與資產配置邏輯，發現一個驚人的事實：每一次危機爆發前，其實都藏有大量可辨識的「制度警訊」與「資產再分配意圖」。而絕大多數普通人，正是因為不了解這些結構，才會一次又一次地在危機中，失去本來辛苦累積的成果。

我不想寫一本只給有錢人看的金融戰略，也不想寫一本讓人恐慌的末日預言。我想寫的是一本「你可以從今天開始採取行動的財富防衛指南」，一本即使你資產還不多，也能逐步建立起屬於自己抵禦風暴的資本堡壘的書。

◎**世界正在發生什麼事？（經濟秩序崩解現象）**

我們正見證一場舊經濟秩序的終結與新秩序的模糊開端。

全球化不再代表共享資源，而是加速轉嫁風險；自由市場不再強調效率，而是服務巨型資本的套利系統；央行的任務從穩定貨幣轉為操控流動性，將過剩的債務轉嫁給未來世代；政府的社會保護機制逐漸破碎，稅收與補貼變得選擇性而不對等。

過去我們以為「只要投資報酬大於通膨，就能財富成長」，現在才發現，「通膨本身就是制度為掩蓋債務問題而創造出來的洗劫方式」。

過去我們相信「資產配置可以降低風險」，現在才知道，「制度風險」才是最根本的變數，而這是任何資產配置模型都難以對抗的。

◎風險的隱形蔓延（從中央銀行到個人帳戶）

你不會在新聞看到「危機即將來臨」的紅字警告，但你會在生活裡感受到它的痕跡。

你會發現，銀行開始限制每日提領金額，或隱晦地問你：為何要轉出這筆款項？你會發現，某些國家要求加密貨幣實名化並納稅、數位貨幣正在試行、歐洲開始實施高額現金交易限制。

你也會開始注意到，那些資產看似穩定的國家，其實財政赤字早已破表；那些你信任的退休制度，實際上是建立在永續稅收的幻想上。

危機不再是「會不會來」，而是「什麼時候全面發動」。

◎財富的錯覺與制度陷阱

你以為你擁有的，不見得真正屬於你。

一間房子，如果是高槓桿購買、地價稅年年飆升，那它只是政府未來可以課徵的「未實現現金流」。一個股票帳戶，如果一旦崩盤就凍結交易，那它只是平日好看的報表。你存在銀行的現金，可能早已在你不知情的情況下，被政府或金融機構拿去支應其他人的風險。

制度可以合法地剝奪你的資產，只要它換一種語言表述：監管、穩定、改革、透明、去風險化。

這不是恐嚇，而是歷史反覆上演的真相。

◎真正的資本自由是什麼？

我們以為自由是「有錢」，但其實自由是「能保護你自己的錢，不被沒收、不被追蹤、不被凍結」。

作者序　給那些想在下一場風暴中站得更穩的人

真正的資本自由，是你能規劃資產的所在與形式，是你知道你的錢能被轉移、能避開制度性的陷阱、能在你需要時立刻變現，而不是困在一套權力系統裡。

自由不是選擇多的商品，而是選擇多的資本通道。這本書，就是要讓你擁有這樣的選擇權。

◎本書架構總覽與行動定位

這本書分為十五章，每一節都是一個你可以理解、判斷、行動的單位。從觀念重構到財富防衛，從心理轉變到資產配置，從金融策略到法律避險，從數位風險到能源戰爭，最後到情境模擬與總結行動綱領。

你可以整本閱讀，也可以直接針對你目前關心的階段快速搜尋。每一節的設計，都不是為了說教，而是為了讓你問自己：「我現在可以做什麼？」

這不是理論型經濟書，而是末日生存手冊，只不過你要守住的，不是糧食，而是你累積一生的資本安全。

◎行文風格說明與讀者提醒

本書直言不諱，但不煽情；警覺性高，但不誇張。我堅信知識的價值，在於它能被用來行動，而不是用來抱怨體制。

如果你期待一本能讓你安心睡覺的書，那這本書可能會讓你徹夜難眠。但我也相信，真實帶來的短期不安，勝過幻覺帶來的長期毀滅。

這是一本給有準備的人看的書，也是一本讓你變成有準備的人的書。

◎提前準備的力量

每一次危機，對一部分人而言是破產，但對另一部分人而言，卻是轉機。

差別不在於資訊不對稱，而在於「有沒有提前規劃與布局」。

我們無法改變央行的政策，也無法阻止國際局勢的演變，但我們能夠建立屬於自己的資本行動準則，打造真正能穿越風暴的資產結構。

這本書就是我給你的那套準則。

你不需要懂得比別人多，但你必須比別人早一步開始行動。

風暴已經在遠方，你可以選擇迴避，也可以選擇，開始搭建你的資本避風港。

現在，就從這一頁，開始。

作者序　給那些想在下一場風暴中站得更穩的人

第一章
經濟秩序正在重組：你準備好了嗎？

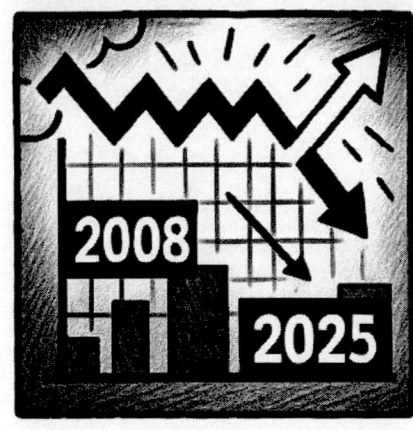

第一章　經濟秩序正在重組：你準備好了嗎？

第一節　全球市場的迷霧與幕後的無形之手

世界的表象：
市場看似正常，但風險早已潛伏

走進銀行，你仍然可以順利提領現金；打開手機 APP，股票與基金的報酬率似乎依舊穩定成長；政府發布的經濟數據不斷強調通膨可控、成長可期。然而，如果你願意靜下心來看一眼更深層的金融脈絡，就會發現：這些穩定的表象，只是一場極其精密的演出，而你我早已身處其中。

自 2008 年金融危機後，全球各國央行採取前所未有的量化寬鬆政策，試圖以低利率與超額貨幣供給來挽救經濟秩序。但這場危機從未真正被解決，它只是被延後。美聯儲、歐洲央行、日本銀行，甚至部分亞洲國家的中央銀行，聯手創造了人類歷史上最大規模的貨幣膨脹。

這場膨脹看似為全球股市帶來榮景，卻也讓市場與實體經濟的連結日益脫鉤。越來越多資產的價格不再來自其內在價值，而是來自市場預期政策會繼續救市的信仰。一場以信心為本位的新型金融秩序，正在默默重塑整個世界。

看不見的操盤者：誰才是真正的市場主宰？

在傳統經濟學的敘事中，市場由供需決定、價格由參與者協商、貨幣由國家發行。然而，真實世界中，這些假設越來越無力解釋金融的真實邏輯。

我們以為市場是開放的，但其實很多時候，真正主導市場漲跌的，並不是千千萬萬的散戶，而是擁有高頻交易技術、能提前預測政策變化的大型資產管理機構。他們不僅擁有龐大資金，更與各國政策制定單位保持緊密聯絡，甚至可以左右政策方向。

在美國，像是貝萊德（BlackRock）與貝恩資本（Bain Capital）這類機構，早已不只是資本市場的參與者，更是政策環節的重要顧問。當金融機構既是操盤手又是規則設計者，市場還能稱得上公平嗎？

亞洲地區也不例外。即便臺灣股市表面上維持健康交易，背後的大戶、大型法人與特定外資資金早已形成寡頭結構。他們掌握消息、擁有技術，並深諳人性與恐慌心理。

看似正常的異常現象：
資產泡沫、僵屍企業與通膨失控

我們為什麼說「全球市場進入迷霧狀態」？因為現在幾乎所有主要經濟體的資產價格，都已經脫離現實基本面。許多企業靠著低利借貸勉強存活，卻沒有創造實質營收與就業，形成所謂的「僵屍企業」現象。日本的日經指數在 2024 年創下歷史新高，然而該國企業平均實質工資卻在十年間呈現停滯；美國的 S&P 500 不斷上揚，但中產階級的購買力卻持續下降。

013

臺灣也面臨類似情形。許多中小企業因資金取得成本低廉，依賴補助與低利貸款維持營運，但一旦政策轉向或利率回升，將立即陷入現金流斷鏈的危機。表面風光的成長數字，背後其實是被借貸與政策推高的假象。

此外，過去被視為「短期波動」的通貨膨脹，如今已呈現出結構性特徵。食品價格、房租、水電費與基本勞務成本持續上漲，即使央行聲稱通膨率在目標區間內，民眾的實際生活感受卻是「一切都變貴了」。這種統計數據與實際生活的落差，正是制度性風險的徵兆之一。

系統性風險的本質：
制度不穩定，而非市場不理性

許多人誤以為市場波動是來自投資人情緒，但真正的風險，往往來自制度架構本身。舉例來說，美國政府在 2023 年再次面臨舉債上限危機，國會兩黨的爭執幾乎讓聯邦政府停擺，這並非「市場事件」，而是「制度衝突」。

歐洲的能源政策轉向導致天然氣價格波動，中國的房地產清算行動掀起地方財政風暴，這些現象都是「政策造成的經濟後果」。換句話說，市場只是回應制度的結果，而非起因。

我們不能只看 K 線圖與利率走勢，更應關注制定這些變數的背後力量 —— 政府如何定義風險？央行為誰服務？監管單位與資本的關係為何？這些問題的答案，才是真正影響你財富未來的核心。

個人該如何覺醒？
危機來臨前的三個自我檢視

面對市場的迷霧，我們不能再只是旁觀者，更不能安於「系統總會保護我們」的幻覺。以下是三個你該立刻自問的問題：

- 我的資產是否過度集中在單一金融機構、單一市場或單一幣別？
- 我是否了解自己資產的流動性等級？一旦遇到突發事件，我能否快速動用？
- 我的財富架構是否完全暴露在「國內制度」風險之下？我是否該設立海外備援機制？

這些問題的答案，不只是理財層面的考量，更是你是否能在風暴來臨時，站穩腳步的決定因素。

真正的市場不是你看到的市場

這世界的運作方式早已改變。看起來風平浪靜的市場背後，其實是極度複雜的權力角力與流動性操作。你看見的是表面價格、統計資料與專家訪談，但你沒看見的，是制度如何慢慢地將風險推向個人、將錯誤轉嫁給家庭、將失衡變成新的「正常」。

唯有及早理解真相，才能做出提前部署。別等風暴真的來臨時，才發現自己連傘都還沒準備好。

第二節　債務海嘯如何掏空國家與家庭

偽裝成成長的債務雪球

我們常聽到政府高喊：「經濟成長可期」、「財政赤字將逐年改善」、「債務占 GDP 比重在可控範圍」——這些聽起來安定人心的語言，其實正是當代債務機器運作的最佳迷霧。事實上，全球的政府債務已超過歷史任一時刻，許多先進國家長期處於舉債維生的狀態，而人民對此，幾乎無感。

債務並不是問題的本身，「無節制且無生產性的債務」，才是深層風險所在。當債務所換來的是政見工程、短期政治紅利與金融投機的資金炒作，而非基礎建設、生產轉型與社會資本強化，債務就成了未來納稅人的地雷。

美國自 2008 年金融危機後，不僅未大幅削減赤字，反而因救市、疫情、軍費、補貼等支出，使得總體債務規模在 2024 年已突破 34 兆美元。日本長年以國債融資國內支出，債務與 GDP 比已超過 250％。歐洲多國亦在能源補貼與綠能轉型支出中陷入債務擴張惡性循環。

而這一切的共同點是：政府以貨幣穩定為名，不斷印鈔推動債務貨幣化，使資本流入表面經濟，卻掏空實質未來。

債務如何轉嫁到家庭身上？

多數人以為國家債務是宏觀議題，與自己無關。但實際上，每一筆政府舉債，終究都會以某種方式，轉嫁到家庭的帳單上。

第一種方式，是透過貨幣貶值與隱性通膨轉嫁購買力的損失。當中央銀行印鈔用以回購債務或補貼支出，市面上流通的貨幣增加，價格全面上漲，薪資卻來不及追上，使民眾實質可支配所得下降。你不會接到政府說：「我要多課你稅」，但你每一次去超市結帳時，就已為國債「默默繳了稅」。

第二種方式，是透過未來稅收與社會保障資源的侵蝕。當債務負擔愈來愈重，政府要不是提高稅率、要不就是削減社福，家庭最終面對的是醫療自費變多、退休金延後發放、教育與托育成本轉嫁等結構性壓力。

第三種方式，則來自於利率與房貸市場的間接傳導。為了抑制債務失控，政府往往提高基準利率，這使得家庭房貸成本上升，原本能支配的生活開銷變得更加緊縮，甚至引爆房產泡沫、違約潮，重演2008年的劇本。

臺灣的潛在風險：
債不重，但集中與隱性結構令人警惕

許多臺灣民眾對政府債務抱持較低焦慮，理由是「我們不像美日那樣債臺高築」，但這是片面印象。事實上，臺灣的中央政府雖然表面債務占GDP比不到50%，但若加計地方政府隱性債務、非正式列帳的長期負債（如退休金承諾、國營事業負債等），真實負債早已突破警戒線。

更嚴重的是，債務結構高度集中於特定年度債券展延與短天期債

務，再加上稅基對房地產交易依賴度過高，一旦房市大幅修正、土地開發收益減少，整體財政立即陷入現金流風險。

此外，臺灣家庭自有住房率高，卻也意味著房貸總體依賴度居高不下。根據 2023 年資料，臺灣平均每戶房貸金額創下新高，青年族群更有高達 60％購屋族採取「30 年以上高成數貸款」。一旦利率回升，還款壓力與斷頭風險將如浪潮湧現。

債務讓你越努力越焦慮的三個邏輯陷阱

債務制度不只在經濟層面製造風險，更在心理層面上形塑出一種「努力無用、永遠追不上的焦慮感」。這來自三個邏輯陷阱：

通膨與薪資脫鉤

你每年加薪 3％，但通膨 4％，實質上你是倒退的；更糟的是，多數民眾的可支配所得往往被教育、育兒與醫療吸光，根本無法形成真正的累積性儲蓄。

信用過剩與槓桿誘惑

信用卡額度、消費貸款、股票融資、預售屋付款計畫……這些都讓你誤以為擁有能力提前消費，卻不自知自己其實只是拿未來抵押現在的快感。

資產上漲錯覺

看似擁有一棟房、一桶金的你，實際上資產價格大幅來自寬鬆政策下的泡沫堆疊。只要利率升息或資金退潮，這些資產將快速貶值，而債務卻實打實地存在。

這三種陷阱，讓一個看似「中產階級」的家庭，在危機來臨時幾乎毫無抵抗力。

我們該怎麼做？
債務風暴來臨前的資產準備

面對債務海嘯，不是恐慌，而是部署。以下五項建議，是每個家庭都該立即審視與調整的：

- 降低槓桿率：重新檢視所有負債，優先清償高利貸款，避免以新債養舊債。
- 轉向現金流資產：減少投資純價差型資產，強化租金、股利、專利等穩定收入來源。
- 設立危機儲備金：預留至少 6～12 個月生活費的緊急金，且分散於不同金融工具中。
- 不要被房貸綁死人生：能提前還款就還，能縮短年限就縮，減少對寬鬆利率的依賴。
- 關注制度風險：持續追蹤政府財政與政策動態，適時調整資產位置與結構，避免被制度轉向吞沒。

從債主變成抵抗者

現代資本社會最可怕的地方，不是有人欠你錢，而是整個體系把你變成無意識的「債務承接者」。你辛苦工作、誠實納稅、規劃退休，但

第一章　經濟秩序正在重組：你準備好了嗎？

政府用一套你看不懂的財政與貨幣語言，把債務轉嫁給你，讓你承擔風險、消化泡沫、背負成本。

這一節不是要你反對債務，而是要你看懂債務的走向，把你的人生從制度的「隱性債權人」轉化為一位有行動選擇權的抵抗者。

第三節　從 2008 到 2025：金融風暴的進化軌跡

危機並未結束，它只是改了名字

2008 年，雷曼兄弟倒閉如同驟然崩裂的火山口，把我們推進一個後金融風暴時代。全球市場驚魂未定，各國政府與中央銀行隨即啟動大規模救市與貨幣寬鬆政策，試圖遏止經濟崩潰的蔓延。但那場被稱為「百年一遇的危機」，實際上並未終結，它只不過是改了外貌、換了劇本，在另一種敘事中繼續運作，並一路演化至今。

這節將帶你回顧這段從 2008 年以來的金融風暴進化軌跡，理解其階段性轉型與下一波即將引爆的核心風險，從而認清眼前這場看似穩定、實則積壓更深危機的真面目。

第一階段：2008～2012
量化寬鬆元年與央行接管市場

當雷曼兄弟在 2008 年 9 月 15 日宣告破產，美國政府一度猶豫是否出手相救，隨後整個市場信心雪崩式崩潰，牽動歐洲、日本與亞洲股市齊跌。這場災難震撼全球，迫使美聯儲（Fed）與各大央行開啟前所未有的量化寬鬆（QE）政策，將大量資金注入市場，購買政府債券與資產支持

證券，試圖維穩金融體系。

當時的 QE 被視為非常時期的非常手段，然而它並未隨危機遠去而終止，反而開啟了「央行即市場」的時代。短短四年間，美聯儲資產負債表從不到 1 兆美元暴漲至 4 兆美元，全球其他主要央行如歐洲央行、日本銀行亦紛紛效法。

第二階段：2013～2019
資產泡沫化與新經濟假象

大量熱錢湧入資本市場，股市出現 V 型反彈，房價迅速回升甚至超越危機前水準。看似經濟復甦，其實是因為低利率與過剩資金推升了資產價格，而非實體經濟基本面的根本改善。

企業趁著資金成本低廉進行庫藏股操作、併購整併與財務工程，而非擴產與提升研發；消費者透過信用寬鬆重回高消費模式，但家庭總體負債不降反升。這段時間的成長，是金融工程堆積出的成績單。

同時，「新經濟」成為包裝工具，科技股、平臺經濟、數位貨幣等資產熱潮翻騰，讓投資人忽略了經濟結構本身的脆弱。

第三階段：2020～2022
疫情爆發與全民資產化

新冠疫情成為歷史轉折點。各國政府為防止經濟休克，採取史無前例的財政擴張與貨幣刺激。美國實施大規模直接補貼、失業給付與企業

救助，國民收到一次性現金發放，資本市場資金充沛。

這導致全民投資現象：散戶開戶人數暴增、比特幣價格飆漲、NFT 與元宇宙爆紅，美國 Robinhood 用戶數一年暴增數倍；臺灣也出現「全民開戶」風潮，連高中生、銀髮族都開始進場投資。

然而，這波資金熱潮未來卻可能成為泡沫破裂的導火線。當大量「缺乏投資素養與風險評估能力」的資金湧入市場，其結果往往不是共享紅利，而是共同承擔後果。

第四階段：2023～2025
高通膨時代與利率逆襲

當全球物價指數在 2022 年起快速飆升，央行終於意識到長期寬鬆帶來的副作用：高通膨、高房價、高負債、高預期落空。美聯儲快速升息，試圖冷卻過熱的市場與商品價格。臺灣央行也被迫三度升息，結束長達十餘年的低利環境。

但利率提高不是沒有代價：房貸族承受巨大壓力、企業資金鏈緊縮、房市與股市進入整理期、銀行資產品質惡化。許多中小企業開始出現營運緊張跡象，一些依賴高槓桿操作的產業則瀕臨崩潰。

更重要的是，通膨與升息的交錯效應，讓家庭財務承壓，形成「明明收入沒變，但生活費用翻倍」的窘境。

第一章　經濟秩序正在重組：你準備好了嗎？

關鍵轉折點：2025 年的預示與新風暴前兆

來到 2025 年，全球多國財政進一步惡化，美債上限問題再度引發全球市場動盪；歐洲則面臨綠能轉型與移民政策的雙重挑戰。亞洲方面，中國房地產與地方債問題持續壓力未減，韓國家庭負債創歷史新高，臺灣則面對出口動能下滑與人口紅利消退的雙重衝擊。

在這樣的背景下，我們看到金融風暴不再以「一次性劇烈崩盤」的形式發生，而是「制度性長期資產重編」的方式進行——看似沒事，其實你早已在資本重新分配的棋盤上失去了位置。

當債券殖利率倒掛成為新常態、資產價格與生活成本背離愈發嚴重、貨幣政策再也難以救市，那就意味著：風暴正在悄悄來臨。

風暴從未遠去，它只是變得更聰明

2008 年後的每一個階段，都是一次對過去危機應對方式的延續與變形。我們從「金融崩潰」進入「貨幣幻覺」，從「經濟救市」進入「政策失靈」。

這不再是一場單純的經濟循環波動，而是一場關於貨幣主權、資本集中與制度信任的大型賽局。

第四節　IMF、SDR 與世界貨幣新秩序的實驗室

全球貨幣秩序的悄然重寫

在多數人還在討論美元匯率、人民幣挑戰與加密貨幣的未來時，全球真正重要的貨幣劇本，其實正在一間設於華盛頓特區的機構內緩慢推演——國際貨幣基金組織（IMF）。

這個成立於 1944 年的超國家金融機構，曾在冷戰、拉美危機、亞洲金融風暴中扮演穩定者角色。但在 21 世紀之後，它正悄悄從「救助機構」轉型為「規則設計者」，尤其是在貨幣儲備體系上，扮演著日益重要的隱性角色。

而這一切的關鍵武器，名為「特別提款權」（Special Drawing Rights, SDR）。它不是貨幣、不是資產、不是債券，卻可能成為下一場金融風暴後，全世界唯一被迫接受的「新貨幣秩序」。

SDR 是什麼？它如何悄悄改變世界資本流向？

SDR 是一種由 IMF 創造的國際儲備資產，最初於 1969 年推出，原本只是為了補充會員國的官方儲備，避免全球美元短缺。然而，隨著全球經濟結構劇變與美元信用壓力上升，SDR 被重新賦予功能：作為跨國

清算的「過渡性貨幣單位」，甚至有朝一日取代部分美元功能。

目前，SDR 由一籃子貨幣組成，包括美元、歐元、人民幣、日圓與英鎊，每五年調整一次權重。表面上看，這只是統計單位的變化，但實際上，這樣的設計讓 IMF 有能力「不透過任何單一國家，就可創造新型流動性資產」，為全球債務危機找出口，卻也建立了一種去主權化的貨幣控制權。

換句話說，SDR 不是人民的貨幣，而是政府之間的結算貨幣；它不屬於市場，也不服從市場邏輯，而是 IMF 根據其會員國談判權力與分攤配額，決定其發行與使用。

為什麼 IMF 重啟 SDR 戰略？

2020 年疫情爆發後，全球經濟陷入深度衰退，許多開發中國家與新興市場因外匯不足、資本外流與主權債危機，瀕臨違約邊緣。傳統的美元救援方案面臨「美國國內政治瓶頸」，此時 IMF 迅速推動 SDR 再分配計畫，2021 年一次性發行 6,500 億美元等值 SDR，成為人類歷史上最大規模的全球貨幣注入。

然而這筆 SDR 的最大受益者，並非最貧窮國家，而是依其原有份額比例——美國、中國、德國、英國等國仍拿走大宗。這種「以公平為名，按強權分配」的分配制度，反映出 IMF 內部權力結構的高度政治化。

同時，IMF 也開始與其他多邊機構如世界銀行、G20 合作，建構「全球儲備重組架構」，提出「SDR 增資」、「SDR 貸款平臺」、「SDR 資產證券化」等概念，逐步將 SDR 從清算工具，轉變為可能的交易媒介與結算貨幣。

SDR 未來會變成全球新貨幣嗎？

雖然目前 SDR 尚未對一般人生活造成直接影響，但若觀察其演進軌跡，未來數年內它極可能出現以下幾種形式：

- 全球央行的替代儲備資產：當美元信用持續下滑，部分央行會開始增加 SDR 配置，減少對美元依賴。
- 跨國債務重組工具：許多開發中國家未來的 IMF 貸款與重整案，將以 SDR 為結算基礎。
- 新型數位結算網絡：若 CBDC 普及，SDR 可成為央行數位貨幣之間的中介清算單位，形成類似區塊鏈錨定機制。
- 超主權貨幣的雛形：長期而言，若全球爆發新一輪危機，IMF 可快速啟動 SDR 全球流通，作為「最後的流動性後盾」。

這樣的設計，看似高效，卻也代表主權國家對貨幣政策的主導權將日益削弱，未來的金融與通膨治理，可能會轉由多邊機構操控，而非由本國人民透過選舉間接影響。

臺灣與個人該注意什麼？

臺灣不是 IMF 正式成員，但央行與財政部早已透過多邊機構參與相關金融架構。雖然我們表面不受 SDR 主導，但在全球結算體系、儲備政策與外匯市場上，早已與 SDR 體系接軌。

對個人而言，以下三點值得關注：

- 你的資產是否高度集中於美元？若 SDR 漸取代美元，美元流動性與價格波動將加劇。
- 是否使用國際交易或支付平臺？未來 SDR 若進入跨境結算體系，你的資金流向與監管風險將提高。
- 如何建立非主流貨幣的保值與避險結構？黃金、加密資產、多幣別組合與法規熟悉度將是關鍵能力。

貨幣是權力，不是中立工具

SDR 的誕生與發展告訴我們一件事：貨幣從來就不是純粹的交換工具，它是權力的表現形式。

當美元與人民幣爭奪主導權的同時，IMF 正以一套「看似中立」的方式，重新安排全球資金秩序。這場安排，或許不會在新聞裡成為頭條，但它將深刻影響未來五年、十年、甚至一整代人的資產配置格局。

我們必須開始問自己一個問題：當你手中的貨幣變得不再具有主權保證，而你又無法決定那個新系統的規則時，你的財富安全感究竟來自哪裡？

第五節　世界菁英的備戰清單：從巴塞爾協議到現金封鎖

危機總是從最有權力的人開始準備

當你還在計算本月房貸與物價之間的平衡，當你還在評估該不該加碼 ETF、搬到蛋白區，這個世界上最具權勢的那群人早已提前啟動備戰：他們配置了黃金、購買了海外農地、申請第二國籍、將資產分散到不同稅籍與金融法域，甚至預備了現金封鎖時期的資本調度策略。

你以為風暴是某天突如其來，但對那些人而言，風暴是早已排演多次的劇本，而你只是最後才知道開演的觀眾。

這節，我們將解構幾項關鍵訊號——那些世界菁英如何透過制度性工具部署風險，從國際金融監理協議到貨幣數位化、從離岸信託到資本移轉封鎖，他們用什麼方式鎖住自己的財富，又用什麼方式將風險丟給體系裡最底層的我們。

巴塞爾協議：監管或控管？

自 2008 年金融風暴後，全球銀行體系進入所謂的「巴塞爾 III 協定」時代，這是一套強化銀行資本與風險管理的國際標準，看似為了強化金融安全，實際上卻為菁英階層創造了「資本合理隱藏」的法理空間。

巴塞爾協議要求銀行提高資本適足率、加強流動性覆蓋，但在風險加權資產的認定上卻留有極大灰色空間——高資產客戶可以透過結構型商品、企業型信託或特殊目的載體（SPV）降低名目風險曝險，達到「帳面安全、實質高槓桿」的結果。

而中小型資產擁有者，則被要求更多身分認證、更多資訊揭露、更多監管限制——以安全之名，限制的是你的資產自由度。

G20 與 OECD 的新全球稅制

近年來全球推動「共同申報準則」（CRS）與「全球最低稅率」改革，強調打擊跨國避稅與稅基侵蝕。但這項政策推動的節奏，其實完全由菁英國家主導，其核心目的之一，是重新建立一套「透明化財富管理秩序」，迫使中產階級與新富階層回流國內金融體系，接受主權國家的完整掌控。

然而真實情況卻是，真正的超高淨值人士早已將資產轉移至「非申報地區」、「家族辦公室平臺」、「主權基金間接投資管道」，避開所有稅制焦點，甚至還能利用 CRS 資料漏洞反向掌握對手動態，將監管變成資訊武器。

換句話說，這是一場針對中產與中上資產階層的制度壓迫，而菁英階層反而更自由。

「現金不自由」的時代正在降臨

你或許從沒想過自己會在某天不能自由領錢。但事實上，全球多國已在實施或測試現金限制政策：

- 義大利規定高於 5,000 歐元現金交易需申報
- 印度 2016 年曾一次廢除舊版高面額紙鈔
- 澳洲曾推動禁止高於一萬澳元的現金交易
- 瑞典實體現金使用比例低於 10%，現金提領需預約
- 中國則透過數位人民幣推動全面可控交易紀錄

臺灣央行雖未明確限制現金，但亦持續推動行動支付、電子發票與稅務資料整合，未來只需一套金融平臺調度與政策配套，即可快速實施提款限額、帳戶凍結、資本流出審查。

這些政策，在未來極端通膨或金融崩盤時期，將變成「金融防火牆」的技術基礎，而你我的資產，會在那一刻，瞬間喪失流動性與控制權。

菁英如何備戰？五大資本逃逸工具

你可能想問，既然如此，那些有能力的人都怎麼做？根據全球家族辦公室與私人財富報告，有以下五種常見做法：

- 黃金與貴金屬實體持有：並非買 ETF，而是在低關注國家設置保險庫實體持有
- 跨國公司結構：以新加坡、開曼等地設立控股公司，資本運作與個人財產切割

- 家族信託與慈善基金會：資產移轉與遺產規劃同時完成，並利用信託保護財產不被清算
- 第二護照與海外居留：利用加勒比海、歐洲特定國家快速取得身分，以因應政治與稅務風險
- 反監管金融科技投資：布局去中心化金融（DeFi）、加密保險與未來可自由流通的數位資產

這些不是違法，而是對制度風險的務實回應。

我們還有選擇嗎？平民資本防禦起手式

你不需要成為百萬富翁才能部署風險。以下是適用於一般資產擁有者的「平民版本五步驟」：

- 建立雙帳戶制度：至少分設兩家銀行、一家公、一家私，一家資產、一家流動
- 可快速變現的實體資產：如外幣定存、黃金條塊、小額珠寶或精選精品手錶
- 熟悉法律與金融邊界：了解境外帳戶開立條件、稅務申報門檻與外匯移轉限制
- 數位資產基本認知：不投機，但建立基本使用與儲存能力，如冷錢包操作
- 關注中央銀行與財政部動向：比起追股票，不如關注「政策意圖」的細微轉變

這不是反叛，是自保；不是陰謀，是預演。

最不自由的資產，是你以為最安全的那一筆錢

人類歷史上，幾乎所有的財富剝奪行動，都是在「合法」、「穩定」、「改革」的名義下進行的。

當菁英階層為風暴做足準備，你我更該提早學會辨識制度風向、建立資產防線。不要再把所有錢交給單一機構、不要再相信所有數字都是可提可動的現金、不要再假設體系會在你需要時保護你。

因為當一切發生時，你甚至不會有時間懷疑。

第一章　經濟秩序正在重組：你準備好了嗎？

第二章

財富的幻象：你的錢為什麼消失？

第二章　財富的幻象：你的錢為什麼消失？

第一節　賺得多，不代表有錢

每月進帳百萬，為何依然焦慮？

你可能在公司升上主管、年收入破百萬，甚至手上還有幾筆投資部位。但每當月底，你仍會計算帳單到凌晨，對帳單上突然冒出的金額感到不安，看到房價新聞就感覺自己永遠追不上。你不是不努力、不是不節制、不是不理財，但你仍然「沒有安全感」。

這正是當代財富焦慮的核心現象：賺得多 ≠ 有錢。因為「有錢」不只是收入數字，而是資產配置、現金流穩定性、負債壓力、制度風險對你的影響力、以及心理層面的財富感知。

本節將帶你拆解這個陷阱，從收入結構、支出慣性、制度轉嫁、以及財富心理模型出發，理解為何努力工作不一定能讓你變得更自由，甚至可能讓你陷得更深。

財富不是收入，而是現金流、資產值與風險承擔力的總和

多數人誤將薪資高等同於有錢，但真正的財富應包含三個面向：

- 穩定現金流：來自非工時收入，如租金、股息、授權金、利息等
- 資產淨值：扣除負債後的資產累積，如房產、基金、公司股份等

- 抗風險能力：是否有足夠儲備與分散，以應對突發狀況（疾病、裁員、政策變動）

一位年薪 300 萬、但高度槓桿、無資本收入的人，其實比一位年薪 100 萬、但有租金收入、低負債、資產多元的人更脆弱。這不只是資產配置問題，更是生存穩定性的本質差異。

高收入＝高支出：財富錯覺的消耗循環

高收入者常陷入一種社會性誤導：「賺得多，就該活得高級。」於是，他們：

- 換車、升等裝潢、用名牌包塑造身分感
- 為孩子投入高額補習、私校教育、國際營隊
- 參加各式商務應酬、禮儀培訓、自我投資課程

這些支出有些合理、有些無形中變成「身分焦慮的支出代價」。長期下來，他們的「剩餘現金」反而比中產階級還少，而自我要求與壓力卻持續升高。

在經濟學中，這種現象稱作生活通貨膨脹（Lifestyle Inflation）——當你的收入提升時，你會傾向提升生活標準，而非提升儲蓄能力，最終造成「表面富有、內在脆弱」的困境。

制度性掏空：為什麼你存的錢總是跟不上？

除了生活選擇，制度設計也是掏空財富的主要力量。舉幾個當代例子：

- 通膨與稅制雙重侵蝕：實質購買力下降，但你的所得稅率卻因名目薪資成長而增加
- 勞保年金改革與破產風險：你繳的費未必在未來返還原值，甚至面臨縮水
- 高房價與房貸制度：你的薪資漲幅遠低於房價成長，形成「越努力越買不起」的資本悖論
- 社會福利「排富門檻」：中上收入階層常被排除於補助、托育、醫療補助範圍外，卻又未達真正財富安全門檻

這些都是制度對努力階層的「沉默割稅」，並非惡意，但確實讓高收入族群變成制度的夾心層，無法突破財富上升軌道。

財富焦慮的心理根源：
比較、控制感喪失與未來預期模糊

從心理層面來看，賺得多卻不覺得有錢，常來自於三種內在機制：

- 社會比較與同儕壓力：收入提升後進入新的社交圈，你會自然以「圈內消費習慣」作為參照，導致預算上升、支出壓力同步成長
- 控制感喪失：當你的財務規劃無法抵禦制度變動、生活成本難以預測，你會覺得即使努力也無法主導未來

- 未來模糊帶來的不安：你可能已累積資產，但對「這些資產未來是否仍有價值」毫無信心，例如怕房市崩盤、股票套牢、稅制改變等

這些焦慮不會因收入提高而消失，反而隨著生活複雜度提升而放大。

如何從「高薪貧民」轉為「自由資本人」？

擺脫收入幻象，需要重新設計你的財富架構。以下是具體實作建議：

- 建立資產現金流帳戶：區分「主動收入」與「被動收入」來源，將每月 10% 以上投入創造現金流的資產（如股息股、REITs、數位內容授權）
- 設定生活支出上限而非比例：避免收入增加就放寬消費比例，設立「硬限制」的開銷底線
- 規劃不可見資產：建立風險準備帳戶（如外幣、黃金、分散戶頭）避免資產過於集中於單一制度內
- 情緒帳戶管理：認識自己的消費觸發點與焦慮來源，建立「延遲消費」與「非衝動消費」練習
- 定期資產評估與未來情境模擬：每年兩次檢視資產配置對通膨、制度、匯率與重大人生轉折的因應能力

這些步驟不會立刻讓你成為富翁，卻能逐步轉化你與財富的關係，從「追求收入」變成「設計自由」。

第二章　財富的幻象：你的錢為什麼消失？

> 財富不是你賺了多少，而是你能留住多少，
> 並決定如何使用它

　　這個時代的危機，不在於我們賺得太少，而在於我們沒學會如何用對的方式保留與使用資本。高收入可能是陷阱，也可能是機會。差別在於你有沒有覺察「收入幻象」的陷阱，並建立一套屬於你自己的財富系統。

第二節　財富自由的三大核心要素：時間、流動性與抗風險

財富自由不是數字，而是一種能力

在資訊爆炸的時代，我們對財富自由的定義充滿誤解。社群媒體上，它常被包裝為「被動收入超過生活支出」的口號，或是「不用上班還能環遊世界」的生活樣板。但這些畫面只呈現了結果，而非本質。

真正的財富自由，不是金額，而是你掌控自己時間的能力、資產的使用彈性，以及面對不確定性的心理強度與財務結構。換句話說，它是一種綜合能力，而非一筆固定資產。

本節將帶你拆解財富自由的三大核心要素，並說明為什麼有錢人未必自由，自由人未必富有，而懂得設計人生結構的人，才能在動盪世界中保有穩定的選擇權。

第一核心：時間控制權

時間，是現代人最稀缺的資本。你擁有時間的控制權，才可能談「自由」。但大多數人將時間綁定於勞務換酬模式——也就是，你要工作才有錢，不工作就沒有收入。

財富自由的第一步，是「將時間從收入中解綁」。這不代表你立刻

第二章　財富的幻象：你的錢為什麼消失？

不用工作，而是讓工作選擇權回到你手上。你可以選擇休息、轉換、探索，而不因為收入中斷而陷入恐慌。

達成時間控制權的關鍵策略如下：

- 打造非工時收入結構：如租金收入、股利、創作授權、數位商品銷售
- 儲蓄替代月薪的能力：累積 6～12 個月生活費的緊急預備金，買回短期選擇權
- 重新設計生活節奏：不再以「時間被排滿」為成就感，而是保留彈性時間給未來規劃與自我成長

真正自由的人，不是沒事做，而是能決定「什麼時候、做什麼、為誰而做」。

第二核心：資產的流動性與彈性使用

很多人以為資產越多越安全。但在危機時代，能夠靈活使用的資產，比數字總額更重要。

想像這種狀況：你名下有兩棟房產，市值總計四千萬，卻一旦工作中斷，就無法支應兩筆房貸；你擁有一百張股票，但遇到市場閃崩、流動性乾涸時無法變現；你擁有數位資產，卻無備份與清楚架構，導致離世時家人無法繼承。

財富自由的第二核心是：你的資產結構是否具備「流動性、可調度性、跨制度轉移能力」。以下是關鍵行動指引：

- 建立多幣別、多金融平臺、多戶頭的資金分配結構
- 資產分層管理：將資產分為立即可用（現金）、短期調度（定存、貨幣市場）、中期分配（債券、股利股）、長期資本（不動產、創業股權）
- 避開高槓桿低流動性商品：如預售屋、高風險結構債、重倉單一產業 ETF
- 資產轉移模擬演練：實際演練如何於 7 日內調度 30%、於 30 日內調度 80%資產應急或重置

自由不是擁有很多資產，而是關鍵時刻「可以動的資產」夠用。

第三核心：風險承擔能力與心理韌性

最後一項，但也最被忽略的，就是「抗風險能力」。很多人一談到財富自由，就只談報酬率，卻忘了：自由的背後，是能夠承受變動、甚至在危機中不失衡的結構與心理韌性。

當你能承擔市場下跌、房價修正、突發醫療支出、家庭變動、工作中斷而不慌張時，你就擁有真正自由。

建構風險承擔力的做法包括：

- 保險不是商品，是心理平衡器：買對保險能替代你的恐懼情緒，特別是醫療、重大疾病、長照、責任型保險
- 壓力測試你的資產與現金流：假設股市下跌 30%、房價腰斬、收入中斷六個月，你能否活得下去？怎麼活？

- 投資不是用來炫耀,而是減少未來不確定性:分配不是賭博,而是對抗制度與時間風險
- 心理系統穩定練習:例如「延遲決策」、「分階段執行」、「在壓力下仍可做正確決策的行為訓練」

擁有風險承擔力的人,不只是富人,而是真正的「韌性資本持有者」。

35歲高薪工程師與「被迫上工」的反差

我曾諮詢過一位在新竹科學園區工作的工程師,年薪約350萬,擁有兩戶不動產與一千萬臺股部位。他在職涯上極具成就感,但當疫情爆發、公司宣布可能凍薪與縮編時,他的焦慮感前所未有地高漲。

深入探討後發現,他的資產幾乎全是流動性差的不動產,且股票多為高波動成長型科技股,一旦市場修正,他的帳面財富與每月現金流都受到衝擊。他並無風險備援帳戶,也未設立被動收入來源。

他告訴我一句話:「我以為我很有錢,結果才發現我只是被高薪綁架的自由人。」

從那之後,他開始調整結構、清償部分貸款、建立租金資產、並重建資產配置。兩年後,他告訴我,他終於第一次請了兩週長假,沒有焦慮地關掉手機。

這才是真正的自由:可以在選擇工作的同時,也能選擇不工作。

三核心不是口號，而是財務自由的實作指南

這個時代的財富自由，不是比誰賺得多，而是誰的結構能在風暴裡站得穩。

請重新定義你的自由：

- 你是否能自由運用你的時間？
- 你是否能自由轉動你的資產？
- 你是否能在壓力下仍保有行動力與決策權？

如果以上三題，你無法同時回答「是」，那麼，不管你帳面上有多少數字，都不算是真正的財富自由者。

第三節
情緒消費與「賺來就該花掉」的迷思

錢不是花掉了才有價值，這是一場消費心理的騙局

「人生苦短，錢賺來就是要花。」

「現在不買，以後可能更貴。」

「我這麼辛苦工作，犒賞自己很合理吧？」

這些話聽起來都合理，甚至帶點正義感。但在潛意識中，它們構成了當代最危險的財富破口——情緒消費。

情緒消費並不只發生在百貨公司裡的衝動購物，它早已滲透進我們生活的各個層面，從外送平臺上的「深夜補償」，到分期付款時的「財務自欺」，再到旅行、聚餐、課程與自我投資包裝下的「消費焦慮正當化」。

本節將帶你理解情緒消費背後的心理機制與社會結構，並提供有效反制的方法，讓你重新奪回「金錢的主導權」。

情緒消費的三大類型：你是哪一種？

■ 補償型消費：源自情緒缺口（如壓力、挫折、孤獨、被否定），以消費行為進行短暫情緒回補。例如：加班完叫一份過貴的外送、挨罵後上網狂買蝦皮、分手後立刻安排一場國外旅行。

第三節　情緒消費與「賺來就該花掉」的迷思

- 身分型消費：為了建構「我值得」或「我不是平庸的人」的自我認同，例如高價精品、限量收藏、課程認證、名店排隊拍照等。消費行為成為「我值多少」的認證標誌。
- 焦慮型消費：來自「不消費會落後」的恐懼感，特別是社群媒體下的FOMO（Fear of Missing Out），讓人進入「別人有我也要有」的跟風模式。

這些行為的共通點是：並非為了解決實際需求，而是為了緩解心理失衡狀態。因此，它不是錯，而是如果無法自覺，就會成為資本快速流失的黑洞。

為何我們會陷入「花掉才是我的」的迷思？

從演化心理學與社會學角度來看，人類對「立即回報」的偏好遠高於「延遲回報」。這被稱為「時間折現偏誤」：一筆錢現在拿到能產生快樂，會被大腦評估為比將來更多錢還有價值。

加上當代經濟系統與廣告設計刻意放大這種偏好：

- 信用卡與分期付款讓消費「沒有痛感」
- 廣告語言結合自我肯定與成功象徵（你值得、專屬你的、只為菁英）
- 社群平臺強化即時比較與成就焦慮

更進一步，經濟學者指出：「當社會安全網薄弱時，短期消費更容易被選擇。」換句話說，當你無法預期未來會更好，現在就會成為你唯一敢相信的投資場域。

這也說明了為何低收入者常被批評為「不理性花費」——但事實上，他們是因為看不到未來保障，只能把「可支配的情緒權力」投注在眼前。

高學歷女性與「精緻貧窮」陷阱

一位 30 歲的醫療科技顧問，年薪約 180 萬，畢業於國內知名大學研究所，外表亮麗、職涯順遂，但她卻常因信用卡額度吃緊而轉卡借貸。

她的生活極具質感：每月固定做臉、進口香氛蠟燭、參加葡萄酒品鑑課、穿設計師品牌、偶爾小旅行、每年出國進修。但這些並非炫耀，而是她對自己的要求：「我不能只是上班族，我要活得有價值。」

當我們一起回顧她的帳務時，她才驚覺自己雖然收入高，但年存率不到 5%，且資產幾乎為零。她說：「我一直以為那是生活風格，沒發現我在用消費逃避身分焦慮。」

這種「精緻貧窮」不只是經濟問題，而是心理與社會認同結構下的副作用。

三步驟破解情緒消費回路

第一步：覺察消費背後的動機語言

- 問自己：「這筆錢花出去，是滿足什麼情緒？我現在的感受是什麼？」
- 將消費日記記錄情緒，而非金額（例如：「今天點星巴克，是因為開會很煩」）

第二步：創造「非消費型補償習慣」

- 用運動、閱讀、寫作、打掃、冥想取代消費作為壓力調節方式
- 規劃「延遲獎勵制」，讓消費與特定行為綁定（如完成儲蓄計畫才出國）

第三步：結構性轉換金錢用途標籤

- 把金錢拆分為三種帳戶：「生活帳戶」、「未來帳戶」、「自由帳戶」
- 未來帳戶為自動轉帳形式，強迫金錢先為未來預留
- 自由帳戶讓你可以「無罪惡感花錢」，但金額固定（例如每月 3,000 元）

這樣的設計既讓你保有自我慰勞的彈性，又不會失去資本控制力。

> 真正的犒賞，不是購買，
> 而是保留選擇權

我們活在一個鼓勵即時滿足、消費即身分的時代。花錢變成證明自己活著、成功、有品味的方式。但如果這樣的消費削弱了你對未來的信心與自由，那它就不是犒賞，而是掏空。

財富的真正價值，不在於你花了什麼，而在於你能選擇「花或不花」、「現在或以後」、「花給誰與為了什麼」——選擇權才是財富自由的根本象徵。

第二章　財富的幻象：你的錢為什麼消失？

第四節　財富自由三角失衡：你的收入、支出與資產錯位了嗎？

財富不是收入，而是系統的協調平衡

財富問題從來不是單一面向的問題。

許多人以為自己沒錢，是因為收入不夠高；但當你深入檢視其支出結構與資產配置後，會發現問題並不只在賺多少錢，而是在於「整體財務系統是否協調」。

我們可以將個人財富視為一個三角結構：收入、支出、資產。這三個面向互為因果、彼此拉扯，形成一種穩定或失衡的財務動態。

本節將帶你認識「財富自由三角」的概念，辨識你的結構失衡點，並提供具體的系統修復策略。因為真正穩健的財富自由，不是靠暴力增收，而是靠結構協調與節奏優化。

財富自由三角的構成與作用

這三個面向構成了你所有財務活動的根本：

- 收入（Income）：包括主動薪資、兼職、創業所得與被動收入等，決定你的現金流來源強度與穩定性。

- 支出（Expense）：包含固定開支（房租／房貸、水電、保險）、變動開支（飲食、娛樂、旅遊）、延遲型支出（教育、醫療、贈與等）。
- 資產（Asset）：累積出來的財富實體與帳面價值，包括現金、不動產、股票、保險、基金、數位資產等。

當收入增加、支出控制得當、資產不斷累積且穩健轉換，你的三角就穩定堅固；反之，只要其中一角失衡，整體財富就會開始變形、傾斜，甚至崩解。

常見的三角失衡結構（你是哪一型？）

1. 收入高、支出高、資產少型（高薪貧民）

- 表面上收入可觀，但因生活標準同步提升，年存率偏低
- 通常會有「房貸壓力過重」、「物質壓力社交」、「犒賞式消費」等特徵
- 資產多數以自用物品存在，缺乏資本性成長工具

2. 收入低、支出壓縮、資產被動型（拮据守財）

- 通常為自由工作者或中高齡轉職者，收入不穩但努力控制支出
- 儲蓄意識強，但過度保守，錯失資產成長機會
- 雖有資產，但多為低報酬、低流動性工具，資產增值速度不足

3. 收入中、支出不穩、資產槓桿型（錯配風險型）

- 典型如手上有投資不動產，卻靠高槓桿維持資產規模
- 收入中等，支出波動大，生活開銷與資本支出常錯位（例：薪資30萬，卻買千萬房產）

第二章　財富的幻象：你的錢為什麼消失？

- 現金流脆弱，一遇危機即失去資產控制權

這些結構在平穩時期可能不顯問題，但在危機、升息、通膨、工作不穩或家庭變動時，即會全面顯現其脆弱性。

財務錯位的背後：制度影響與認知偏誤

為什麼大多數人難以維持三角平衡？原因除了收入不均與資本市場波動外，更來自幾個制度與心理面因素：

- 稅制與補貼設計鼓勵「花錢」，非「留錢」：如消費扣抵、貸款補助、租稅減免，讓你容易買東西，但不鼓勵你儲蓄與長期配置
- 教育體系未教理財，但鼓勵消費型成功：升學與競爭導向的價值觀，未告訴人們如何評估資本安全與風險分散
- 比較心與時間壓力造成決策短視：在忙碌、焦慮、高壓的生活中，人們更容易做出「短期補償型」財務決策，而非結構性調整

當制度讓你覺得花錢比較有感、時間不容許你細算、社會期待你展現成功時，整個三角自然會失衡。

修正三角的五步操作流程

要讓你的財富系統回歸穩定，可以依照以下步驟操作：

步驟一：列出 12 個月的現金流圖譜

- 把每月收入、支出、儲蓄與投資額做圖表呈現，找出不協調項目

步驟二：分級支出分類

- 將支出分為「生存必需」、「生活選擇」、「情緒補償」三級，設定調整比例

步驟三：資產再分類與風險分層

- 將現有資產區分為低風險（如定存、黃金）、中風險（ETF、房產）、高風險（選擇權、虛擬幣）
- 確保高風險資產不超過總資產的 20%，並可接受短期波動

步驟四：主動收入與被動收入比例調整

- 如果你 100% 收入來自勞務，代表風險極高，需開始培養被動收入機制（如內容創作、租金、股利）

步驟五：每季進行一次三角檢查

- 建立一套固定檢視時間表，每三個月重新計算三角三邊長度（收入總額、支出結構、資產淨值）

這些步驟建立後，不只財富體質更健康，你也會因掌握結構而產生更多的信心與主控感。

第二章 財富的幻象：你的錢為什麼消失？

不要追求單點致富，要經營系統穩定性

財富的本質是系統，不是數字。不要因為某一年收入高就感到安全，也不要因為某一次投資報酬好就以為成功。

請記住：

- 收入是燃料，但不代表航向穩定
- 支出是方向盤，決定你要去哪裡
- 資產是車體結構，決定你是否承得起風雨

你的財務結構穩不穩，才是你未來的資本自由憑據。

第五節　財富焦慮的根源與修復練習

你真的缺錢嗎？還是你只是無法安心？

在財務諮詢過程中，我最常聽到的一句話是：「我不知道為什麼，雖然存款有了、收入也不差，但總是覺得不安。」

這種狀態，我稱之為「財富焦慮」。它不是貧窮，也不是破產的恐懼，而是一種「儘管外在條件尚可，內在卻長期處於資本不穩定感」的心理狀態。

本節將帶你拆解這種焦慮的根源——它不只是金錢問題，而是結構、信任、掌控感與社會比較交織出的複雜情緒。我們也將提供具體的修復練習，讓你不必等到「財富到達某個數字」才有安全感，而是從現在開始培養內在穩定力。

財富焦慮的五大根源：比缺錢更難發現的真相

結構不明：不知道錢去哪了，也不知道會怎麼來

很多人其實沒有清楚掌握自己的收支結構與資產配置，也沒有穩定且可預期的收入流程，因此即使帳面上有錢，也無法產生「財務安全感」。

第二章　財富的幻象：你的錢為什麼消失？

無預期自由：被固定開銷與義務綁架

房貸、車貸、家庭責任、教育支出、長照準備⋯⋯這些義務把未來十年的資金路線全寫好了，讓你對「自由選擇」產生幻滅感。

對體制的信任崩潰

不相信政府、不相信退休金、不相信保險、不相信醫療系統⋯⋯當這些社會安全網逐漸被削弱，你會覺得「除了自己，沒有什麼可以依靠」，進而加重資金焦慮與儲蓄衝動。

比較機制強化焦慮感

社群媒體上的炫富、旅遊、美食、課程、家庭教育等各類標籤不斷提醒你：「別人過得比你好。」即使你理智上知道這是剪輯過的假象，但情緒上仍會下意識產生匱乏感。

心理未設防：金錢從未被認真談論過

臺灣社會長期對錢的話題存有禁忌，我們在成長過程中很少學到如何與金錢建立健康的關係，導致許多人在面對金錢時，不是沉迷，就是逃避，無法有節奏地管理與運用。

焦慮不是敵人，它只是提醒你系統有破口

焦慮的存在有其正面功能。它不是來打擊你，而是來提醒你：「你的財務系統有破口，你的心理對未來缺乏信任感。」

真正的問題，不是焦慮本身，而是你是否有能力承接這個訊號，並做出調整。

第五節　財富焦慮的根源與修復練習

下面五組「財富焦慮修復練習」，目的不是讓你變成財務大師，而是透過一點點結構設計與心理穩定訓練，讓你恢復主導感。

練習一：金錢流向覺察練習（行動結構）

每週記錄你的金流分類，但不限金額精細，而是標注「金錢用在哪個角色上」：照顧自己、家庭義務、身分認同、補償性花費、未來儲備。

重點是練習「知道錢去哪」，而不是「責怪自己亂花」。

練習二：資產安全網打造（制度防線）

檢視自己是否擁有以下三項基本結構：

- 至少 6 個月的生活預備金（分散帳戶）
- 基本醫療與重大傷病保險保障
- 家人知道你的財務備援方案（例如失能時的財產調度計畫）

這三者不是用來「賺錢」，而是用來「安定內在」的重要系統。

練習三：資訊停機練習（比較斷線）

每月選一週，完全不接收社群媒體中的財富或生活展示內容。

減少比較資訊輸入，降低「錯誤參照值」對自我認同的破壞。

同時觀察自己在資訊斷線期間的心理變化，寫下你的身體感受與情緒曲線。

練習四：對未來的信任建構（預期設計）

每半年為未來兩年設計一次「自由金流計畫」：列出可能需要自由選擇的事件（如轉職、搬家、學習、照護），並推估各項所需的資金彈性。

> 第二章　財富的幻象：你的錢為什麼消失？

把這些金額變成目標，並非為了節流，而是讓你在今天就開始為未來的自由鋪路。

練習五：資本冥想與信念重寫（內在系統）

每週選一個時間（建議早上剛起床或睡前），安靜地寫下以下三件事：

- 我目前擁有哪些穩定的資源？（不是錢，而是能力、人脈、習慣）
- 我對金錢最大的恐懼是什麼？這恐懼從何而來？
- 我希望金錢為我帶來什麼樣的生活品質？

這是一個持續性的自我對話，讓你將金錢重新與「價值」而非「恐懼」連結起來。

真正的安全感，是你能為不確定設計出準備

財富焦慮不會因為賺到一千萬而消失，也不會因為房貸還清就遠離。它是對未來不確定性的一種自然反應。

但你可以選擇如何面對它。

你可以選擇用建構性的行動，一點一滴重建信任系統。

你可以選擇用節奏化的練習，培養內在安全的能力。

你可以選擇，不讓焦慮變成你的主導者，而是讓它成為你設計財務自由的起點。

第三章

階級上升神話的瓦解

第三章　階級上升神話的瓦解

第一節　被消失的中產階級與社會流動的幻覺

社會流動的敘事已經破產

過去數十年，無論在哪一個國家，政府與主流媒體都不斷傳遞一個共同訊息：「努力就會成功」、「只要教育、認真、守法，就能向上移動」。這套階級上升的敘事模型，曾經鼓舞無數家庭將孩子送進高等教育、投資在職訓、追求穩定職涯，期待他們能從工人階層進入中產階級，甚至再進一步進入資產階層。

然而，近十年來的社會與經濟發展證實：中產階級不僅未擴大，反而正在瓦解。

在美國，這個現象尤為明顯。根據皮尤研究中心（Pew Research Center）的長期追蹤，1971 年中產階級占整體人口 61％，但到了 2021 年，只剩下不到 50％。而臺灣的國發會也在 2023 年發布報告指出，臺灣的中位數家庭所得增幅遠低於前 20％高所得家庭，顯示中間地帶正在被壓縮。

這一節將從經濟結構、教育報酬、工作型態與資產配置的變化，揭開中產階級如何被「制度性邊緣化」，並帶你看清社會流動敘事的真相。

中產階級的經濟基礎正在崩解

所謂中產階級，傳統定義包括：穩定收入、有儲蓄能力、擁有不動產、能負擔教育與醫療支出，並有部分休閒消費能力。

然而，現實是：

- 穩定收入正在減少：隨著企業傾向外包、兼職、派遣制度興起，「正職保障」逐年減弱。以美國為例，2022 年約有 36% 的勞工為非典型就業型態，臺灣也出現大量「派遣教師」、「專案外包工程師」、「外送員」等新型工作型態。
- 儲蓄能力被通膨與房價侵蝕：以臺灣為例，2023 年家庭平均儲蓄率已跌破 20%，而房價所得比在雙北高達 15 倍以上，中南部也逐步逼近 10 倍。房價早已脫離薪資成長，變成資本堆疊的結果。
- 醫療與教育成本外溢：雖有健保與學貸制度，但私校化、補教體系與長照需求迅速擴張，讓中產階級承擔雙重負擔──既無法獲得補助，又無法承擔完整成本，成為所謂「夾心階層」。

這些因素加總之下，使得許多看似「生活不錯」的家庭，實際上處於資本脆弱狀態：一場大病、一波裁員、一段經濟下行週期，就可能將其推入貧困邊緣。

教育再也不是階級翻身的保證

若說上一代人還能靠高學歷改變命運，今天的年輕人早已看穿：學歷膨脹與教育貶值正是階級固化的幫凶之一。

- 高學歷低報酬現象普遍化：以臺灣為例，碩博士畢業平均起薪不僅未顯著高於大學畢業生，甚至在部分人文社科領域中，被迫接受非正職、兼任、計時工作的比例居高不下。
- 學貸與時間機會成本拉大階級斷差：上大學不再是資本增值工具，反而讓無資產家庭背上沉重貸款，而有錢家庭則可以直接透過出國留學、高品質補習、人脈建立，快速取得非正式但高效的資本加乘。
- 文憑變商品，教育淪品牌：大學與碩士課程商業化趨勢明顯，學校成績變成通行證，而非知識實力象徵，導致文憑成為「資本市場的入場費」，而非翻轉人生的槓桿。

中產階級若仍寄望透過教育躍升階級，可能已踏上「高學歷、高負債、低流動」的慢性焦慮軌道。

資產配置結構已不可逆地失衡

根據瑞士信貸（Credit Suisse）2023 年財富報告，全球最富有的 10% 人口掌握了全體資產的 76%，而中間 50% 僅掌握不足 10%。這代表階級間的財富距離正在拉大，並且呈現「資本性收入優勢指數級成長」的現象。

資產不平等的具體型態如下：

- 高資產階層擁有租金、股利、資本利得三重現金流，而中產階級仍停留在「單一薪資收入」的被動模式。
- 不動產變成資本工具：中產階級買房是自住，無法產生現金流；而資本階層則藉由不動產持有、租賃與借貸槓桿形成收益與避稅雙重效應。

- 金融工具門檻提高：從創投、私募、家族辦公室、基金保單，到高資產理財顧問制度，這些「資本增值管道」早已不對中產開放，或設下資本與資格門檻。

當整體制度鼓勵「錢滾錢」，卻對「勞力換錢」不斷課稅與折舊，中產階級就成了整個資本累積機器的燃料提供者。

為何我們仍相信社會流動是可能的？

儘管現實殘酷，我們仍常聽見這樣的說法：

- 「你看誰誰誰也是白手起家啊。」
- 「只要你夠努力，就一定能翻身。」
- 「現在年輕人太不肯吃苦了。」

這些語言之所以廣為流傳，背後有兩個結構原因：

- 菁英敘事刻意「去脈絡化」：媒體與政策強調個別成功故事，淡化背後的家庭背景、社會資源與制度特權。例如某創業成功者，其實家族早已經營資本多年。
- 體制需要信仰支撐秩序：若人們不再相信努力與成果成正比，整體勞動動能將下滑，社會穩定性下降。因此，制度維穩的手段之一，就是讓人「持續相信流動性仍存在」。

這就是所謂的「幻覺性流動敘事」：它不是真的，但你必須相信，否則整個結構將無法維持。

第三章　階級上升神話的瓦解

你不是沒努力，而是被設計困住了

中產階級的瓦解，不是某一天發生的意外，而是長期制度性配置下的結果。收入停滯、物價上升、教育膨脹、資產壁壘、流動性下降⋯⋯這些不是你的錯，但如果你看不清它的本質，那就是錯在於選擇繼續相信幻象。

第二節　公司即政府？財團如何綁架政治制度

資本主義的新面貌：民主的表皮，財團的實權

在傳統想像中，政府是由選票決定，企業則是市場競爭下的商業組織；一個維護公共利益，一個追求利潤最大化，兩者之間應該存在制衡關係。

但進入 21 世紀後，這個界線正快速消融。政府政策越來越受企業遊說團體影響，財團透過政治獻金、旋轉門人事安排與媒體控制，不僅影響立法，甚至影響外交、稅制與軍事採購。

當公司影響政府決策的力量大到足以規劃政策走向，當公共資源逐步被民營企業接管，我們是否還能相信「民主政治」是真實的？或者，我們已步入一種「財團代理政治」的新形態？

這一節將帶你從制度面揭開企業如何滲透政治、掌握政策制定權、影響公共資源流動，並反過來強化自身資本壟斷地位的五大機制。

機制一：政治獻金與超級政治行動委員會（Super PACs）

在美國，2010 年最高法院「聯合公民訴聯邦選舉委員會案」（Citizens United v. FEC）判決允許企業與工會以「言論自由」名義無上限資助政治

行動委員會（PAC），催生出一大批「超級 PAC」，成為選戰背後的資金輸血機器。

科技巨頭如 Google、Meta、Amazon 每年都投入數千萬美元資助候選人、倡議政策與制定法案。他們不只投資政黨，也「雙向下注」，確保無論哪一方當選，都對其利益友善。

這種模式讓選舉不再是「民意代表決定公共政策」，而是「資本勢力選擇願意配合的人」，進而以合法形式擴大自身影響力。

臺灣雖然對政治獻金設有限制，但企業透過捐助附屬基金會、間接贊助活動、媒體投放與業界壓力團體等形式影響政策走向的現象也逐漸常態化。

機制二：旋轉門人事與政策接管

許多企業高管在卸任後轉任政府顧問、部長，反之，官員退役後也常被延攬至大型企業擔任顧問或董事。這種「旋轉門」制度讓政府與企業界的界線形同虛設。

以美國為例，歷任財政部長多來自華爾街大行，如高盛、摩根士丹利；而臺灣亦曾出現前部會首長直接進入大型財團旗下機構任職的案例。

這種安排使得政策不再中立，而是逐漸傾向保護特定企業利益。例如金融監理法規常出現「對大企業寬鬆、對中小企業嚴格」的情況，關鍵就在於制度設計者與受益者之間的同質性過高。

機制三：基礎建設民營化與公共資源商品化

從水資源、電信、交通、健保到教育，全球各國政府為了減少財政壓力與提高效率，開始將原本由國家提供的公共服務外包或完全交由企業經營。

然而，這種所謂的「效率提升」，實際上是將原本全民共享的資源轉化為「依照支付能力取得」的市場商品。

當你繳費使用高鐵、水電、醫療、教育時，背後已不是政府，而是一家以利潤為主要目標的公司。你的需求是其收入來源，但未必是其服務優先。

臺灣的民營化趨勢亦可見端倪，如 BOT 案大量出現在交通、醫療、教育設施中，雖有法規限制，但實務上仍有許多以企業獲利為導向的設計模式。

機制四：媒體控制與輿論塑造

當財團掌握媒體，就能控制社會想像與價值建構。

以美國為例，六大媒體集團掌控了全國 90% 以上的新聞頻道、報章雜誌與娛樂平臺。這些媒體透過選擇性報導、議題框架、聲量操控，引導民眾接受企業友善的觀點，淡化政策弊端與社會抗議聲音。

臺灣媒體亦多為財團所有，許多報社、電視臺、網路新聞平臺實質背後皆有建設、金融、教育、科技等企業支持，新聞報導中性與否早已無法保證。

當媒體不再是公共監督機構，而是企業公關與政治工具，民主體系中的「第四權」就已變質。

機制五：跨國協議與法規制定主導權

跨國貿易協定如 TPP、CPTPP、RCEP 與 WTO 談判中，企業常是幕後最大受益者。他們會投入大量資金影響談判方向，確保新協議有利於其投資環境、稅務架構與競爭優勢。

例如美國數家大型製藥公司曾透過美國貿易代表（USTR）影響 TPP 內容，加入更嚴格的智慧財產權保護條款，延後學名藥上市時間，直接影響開發中國家藥品可負擔性。

企業的參與讓原本以國家為單位談判的機制，變成「跨國資本主導的利益交換」。而一旦條款確立，民主國家即便反對也無法改變，形成「超國家規範」架構。

當公司變成立法者，你的選票還剩多少力量？

我們以為自己活在民主社會，能透過選票改變政策，表達訴求。但現實是：真正影響政策的人，往往不是選出來的政治人物，而是背後提供資金、資訊、平臺與話語權的企業財團。

這不是陰謀論，而是制度性的滲透現象。一個沒有法律違規、卻實質上已將公共權力私有化的現代現象。

真正的改革，必須從制度去除資本特權開始──不再讓政治只是企業的投資工具，不再讓立法只是財團的風險管理手段。

第三節　美國夢的黃金年代為何不再回來？

「只要努力就能成功」曾經是真的

美國夢之所以成為全球階級流動的象徵，源自一段確實存在過的歷史黃金年代：二戰結束後至 1970 年代，美國的中產階級快速壯大，工人階級可以靠單一收入供養一家四口、購屋、買車、甚至儲蓄與度假。

這段時間的特徵是：

- 工會強大，保障薪資與工作安全
- 製造業為核心，工作數量與穩定性俱增
- 房價穩定，教育與醫療尚屬可負擔
- 稅制進步且累進，富人與企業負擔相對公平
- 經濟成長與薪資同步攀升

換言之，在這個時代，努力工作確實能讓人「翻轉命運」。這是美國夢得以被相信、被複製、被出口到全世界的時代基礎。

但這一切，從 1980 年代開始逐漸崩塌。

第三章　階級上升神話的瓦解

結構變遷如何終結階級通道？

造成美國夢幻滅的根本，不在個人，而在結構。

- 全球化與產業外移：製造業外移至亞洲與墨西哥，大量藍領工作消失。留在本土的工作轉為服務業與技術職，但需高技能與高教育門檻，並非所有勞工能轉型銜接。
- 工會勢力衰退：1981 年雷根政府開除全美空中交通管制工會（PATCO）成為轉捩點，之後反工會氛圍興起。勞工談判力下降，薪資成長停滯，企業彈性僱傭成為主流。
- 金融自由化與股東至上：企業經營從員工與顧客導向，轉為股東報酬最大化。財報、股票回購、市場預期取代長期經營與社會責任，導致企業利潤成長與員工薪資脫鉤。
- 社會安全網收縮：福利制度與公共補助被認為造成「依賴文化」，逐步刪減；教育與醫療日益昂貴，形成中產負擔壓力鍋。

這些政策與文化風向的結合，使得美國社會逐漸從「一個中產占多數的機會社會」，變成「兩極分化的資本社會」。

美夢崩潰的五個現實指標

- 家庭淨資產停滯甚至倒退：美國聯準會調查顯示，中位數家庭淨資產在 2007～2019 年間幾乎未成長，通膨調整後甚至減少。
- 多數人靠多份工作維生：根據 2022 年統計，美國有超過 1,350 萬人同時擁有兩份以上工作，且其中以女性與 30 歲以下族群最為集中。

- 學貸與房貸成為一生枷鎖：美國學生貸款總額超過 1.7 兆美元，超過汽車與信用卡貸款總和。年輕人遲遲不婚、不生、不購屋，進入財務延遲階段。
- 住房變成資本戰場：投資基金與富裕家庭大規模併購住宅市場，使得一般家庭難以以收入負擔房產。部分地區房價所得比高達 20 倍以上。
- 社會階級固化指數升高：根據哈佛大學「機會洞察計畫」（Opportunity Insights），出生於最底層 20% 家庭的孩子，進入最頂層 20% 的機率已低於 8%。相較於 1950 年代，這個機率曾經超過 20%。

臺灣正在重蹈美國的覆轍？

臺灣曾以高社會流動性為榮，但近年來也面臨與美國相似的困境：

- 房價高漲導致資產累積與階級複製（青年無法購屋，長輩坐擁資產）
- 學歷貶值與青年就業失衡（高學歷、高工時、低保障）
- 政策傾向資本市場而非勞工福利（稅負結構失衡、金融資產課稅空洞）

美國夢的黃金年代不再回來，而臺灣夢是否會有同樣命運，取決於我們是否能看見結構問題，並在制度上進行修正。

我們仍需要夢，但不是幻覺式的希望

今天的年輕人不缺努力、不缺適應力，缺的是一個可實踐的希望結構。

第三章　階級上升神話的瓦解

真正該思考的，不是「怎麼重建美國夢」，而是「我們是否可以設計一個新的夢想邏輯」：

- 不是單一管道（學歷→工作→買房），而是多元流動性與社會支持
- 不是讓人為資本服務，而是讓資本為人工作
- 不是將成功定義為上升，而是讓每一階層都能有尊嚴地生活

這需要制度創新、財政重構、資源再分配，也需要社會文化重新定義「什麼才是好生活」。

黃金年代是歷史，不是未來

我們必須接受：那個靠努力讀書、穩定工作、買房安家、階級翻身的線性人生模型，已經過時。

但我們不必因此放棄希望。真正的行動不是重返過去，而是設計一個「能夠對抗未來不確定性」的生活模型。

第四節　社會安全網的疲弱與金融商品化危機

社會安全網曾是中產階級的穩定器

社會安全網（Social Safety Net）一詞，意指國家透過各類公共政策與資源分配，協助國民在面對疾病、失業、老年或意外等生命風險時，能維持基本生活品質與尊嚴。它的存在，正是許多中產階級願意相信社會公平、願意勤奮工作的原因之一。

臺灣的健保制度、勞保與國民年金、就業安定基金、育嬰津貼、長照服務⋯⋯這些制度長年支撐著家庭與個人免於陷入生存恐慌。對絕大多數人來說，社會安全網的強弱，遠比選股報酬率或不動產漲幅更能左右其命運。

但當社會安全網逐漸疲弱，或被制度掏空、被私人資本包裝成金融商品時，原本作為「避險機制」的公共服務，反而成為新的階級割裂場域。本節將揭示，社會安全網的瓦解，如何加速中產階級的滑落與財富焦慮的全面擴張。

安全網的三大危機：財政、排富與替代化

- 財政永續性的潰堤：以臺灣為例，勞保基金根據監察院與審計部報告，預計將於2028年前後用罄。年金改革雖嘗試延命制度，但已嚴重削弱國人對未來退休生活的信任感。健保署也持續出現財務赤字，醫療品質與資源分配受到壓力。
- 中產階級被排除於福利之外：當社會福利制度以排富為原則進行設計，中產階級常因收入稍高於門檻，被排除在補助、津貼、補助學貸等政策之外，卻又無力負擔完整市場價格。結果是：「稅繳得比底層多、福利領得比頂層少」。
- 風險轉嫁給個人與家庭：原本該由國家承擔的風險，如老年照護、重病醫療、職業傷病，逐漸轉為私人保險與自費醫療支出，使得民眾被迫「自我資本化」。若無充足資產，就等於自動進入制度邊緣。

這三種趨勢讓「社會安全網」不再能真正保護廣大勞動者，反而成為一個打不著菁英、救不到中產、壓不住底層的破網。

金融商品化：用保障包裝風險的產業鏈

當公共保障不足時，金融業立刻填補市場缺口，並將風險包裝成商品賣給焦慮的中產家庭。這類商品有三大類型：

- 保險商品泛功能化：從基本壽險擴張至投資型保單、長照險、傷病險、教育儲蓄險等，不少商品實際上風險保障低、手續費高，主打情緒行銷與「家庭責任包袱」，但在實際理賠時卻處處卡關。

- 退休商品金融化：原本應由社會制度提供的退休保障，被包裝為「年金型保險」、「安養信託」、「分紅儲蓄險」等市場型商品，誘使民眾將長期資本鎖入低彈性、低流動性高成本工具中。
- 醫療照護私有化：當健保體系緊縮，高端醫療需求無法滿足時，私人健康管理、醫美、海外看診、客製化健康保險迅速興起，並與壽險業、醫院體系結合，成為高資產者的「準VIP制度」。

這些「保障金融商品」的共通點是：

- 操作難度高，資訊不對稱
- 無法短期解約、退出成本高
- 銷售過程強調恐懼與責任（如：你不保，家人怎麼辦？）

一旦社會安全網不足，而你又沒有資產與知識去辨識金融商品，就等於主動走入金融風險的包裝陷阱。

不保險，會更危險？── 一場心理勒索的資本策略

很多中產階級家庭其實並不缺保單，但缺的是「正確評估與風險策略的全局視角」。

他們容易：

- 同時持有過多重疊型保單（如重複投保實支實付）
- 高估風險發生機率（如35歲購買高額長照險）
- 低估現金流斷裂風險（例如忽略失能與失業造成保費中斷）
- 錯誤設定資產用途優先順序（如先買高儲蓄險，再補緊急預備金）

第三章　階級上升神話的瓦解

　　這些錯誤不是因為個人愚蠢，而是因為整個社會傳遞給他們一個訊息：「國家不能保你，你只能靠自己」──而這正是金融商品商業化的最佳行銷語境。

臺灣的案例：風險變商品的五大場景

- 長照需求變成長照險：臺灣長照 2.0 政策資源有限，私人長照保險成為家庭必要支出。2022 年長照保單成長率突破 20%，卻存在投保限制多、理賠定義模糊的問題。
- 學貸壓力變成教育儲蓄險：家長為孩子未來預作準備，導致資金過早被鎖入長期、低報酬保單中，無法靈活因應變局。
- 醫療擁擠變成實支實付保險市場擴張：民眾為避免健保排隊與分級制度的不便，轉向高保額自費險，結果使得部分醫療行為價格上漲，反向造成健保崩壞循環。
- 退休金焦慮變成年金型商品氾濫：金融機構大量推銷「安養型」、「保本型」、「時間鎖定型」商品，但手續費高、保本期長、流動性差，難以真正對抗通膨與資本侵蝕。
- 子女教養責任變成保單搭售工具：結婚與新生兒階段成為銷售熱點，情緒行銷綁定「愛的責任」，迫使家庭在尚未穩定財務前進入保單過重狀態。

保障的瓦解，是社會信任的崩潰

當國家不再能提供基本保障，個人就會把風險內建進日常生活，焦慮與壓力無所不在。金融業者只是填補了制度真空，問題的本質不是商品，而是結構。

但若我們不重建社會安全網、不強化公平分配與制度補位，這些金融化的「保障」只會成為階級再製的工具。高資產者能為自己買到等級化的安全，低資產者則將被排除於基本保障之外。

真正的改革，是讓風險回歸制度設計，而非個人承擔。

第三章　階級上升神話的瓦解

> # 第五節　僱傭關係如何淪為資本剝削的溫床？

「有工作」不等於「有保障」

　　當代社會給我們灌輸一個觀念：只要肯努力找工作、維持穩定就業，就能保有經濟安全。但事實上，僱傭關係早已從「保障與穩定」的代名詞，變成資本主義體系下最容易被利用的結構陷阱。

　　這個陷阱不一定是明目張膽的壓榨，而是以制度化的方式，讓勞動成為廉價且可隨時替換的資源，讓企業能夠在最大限度壓低成本的同時，合理化對員工風險的轉嫁與承擔。

　　本節將從制度、組織、文化三個層面，解構現代僱傭關係如何演變為一種「剝削而不自知」的結構，並提供個人如何反向設計職涯韌性與資本抵抗力的策略。

制度設計下的合法壓榨機制

非典型就業制度氾濫

　　隨著勞動市場彈性化的浪潮，各國政府逐漸放寬對短期合約、計時、外包、派遣等非典型勞動型態的規範。這些制度使得企業可以：

- 避免支付資遣費、年終獎金與保證工時
- 降低勞健保支出與加班補貼
- 快速調度、裁撤不符合「績效」標準的勞動力

臺灣在 2023 年統計顯示，約有超過 76 萬名勞工屬於非典型就業，比例逐年上升。

績效制度與彈性薪資陷阱

各種 KPI、OKR、年終獎金與獎懲制度，雖表面提升效率，實則將經營風險轉嫁至員工個人：

- 公司若未達預期績效，即可減薪、凍漲甚至裁員
- 員工收入與職位晉升高度依附主管主觀評價
- 無形壓力迫使員工延長工時、侵蝕休息權利

試用期、派遣期無限延長

某些企業透過長期延用試用期或外包人員規避正式聘用責任，使員工長期處於「備用狀態」，一旦出現人力成本調整需求，即可直接汰換，毫無社會保障。

組織文化中的權力與情緒操控

除了制度面的設計，更細膩的剝削來自組織文化中的「勞動責任情緒化」：

- 責任感綁架：將「加班」與「敬業」劃上等號，讓員工為了不辜負團隊、主管，主動犧牲休息時間。

- 忠誠敘事：塑造「我們是一家人」的語言氛圍，讓員工誤以為個人利益應該讓位於整體文化，卻未得到對等的制度保障。
- 升遷夢與焦慮的兩面刀：一方面提供晉升機會作為「努力報酬」的期待，一方面以高淘汰率與內部競爭加強內部壓力。

這些文化不是偶然，而是設計。它們讓組織可以不透過明文規定，就讓員工「自願」奉獻更多工時、忍受更多不合理待遇，甚至將過勞與焦慮視為正常現象。

勞動的商品化與「資本身體」的消耗

勞動不只是時間與技能的付出，更包含身體與心理的耐受度。現代資本主義之所以能長期高效率運作，是因為它將人力視為可耗損資本，並透過以下方式進行商品化：

- 以履歷與數據定價人力價值：學歷、年資、語言、證照被量化評價，卻未反映個人實際貢獻與潛力
- 將健康成本內化給勞工：企業不必承擔因過勞、心理壓力、職業傷害所造成的長期健康損失，勞工須自付醫療與復健成本
- 形成「勞動即生存」的邏輯封閉：若你沒有穩定工作，社會對你的信任、貸款評分、社會參與機會都會下降，甚至無法申請基本資源

這些現象共同指向：你不是在工作換錢，而是在拿你整個人當成本去對抗不可預測的風險體系。

個人如何反向設計「非被動僱傭人生」?

要打破這種制度與文化結構,個人需要三項關鍵策略:

1. 建立主動型職涯結構

- 不再只為職位工作,而是為自己建立價值系統(專業技能、作品、跨領域能力)
- 投資自己成為「可交易、可轉換、可輸出」的獨立單位
- 開始建立個人品牌與數位存在:內容創作、講座、顧問、部落格、社群影響力

2. 用結構保障自由

- 儲備三至六個月生活資金,創造辭職與轉職自由空間
- 設定「勞務壽命策略」,為自己的職涯設立階段目標與退出方案
- 分散收入來源,讓單一雇主不再是你唯一現金流的來源

3. 精準辨識組織中的剝削語言

- 當聽到「大家都加班你怎能不做」、「我們這裡需要有熱情的人」、「我們是一家人所以不用談太多計較」時,立即設定心理防火牆
- 建立能說不的習慣,拒絕不合理的勞動期待

你是資本體系中的人,還是人之上的資本?

當勞動關係不再保障人,而是變成資本套利的工具,我們必須重新提問:「什麼才是可持續的工作?什麼才是值得我用生命換取的價值?」

工作從來不是生存的目的,而是創造自由與尊嚴的途徑。當制度不再保障你,請你先保障自己。

第四章

財富焦慮的心理學解剖

第四章　財富焦慮的心理學解剖

第一節　賺得多為何還是存不到錢？

收入提升，為什麼儲蓄反而下降？

許多人會以為，只要收入提升，存款自然會增加。然而，現實卻是：

- 年薪破百萬的工程師，戶頭只剩數萬元流動資金。
- 主管級上班族，每月領高薪卻月月刷爆信用卡。
- 雖有副業收入與投資報酬，仍無法建立有效儲蓄系統。

這不是個別現象，而是現代資本環境中普遍出現的高收入貧窮（High-income Poverty）結構。問題不在於賺得不夠多，而是財務結構、行為模式與心理機制的失衡導致「高賺入、低留存」。

本節將從心理學、行為經濟學與制度分析三層次，解析為何越來越多人「收入在增加，安全感卻在下降」，並提供五項可執行的財務結構優化行動。

心理層面一：生活通貨膨脹效應

所謂生活通膨（Lifestyle Inflation），是指個人收入提升後，生活支出也同步膨脹，以致無法有效提升儲蓄與投資。

- 從原本的租屋轉向買房，從機車改為汽車，通勤成本與保養稅費上升。

- 用「犒賞自己」的理由升級餐廳、旅遊住宿、3C產品、服飾與交際圈開支。
- 更隱性的是「身分維持性支出」——為了符合職位或同儕期待而付出的形象建構成本。

這些支出在當下都合理,但長期來看會侵蝕原應用於資本累積的資金動能。

心理層面二：收入錯覺與「未來會更好」偏誤

心理學研究顯示,人們對於未來收入常有過度樂觀預期,這導致：

- 現在花錢時有「未來我可以賺更多來彌補」的認知偏誤。
- 對風險準備與儲蓄缺乏急迫感,低估突發事件可能性。
- 產生「晚一點開始規劃也不會太晚」的延遲行動習慣。

這種錯覺一旦遭遇市場震盪（如疫情、裁員、疾病）,便會暴露個人資金結構的脆弱。

行為經濟層面：預算模糊與儲蓄目標缺位

- 收入結構不明確：大多數人不清楚自己實際每月可支配金額是多少,忽略稅金、保費、債務、定期扣款後的實質餘額。
- 支出無分類管理：沒有將開銷分為「必要、選擇、補償性、未來性」,導致預算無優先級排序。

- 儲蓄僅為剩餘處理：多數人採取「收入－支出＝儲蓄」模式，結果幾乎沒有主動性儲蓄，只有偶發性的「運氣式」存錢。

制度性誘因：以消費為中心的經濟環境

現代經濟制度鼓勵消費而非儲蓄：

- 金融機構鼓吹信用擴張：分期零利率、預借現金、信用卡紅利制度等手段刺激提前消費。
- 稅制與補助導向支出：消費有折扣（如發票登錄抽獎）、購屋有補貼、購車有退稅，但儲蓄與資本投資卻缺乏誘因。
- 社群文化與媒體框架強化「消費即成功」的生活型態，讓儲蓄與保守被視為無趣與落伍。

在這種環境下，即使有高收入，也難以自然養成儲蓄與資產累積習慣。

解決之道：建立儲蓄導向的行為環境

以下是五個具體、可執行的財務重建行動，幫助你從「賺很多但存不住」的困局中解放：

1. 儲蓄優先，而非支出之後

採取「收入－儲蓄＝可支配金額」公式，先設定每月固定儲蓄金額，並以自動轉帳方式實行。

2. 建立分層帳戶系統

將金錢分成四個帳戶：

- 必要支出帳戶（生活基本）
- 流動儲蓄帳戶（短期儲備）
- 投資累積帳戶（資本成長）
- 情緒花費帳戶（非理性購買與慰勞用）

3. 資金視覺化管理

使用 App 或試算表具體掌握日常支出分類，每週回顧一次，形成金錢感知的肌肉記憶。

4. 設定與收入無關的儲蓄比例

不論月收入為何，堅持固定比例儲蓄（如 20％），避免收入提升時「花得更多」的通膨陷阱。

5. 年度支出診斷與節奏調整

每年進行一次全面開支盤點，刪減冗餘訂閱制商品、沉沒成本型保單或情緒型消費，並重設個人消費節奏與風格。

不是你不會理財，而是你身處一個不利於存錢的結構裡

如果你賺得多卻存不到錢，請不要責怪自己，也不要輕信財經網紅的單一建議。你面對的，不只是消費欲望，而是一整套制度、文化與心理設計。

第四章　財富焦慮的心理學解剖

　　但只要你重新建立儲蓄優先的結構、重設預算習慣與資金分流系統，就有機會從這個高收入陷阱中脫身。

第二節　財富自由三角：現金流、槓桿與可控風險

財富自由不是擁有，而是設計出的穩定結構

當人們談論財富自由，常聚焦於目標金額：「我要有一千萬才能退休」、「我要年收入三百萬才覺得自由」。然而，真正讓一個人活得有安全感與行動力的，從來不是資產的絕對數字，而是財務結構是否穩定、靈活且抗壓。

這個穩定系統的核心，在於三個元素的互動平衡：現金流、槓桿與可控風險。

本節將建構出一個「財富自由三角」模型，說明這三者如何共同支撐你的財務自主性、降低焦慮與強化行動選擇權，並提供具體的設計步驟與診斷方法，讓你從今天開始重整資產基礎，不靠幸運，也不靠爆紅。

現金流：讓你撐過時間的根基

現金流是任何財富自由系統中最關鍵的第一角。

- 它讓你能穩定支付生活支出與必要成本（租金、保險、食物、基本娛樂）
- 它讓你不需要在恐慌中拋售資產、被迫解約或動用高成本借貸

- 它提供你應對突發事件（疾病、失業、家庭支出）的行動彈性

穩定現金流 ≠ 高收入。穩定現金流的來源應當：

- 能預期（可計劃）
- 能持續（不依賴運氣）
- 不與工時綁定（非全靠時間換金錢）

理想現金流結構應包含：

- 本業薪資（固定性）
- 副業或兼職（增量性）
- 資產收入（股利、租金、內容授權）
- 財務機制（分期收入、保險給付、專利使用費）

當你可以靠這些來源支撐至少 80% 的生活開銷，你就已具備財富自由的第一要件。

槓桿：讓你突破停滯的推力

第二角是「槓桿」。

槓桿不是壞東西，它是讓有限資源發揮更大效能的工具。但如果用錯槓桿，則會讓你從穩定邁入失控。

槓桿的四種類型：

- 金錢槓桿：如房貸、創業貸款、信用貸款
- 時間槓桿：如僱人處理雜務、建立自動化收入流程

- 知識槓桿：如你會某項技能，能讓你一次創造多項輸出（教學、諮詢、寫書）
- 人脈槓桿：透過合作、人脈資源創造機會與分工產值

正確使用槓桿的原則：

- 成本可控（如利率、風險）
- 損失可承擔（最壞情境你還能站著）
- 不與情緒綁定（不是為了逃避現狀而衝動槓桿）

例如：

- 你用房貸購屋，每月還款只占收入的 25%，且附帶租金收入，此為穩健槓桿。
- 你開設課程，利用一次設計內容長期販售，此為時間與知識的槓桿。

相反地，如果你使用信用貸款進行短期股市投資，或是過度加碼收入不穩的副業開銷，那就是高風險槓桿，會讓你的財務三角極不穩定。

可控風險：讓你不會一擊斃命的防線

財富自由的第三角，就是「可控風險」。

不是沒有風險，而是讓風險發生時：

- 你有備案（不是臨時找錢）
- 你有緩衝（不是一次重創）

- 你有彈性（不是只能一條路）

可控風險分三類：

- 生活風險：生病、事故、照護支出
- 收入風險：工作不穩、副業中斷、客戶取消
- 資產風險：市場波動、資金凍結、投資失利

降低風險的基本策略包括：

- 有充足保險（但不過度保單堆疊）
- 設立緊急預備金（3～6個月）
- 資產配置多元（不同市場、不同行情對應）
- 合約保護與法律防線（例如創業者的法人結構）

風險的核心是：你是否能在變局中繼續運轉，而非全盤卡死。

三角失衡會發生什麼事？

當這三角其中一角失衡時，你的整體資本系統會陷入焦慮與危機：

- 現金流不足→即使你資產豐厚，也會因無法應急而變賣、斷裂
- 槓桿失控→將你的風險與債務無限放大，一場錯誤就可能崩盤
- 無備風險→一次生病或收入中斷，就讓你重回赤貧

這些情境不只是理論，都是現實中曾反覆發生的故事——失業後解約保單、被迫賣房、投資錯誤跳樓……不是因為他們不夠聰明，而是因為財富結構不穩。

三角檢視練習：打造你自己的財富自由基座

請畫出一個等邊三角形，分別標示「現金流」、「槓桿」、「可控風險」三個角，然後：

- 在每個角上依自己狀況評分（1～10）
- 寫下你在該面向的核心問題或風險點
- 擬定 1 項行動優化該角的穩定度

範例：

- 現金流＝6（主業穩、副業不穩）→行動：建立固定接案來源或建立會員制產品
- 槓桿＝3（房貸過重）→行動：評估重貸、賣出其中一物件減輕壓力
- 風險控管＝5（無緊急金）→行動：每月自動存 5％ 收入進入緊急帳戶

三個角不是要完美，而是持續修正與微調。

自由的本質是選擇，而選擇的前提是穩定結構

真正的財富自由，不是靠爆紅或突然暴富，而是靠設計出一個：

- 有穩定現金流支撐日常
- 有健康槓桿推進未來
- 有可控風險保護你的下墜邊界

第四章　財富焦慮的心理學解剖

　　這樣的系統，才能支撐你說出「我不做這件事也可以」、「我選擇休息」、「我不依賴任何人」。

第三節　購物成癮與情緒性消費的背後真相

不是你太愛買東西，而是你的情緒太需要出口

在現代消費社會中，購物早已不單純是滿足生活所需，而成為一種情緒紓壓、身分表達、甚至是逃避現實的方式。購物本該是自由選擇，卻在某個時間點，逐漸演變為一種控制不了、停不下來，事後懊悔卻又一再重複的心理循環 —— 這就是所謂的「情緒性消費」，更嚴重時則可能發展為「購物成癮」。

多數人將這問題簡化為「你太敗家」或「自制力太差」，但其實，這是一場源於心理壓力、文化催化、行為習慣與神經機制共同作用的深層議題。

本節將全面剖析購物成癮與情緒消費的心理機制與行為模式，並提出具體可執行的介入與修復策略，讓你重新找回與金錢、與自我價值的健康關係。

情緒性消費的三種常見類型

1. 補償型購物

源於內在匱乏或創傷事件,希望透過購買物品來補足自我價值的缺口。

範例:升遷失敗後購買名牌包,遭遇感情打擊後進行報復性刷卡。

2. 表現型購物

以消費作為建立自我形象與外界認同的工具。

範例:為了進入特定社交圈,購買高價服飾、手機、精品或課程,彌補「我也值得」的社會角色焦慮。

3. 焦慮逃避型購物

當面對無法控制的壓力時,透過消費產生短期掌控感或轉移注意力。

範例:工作壓力爆表後在下班立即刷電商、網購深夜下單後馬上後悔但又無法退貨。

這三種類型並非截然區分,常常混合交錯,並以「反覆重現的情緒觸發→購物→短暫快感→罪惡感→再觸發」的循環持續擴大。

購物成癮的心理根源:五種內在驅動力

1. 自我認同不穩

當一個人長期無法建立穩固的價值認同,會試圖從外在物件中尋求確認。「我買得起,所以我不是失敗者」、「我穿這件,就有人會對我有好印象」。購物成為自我肯定的工具。

2. 情緒調節能力不足

缺乏其他替代性情緒處理機制（如談話、創作、運動、心理疏導）時，購物成為唯一且即時的情緒安撫手段，尤其是面對焦慮、孤單、羞愧或無力感。

3. 成就遞延焦慮

在現代社會中，成功門檻拉高、成就獲得時間延後，許多人難以在工作或關係中快速獲得自信回饋，轉而選擇透過「立即購物回報」獲得替代性成就感。

4. 大腦獎勵迴路的過度強化

購物行為會引發多巴胺分泌，短暫產生快感。重複這種刺激會使大腦對購物產生「預期快樂」，導致自動性重複行為，進而形成成癮。

5. 成長經驗中的匱乏模式

若一個人童年長期處於物質或情緒匱乏狀態，成年後更容易對「擁有」產生過度補償行為，用購物來證明自己脫離了匱乏，或對過去失控的金錢經驗產生反向過度控制欲。

社會文化的推波助瀾：為何你無法不買？

當代消費社會並不只是允許購物，它是主動設計讓你難以拒絕購物的環境。從行銷、平臺設計、到社會比較，每一環都加深了你的情緒性消費傾向：

第四章　財富焦慮的心理學解剖

- 社群媒體與演算法：你看到的內容都被「你正在焦慮什麼」決定，推播機制精準匹配你的痛點與欲望（如在熬夜焦慮時推播安眠產品）。
- 買即優惠的倒數文化：限時折扣、快閃優惠、結帳倒數讓你無法理性等待，強迫你在焦慮中下單。
- 明星 KOL 的生活建構：在 YouTube、Instagram 中，消費被包裝成「態度」、「格調」、「自我關愛」，讓你錯把品牌購買當成生活品質的證明。
- 平臺信用與分期機制：從「先買後付」到「分期零利率」，購物失去痛感，付款行為變得與當下消費脫鉤，進一步降低自我監控。

這不是你自制力不夠，而是整個結構讓你極難自控。

購物成癮的五大風險後果

1. 財務結構混亂

- 資金流動混亂，難以建立預算與目標性儲蓄。
- 長期信用卡負債，無法進行有效資產配置。

2. 情緒自我破壞加劇

　　購物後的懊悔與自責，反過來傷害自我價值感，形成負向強化循環。

3. 親密關係摩擦

　　伴侶或家庭成員對財務行為產生不滿與質疑，甚至引發信任危機。

4. 職場專注力與自我控制感下降

長期處於「懊悔→補償→再消費」的心理循環，會影響個人效能與自我紀律。

5. 無形資產流失

沒有建立「能產生現金流或價值增值」的資本體系，讓收入永遠停留在消費端，無法轉為財富系統。

如何修復情緒性消費？ —— 六階段實作路徑

第一階段：情緒日記建立覺察

- 每一次購物行為記錄當下情緒與事件（例：下午被主管責備→晚上滑 IG 買化妝品）
- 建立「購物情緒地圖」，辨識觸發模式與頻率

第二階段：設立替代性情緒出口

- 列出 5 個不需花錢的情緒紓壓方式（運動、寫作、散步、打掃、音樂）
- 每次想購物時，先強制做其中一項行為，再延遲 10 分鐘下單

第三階段：重設消費限制與空間隔離

- 手機中移除購物 App 快捷，關閉推播與通知
- 設立「購物等待清單」，將想買的東西先寫下，30 日後再決定是否購買

第四章　財富焦慮的心理學解剖

第四階段：強化儲蓄與資產感知感

- 為每筆取消購物行為的金額開設專屬帳戶（如：我這個月沒買 1 萬元名牌鞋→轉入夢想資產基金）
- 視覺化資產累積圖表，建立「我可以累積而非耗損」的正向回饋

第五階段：改變社交與資訊輸入場域

- 減少社群停留時間，增加參與非消費導向社群（如知識型 Podcast、理財社群）
- 追蹤理財正向榜樣（不是炫富，而是結構設計者）

第六階段：進行財務與心理雙軌諮詢

若發現消費行為已嚴重影響生活品質與人際關係，請同時尋求心理諮商與財務顧問協助，從結構與情緒雙向處理。

購物不是罪，重點是你能否自主選擇

情緒性消費不是壞人行為，而是壓力社會下的自我療癒機制。我們不該羞辱或壓抑它，而是要看見它背後的訊息──你其實需要的是安全感、認同與掌控感。

當你能辨識這些心理訊號、建立新的結構與選擇機制，你就可以從「我必須買東西來證明自己」走向「我可以選擇什麼時候、為了什麼而買」。

第四節　儲蓄不是保險，是拖延財務風險的假象

為什麼你很努力存錢，卻還是不安全？

在傳統觀念中，儲蓄被視為理財的第一步，是一種穩健、安全、值得鼓勵的行為。從小到大，我們被教育：「先儲蓄再消費」、「量入為出」、「不要亂投資」。儲蓄彷彿是一道財務防火牆，能保護我們免於風險，保障未來。

但事實上，過度依賴儲蓄作為唯一風險因應機制，本身就是一種風險。

你可能有以下經驗：

- 儲蓄數字年年成長，但遇到突發狀況仍覺得錢不夠用。
- 每次想理財，最後還是把錢存回銀行，不敢行動。
- 看著通膨數據與房價上漲，心中焦慮卻無法改變儲蓄路線。

這一節，我們將深入剖析儲蓄文化的心理根源、結構盲點與未來風險，並提供五個核心修正策略，讓你從「儲蓄為安」進化到「結構為安」。

第四章　財富焦慮的心理學解剖

儲蓄文化的五大心理根源

- 控制幻覺：把錢留在帳戶中，看似能掌握人生風險，其實只是轉移了行動焦慮 —— 你並未真正處理風險，只是用靜態資金麻痺恐懼。
- 失敗焦慮與完美主義：害怕投資錯誤、對不確定性感到焦慮，因此選擇「不要動最安全」。但長期下來反而失去參與資本成長的機會，陷入「安全就是保守」的邏輯陷阱。
- 延遲決策機制：儲蓄在心理學上屬於「低行動門檻」的延遲型行為，看似是善後，其實是逃避當下資金規劃與風險分配的責任。
- 儲蓄即道德優越感：許多人將儲蓄與自律、勤儉、品格正直劃上等號，忽略財務能力應包含風險設計與結構創造，而非單純的金錢囤積。
- 來自父母世代的生存記憶：臺灣戰後嬰兒潮世代的金錢經驗是物資稀缺與經濟波動，導致儲蓄成為「對抗不安」的唯一方法，而這種信念被代代相傳，未經思辨地成為財務行為預設值。

儲蓄的三大結構盲點

- 資金效能過低：銀行定存或活存利率低於2%，在高通膨與貨幣貶值的環境中，實質購買力每年縮水。
- 無法抗衡生活成本上升：僅靠儲蓄無法對抗房價、學費、醫療與長照成本上升的速度。被動等待的錢追不上主動成長的開銷。
- 忽略風險時間分布：儲蓄能應對短期突發狀況，但當遇到「時間型風險」（如長期照護、退休、家庭支持），其靜態結構將迅速耗盡，無續航力可言。

儲蓄的風險五大錯覺

錯覺一：只要有錢，就不會焦慮
現實：若無資金用途規劃與現金流設計，錢越多反而焦慮越大，擔心失去、擔心錯用、擔心來不及。

錯覺二：錢在帳戶裡就是安全
現實：銀行也會倒（雷曼兄弟事件）、帳戶也可能遭凍結（法律糾紛）、資金也會被盜刷（資安事件）。真正安全的是結構與分散，而非靜態位置。

錯覺三：我還沒準備好進行資產配置
現實：風險不會等你準備好才發生，而資產成長需要時間複利。你越晚布局，越來越需要冒高風險補救。

錯覺四：等我有更多錢再開始投資
現實：投資不是用來賺錢，是用來對抗金錢失效的。你不是有錢才投資，是因為投資你才會變得有資產系統。

錯覺五：我每月都在存錢，代表我財務健康
現實：如果你每月存錢卻沒有長期結構、風險布局與現金流設計，那只是帳面健康，內部空心。

儲蓄進化的五大策略：從靜態金錢到主動資本

1. 將儲蓄劃分為三層結構

- 緊急預備層：應對突發支出（建議為 3～6 個月固定支出額）
- 短期應用層：旅遊、學習、換車等有規劃性支出（建議使用高流動性基金或定存拆解）
- 長期配置層：專門轉入投資與資本性資產布局（如 ETF、REITs、黃金、基金、自媒體產品）

2. 建立每年風險模擬表

每年盤點可能發生的家庭風險（醫療、失業、照護、搬遷等），試算財務衝擊，並設立應對方案：保險、儲蓄、收入轉移或現金池。

3. 為每筆儲蓄設定用途與出場機制

儲蓄不應只是「存著」，而是應有「進、守、出」三步驟。

例如：60 萬存款→20 萬為緊急金、20 萬配置 0056 股息 ETF、20 萬每月定投成長型基金

4. 每半年做一次資金效能檢查

- 試算自己目前總資金中有多少是在「沒有成長機會的工具上」（如零利息活存）
- 若高於總資金的 40%，代表資金效能失衡，應開始調整分配

5. 從「儲蓄成就感」轉向「資本系統感」

- 將自己的理財目標從「我要有多少錢」，轉為「我需要什麼樣的金流結構與資本組合」
- 建立資本圖譜：把你的財務系統畫出來（收入端、支出端、儲蓄、保險、投資、債務、風險備援）
- 每個人都該有一本屬於自己的「個人資本結構圖」

> 不要用儲蓄麻痺焦慮，要用設計處理風險

儲蓄不是壞事，但它不是財務的終點，而應是你財務系統的啟動資源。真正安全感來自於你是否有能力設計出一個能面對未來變動、同時產出現金流與穩定回報的資本結構。

第四章　財富焦慮的心理學解剖

第五節　為什麼你會恐懼談錢？財務焦慮的源頭

金錢話題，為何總讓你不自在？

「我不敢問老公他的收入細節。」

「跟爸媽提理財，他們就說我太現實。」

「面對貸款壓力，我寧願裝沒看到帳單。」

這些話，從外表看是行為逃避，其實背後藏著更深的心理現象：對金錢的恐懼與羞愧感。

金錢，本應是生活的工具，卻在多數人心中，成為難以啟齒、情緒勒索、家庭衝突甚至人格評價的引爆點。

本節將從心理學與家庭系統角度，深入剖析我們「不敢談錢」的根本原因。你將理解，這份財務焦慮從何而來，如何影響我們的關係、自我價值與行動選擇，並學會幾項心理與對話練習，重建你與金錢之間的健康關係。

金錢焦慮是怎麼被種下的？—— 五種成長記憶創傷

1. 錢＝衝突：成長過程中，金錢總與家庭爭執同時出現

- 「爸爸為了家裡沒錢罵媽媽。」
- 「小時候想要玩具被斥責：你以為錢是撿來的嗎？」
- 「家裡開銷常吵架，談錢就吵架。」

這類經驗使我們將「談錢」與「情緒衝突」畫上等號，進而潛意識逃避金錢對話。

2. 錢＝愛的條件：金錢被用來控制或證明價值

- 父母用金錢獎懲孩子：「你成績好，我才買給你。」
- 或拿錢當工具：「我給你生活費，所以你就該聽話。」

久而久之，個體對金錢產生「等價交換」焦慮 —— 覺得沒價值就沒資格談錢。

3. 錢＝羞恥的符號：家庭經濟匱乏創造羞愧感

- 小時候因穿舊衣、用便宜文具被笑
- 因為不能補習而覺得不如人
- 家中經常提醒「我們家沒錢」

這些經驗讓個體潛意識地將「沒錢」內化為「我不夠好」，導致長大後即使財務穩定，仍難以自在談錢。

第四章　財富焦慮的心理學解剖

4. 錢＝禁忌話題：沒有人教你如何談錢

- 多數亞洲家庭從未主動教孩子理財觀念
- 家中不談收入、不談支出、不談遺產

這種長期沉默使人對「金錢」這個話題缺乏語言與工具，不會說，也不知怎麼開口。

5. 錢＝外界的評價依據：財富與自我價值綁在一起

- 社會將成功＝高收入、高資產
- 媒體將有錢人形象神化，無錢者汙名化

在這種環境中，「談錢」就等於「交出自己的社會評價報告」，所以能不談就不談。

財務焦慮如何侵蝕你的關係與行動？

1. 在伴侶關係中：形成「財務沉默區」

- 你不敢問對方收入與支出，怕被認為現實
- 對方也不講清楚，認為講錢就不夠信任
- 久而久之，彼此無法共同設計未來資源分配，導致關係焦慮

2. 在親子關係中：以「不提」掩蓋資源不均

- 長輩偏袒某子女、未交代遺產規劃、用口頭承諾取代法律安排
- 當「不說破」成為家庭默契，真正關鍵的風險卻從未解除

3. 在職場關係中：無法爭取應得報酬與資源

- 不敢談薪水調整、接案報價太低、怕被認為「太勢利」
- 結果是：努力換不到價值，陷入低價循環與自我懷疑

4. 在個人行動中：拖延決策、拒絕學習、沉迷幻想

- 不想看帳單、不敢碰理財 App、認為「投資是別人家的事」
- 喜歡看發財故事，但對自己的資金行動永遠在逃避中

你以為你怕的是「談錢」，其實你怕的是「被看見」

根據心理學家蘇珊・大衛（Susan David）的研究，情緒逃避其實是對「自我真實樣貌曝光」的恐懼。金錢是現代社會最直接的量化標籤之一，它不只揭露資源，更揭露選擇、價值觀與行動歷史。

所以，當你開口談錢，其實就等於：

- 面對自己的財務現況
- 承認過去的選擇（或錯誤）
- 被他人「看見」你目前的能力與限制

這種「透明焦慮」才是談錢時最大的不安來源。

109

從逃避到修復：財務對話的五階段練習

第一階段：與自己建立金錢對話

- 問自己：我從小對錢的第一印象是什麼？
- 寫下三段與「錢」有關的童年記憶
- 認識這些經驗如何塑造我現在的財務情緒（恐懼、羞愧、逃避）

第二階段：日常化財務語言練習

- 每天用一句正向肯定句與錢對話：「錢是我資源的工具，不是評價我價值的標籤。」
- 寫三件今天與金錢互動的正面行為（如記帳、查詢投資知識、拒絕無效花費）

第三階段：低風險財務對話起手式

- 與伴侶或朋友進行 5 分鐘財務對話：「你有沒有一個最想處理的財務問題？我也是，我們輪流說。」
- 問自己三個問題：「我最怕別人知道我財務上的什麼？」、「這個害怕合理嗎？」、「我能否先告訴一個安全的人？」

第四階段：設定財務對話界線

- 允許自己說：「我想談錢，但我不希望被評價。」
- 如果被打斷、迴避、轉移話題，練習回應：「我知道這可能讓你不舒服，但我認為我們需要開始談。」

第五階段：建立家庭與職場的金錢協議

- 與伴侶建立「定期財務共識會議」，30 分鐘分享本月花費、儲蓄與未來規劃
- 在職場談報酬前練習三種表達方式：「這是我目前了解市場行情的資料」、「基於我的職責成長，我期望調整報酬」、「我願意負責更高挑戰，但希望有資源對應」

能談錢的人，才有能力改變命運

金錢是一面鏡子，它映出我們的安全感、自我價值、人際關係與未來想像。

當你能談錢，不是你功利，而是你開始有能力掌握人生的選擇權。當你願意正視錢的話題，不再逃避不再迴避，你就正在脫離金錢的控制，而開始駕馭金錢。

第四章　財富焦慮的心理學解剖

第五章
理財失敗的社會結構性根源

第五章　理財失敗的社會結構性根源

第一節　教育體制為何刻意忽略「金錢課」？

學了十幾年，為何從未有人教你如何面對錢？

從小學到大學，我們學了數學、化學、生物、歷史，甚至國防、地理與音樂，但在整個教育過程中，從未有一門正式的必修課，真正教你：

- 如何訂定個人財務目標？
- 怎麼存第一桶金？
- 信用卡是什麼？有什麼風險？
- 投資怎麼開始？要避開哪些詐騙？
- 稅該怎麼報？保險該怎麼買？

當我們進入社會、開始領薪水、接觸貸款、刷卡、繳稅、買房，才驚覺自己對金錢一無所知。這不是個人失職，而是整個教育體制選擇性忽略了金錢教育的結果。

本節將帶你拆解：為什麼金錢課被排除於教育核心之外？這背後反映什麼樣的制度邏輯與階級再製機制？又該如何打破這種教育失能，建立屬於自己的金錢知識系統？

金錢教育的四大缺席現象

制度設計上「沒有位置」

教育部從未將「個人財務素養」列入 12 年國教的基本能力指標，僅偶爾出現在生活課程或社會領域的片段教材中，且教師多無專業背景，教學品質參差不齊。

師資體系完全真空

正式教師進修體系中，幾乎沒有任何針對理財教育、金融素養的訓練課程。教師本身也未受過理財教育，無法建立正確教學模型。

社會氛圍將談錢視為庸俗

教育價值觀長期將「談錢」與功利、低俗、短視劃上等號，強調「學做人、學思辨」，但排除對財務現實的面對與準備。

財務知識被外包給商業市場

財金知識的傳播被交由銀行、保險公司、投資平臺與自媒體負責，結果就是：

- 知識＝廣告
- 教育＝銷售
- 建議＝商品搭售

這些缺席與轉嫁，造就了整個社會的財務失能與風險盲點。

第五章　理財失敗的社會結構性根源

為何「金錢課」從未被納入教育核心？

1. 教育體制的意識型態排除

傳統教育設計的價值觀是：「錢不是最重要的」、「做人比做事重要」、「知識不應與金錢掛鉤」，這些價值本意良善，卻將金錢完全汙名化。

2. 政府財政與金融利益者默許失能

當人民不懂金錢，才容易對金融商品缺乏辨識、對政策信口接受、對稅制與保險無感抵抗。這正是金融業與財政單位得以維持資訊優勢的方式。

3. 階級再製的文化沉默策略

菁英階層從小就在家庭中學會金錢操作與資產累積技巧，但社會普遍階層若無學校補足，將永遠處於「不會使用錢、只會被錢操控」的位置。

4. 社會對「財務教育＝投機炒作」的誤解

多數人將學習理財與「玩股票」、「炒房」、「投機致富」混為一談，忽略金錢教育其實是生活設計、風險控管、資源分配與價值選擇的系統知識。

財務教育缺席造成的社會性後果

- 年輕人普遍缺乏信用概念：隨手辦卡、預借現金、分期付款成為常態，導致「一刷即套牢」的負債循環。

第一節　教育體制為何刻意忽略「金錢課」？

- 無法辨別保險、投資與詐騙的邊界：許多年輕人第一次買理財商品，是因為朋友推銷；第一次報稅，是靠公司 HR 代填；第一次接觸股票，是聽 YouTuber 報明牌。
- 對錢既崇拜又恐懼：一方面沉迷致富神話，一方面對財務現況毫無掌控，進而形成「不敢看帳單、不敢碰投資、不願對話金錢」的矛盾情緒。
- 家庭間財務斷層失控：當父母從未教孩子金錢，孩子也無從與父母對話財務需求與資產安排，導致代間衝突、信任崩潰與遺產紛爭。

個人如何突破體制性金錢無知？

1. 建立個人「金錢識讀」系統

- 每週閱讀一篇關於理財、稅制、保險或投資的文章（不限媒體）
- 使用一個記帳 App 進行 90 天連續財務追蹤，建立財務語感
- 閱讀一本適合入門的財務書籍（如《小狗錢錢》、《富爸爸窮爸爸》）

2. 用生活事件建立金錢對話語言

- 與伴侶、朋友建立「無批評金錢談話時間」
- 練習談論「支出決策背後的價值觀」而非金額本身（如：我為何願意花錢在課程上？）

3. 建構你的「非商品化財務知識來源」

- 追蹤無銷售傾向的財經創作者（例如：獨立理財教育者、社區財務課程）
- 關注非營利組織推出的金融素養活動與免費課程（如消費者文教基金會）

4. 父母世代的再教育啟動

- 協助家中長輩認識基本理財工具，安排共同學習活動
- 引導他們從「錢不能說」過渡到「錢可以說清楚」的家庭信任對話

當教育不教錢，資本就會接手教你

如果學校不教你如何理財，銀行會用貸款教你、保險公司會用話術教你、詐騙集團會用虛構教你，甚至投資 KOL 會用 FOMO 情緒教你。

教育的不作為，造就資本的主導地位。你不是天生不懂理財，而是長期被剝奪學習金錢的語言、空間與信任。

改變的起點不是制度，而是你願不願意從今天開始，重新學會對金錢說話。

第二節　信用卡與貸款機制如何製造「負債人生」？

借錢變簡單，人生卻變複雜

你是否曾有過這樣的經驗？

- 刷卡時毫不猶豫，但月底看到帳單卻心驚膽跳。
- 明明只是分期零利率，結果還了一整年還沒還完本金。
- 想買臺新手機、想裝潢、想出國，就順手用貸款解決。

這一切，看似方便，其實是精密設計過的「消費驅動型負債系統」。它讓你以為可以「先享受、再付款」，卻在無形中把未來收入綁進無止盡的還款循環中。

這一節，我們將拆解信用卡與貸款制度的歷史邏輯、心理設計與社會結構，並深入揭露它如何讓一整代人掉進「終身還款」的資本陷阱，最後再提供結構性出逃的方法。

信用社會的誕生：從資本自由到資本困境

自 1970 年代起，美國開始進入「信用經濟」時代，資本市場逐漸放寬消費貸款、房貸與卡債門檻。這場浪潮在 1980 年代席捲全球，亞洲國

第五章　理財失敗的社會結構性根源

家也陸續引進信用卡、汽車貸款、教育貸款等新制度。

這種轉變打破了「先存錢再買」的邏輯，改由「先借錢後還」重塑消費文化。其背後動力源自：

- 資本市場希望擴大資金流動性
- 政府鼓勵內需、消費驅動 GDP
- 金融機構發現「個人負債」的長期利潤遠超過短期獲利

信用卡的設計不是為了方便你，而是為了掌控你

你以為信用卡是「支付工具」，其實它是「利息生成器」。卡片設計的目的有三：

- 延遲痛感：刷卡不等於付款，讓你失去價格敏感度
- 誘發超額消費：超過你月收入的消費能力上限
- 創造債務常態化：最低應繳金額制度、循環利息、分期付款設計，使你長期處於有債狀態

臺灣的平均卡債持有戶在 2023 年約為 300 萬人，平均債務超過 17 萬元。根據主計處報告，20～40 歲年輕族群的負債占比逐年升高，反映出整個世代的財務韌性逐步削弱。

貸款制度的文化話術與社會扭曲

房貸：「你不買，錢會變壁紙」

銀行與建商聯手操作低利時代、土地稀缺、買房抗通膨等敘事，讓民眾誤以為貸款買房是「理財」而非風險。

學貸：「念書投資未來」

忽略學貸背後長期負債壓力與職涯轉換風險，將教育金融化、階級化。

裝潢貸、醫美貸、旅遊貸：「你值得更好的生活」

結合心理補償與社會比較情境，包裝負債為「自我肯定」、「品味選擇」，實為情緒剝削與利潤擴張。

信貸：「緊急周轉小幫手」

將財務危機簡化為商品化解法，忽略根本的收入結構與支出習慣。

這些貸款機制之所以有效，因為它們不是為窮人設計的，而是針對「有穩定收入卻缺乏財務教育」的中產階級。

為何我們掉入負債循環而不自知？

- 最低應繳設計陷阱：只繳最低金額，利息會一直累積，一年下來實際還款可能高達原始金額的 130%～150%
- 多重貸款整合模糊化真相：將信用卡、信貸、車貸合併看似減壓，實則延長還款期、總利息爆炸

第五章　理財失敗的社會結構性根源

- 財務壓力→情緒逃避→更多借貸：焦慮與羞愧讓你逃避帳單，不做收支盤點，進一步加深財務失控

根據臺灣金融研訓院資料，2022 年全國債務協商人數再度創高，多數為 30 歲以下族群。

如何擺脫負債人生的五個行動方針

1. 建立真實債務地圖

- 整理所有債務（本金、利率、最低應繳、到期日）
- 製作債務視覺化表格，明確掌握利息總成本與時間壓力

2. 轉向償債結構優化

- 採用雪球法（先還小額快清帳）、雪崩法（先還高利息帳）依個人習慣擇一執行
- 謹慎考慮整合性貸款，避免轉移焦點不解決核心行為

3. 杜絕未來負債再擴張

- 停止新卡消費，將原卡凍結但保留信用紀錄
- 拒絕任何分期付款，包括零利率項目

4. 建立收入補強與現金流迴轉池

- 尋找額外收入（兼職、技能變現、副業），但避免再投入風險投資
- 建立小額現金儲備（3 萬元緊急備用金）作為替代貸款機制

5. 啟動財務重設諮詢或債務協商

- 勇敢尋求專業協助（如消保會、法律扶助基金會、債務協商機構）
- 優先處理法律風險帳務，如保人責任、高利民間借貸等

你不是不會理財，而是被制度養成負債習慣

信用卡與貸款從來不是中立的金融工具，它們是一套深思熟慮的「資本收割系統」，透過科技、語言、文化與習慣設計，讓你一步步習慣借錢、喜歡借錢、甚至離不開負債。

真正的自由，不是你能不能刷卡，而是你能不能拒絕那張卡。

第三節　保險、年金與長照政策的真相

本該保護我們的制度，何以變成金融化的陷阱？

你買的保險，真的是保障還是商品？你期待的退休金，是社會安全還是延遲破產的幻想？你想倚靠的長照制度，是否已在民營化浪潮中失去原本的初衷？

本節將深入剖析三個原本設計為「避險工具」的制度——保險、年金與長照，如何在市場力量、制度失衡與文化操控下，逐漸從公共保障變成商品推銷，從社會安全轉向個人風險承擔，並提供因應建議與結構重設策略。

保險商品化：保障變成銷售話術

保險原本應為「風險共擔」，即許多人定期繳交保費，一旦有人成為事故對象，資源即來自大家的共擔資金。但現今臺灣的保險市場，早已由銷售邏輯主導：

- 商品數量過度膨脹（醫療險、重大疾病險、癌症險、實支實付、長照險、儲蓄險）
- 投資型保單高度複雜化，結構與成本不透明

- 通路主導商品設計（保險設計以佣金最大化為優先）

這種銷售主導邏輯導致保戶面臨兩種風險：

- 重複購買保障（保費沉沒成本過高）
- 實際需求未被滿足（缺乏基礎醫療與收入保障）

臺灣 2023 年平均每人擁有保單超過 2.3 張，年繳保費中位數卻不及兩萬元，顯示保障不足與保障錯置並存。

年金制度：拖延的退休幻象

臺灣勞保年金與公保制度早已入不敷出。根據勞保局公布數據，若不改革，勞保基金預計 2028 年破產。而年金改革後，雖延長繳納年期與調整給付公式，但多數人領取金額仍低於生活基本所需。

問題核心有三：

- 年金制度以「高比例青年、低比例老年」為基礎設計，人口結構已逆轉
- 公私部門制度不對等，形成嚴重階級信任裂痕
- 社會對年金制度過度期待，忽視個人退休結構規劃需求

結果是：多數年輕人「繳錢但不信任能領」，而多數老年人「靠年金但不足過活」。

第五章　理財失敗的社會結構性根源

長照制度：逐步民營化的家庭壓力

臺灣長照 2.0 政策雖試圖擴大社區服務與居家照護，但資源分配不均、排隊機制漫長與照服員人力短缺，使實際執行率大打折扣。

家庭仍需承擔以下壓力：

- 高額私立機構收費（月支出 4 萬～ 10 萬元不等）
- 子女需在職照顧，造成職涯與情緒壓力
- 商業長照保單理賠條件嚴苛，保費與所得比例懸殊

長照正逐步從「國家責任」變為「家庭義務」與「市場商品」，中產階級在這轉變中首當其衝。

如何從制度消費者轉向結構設計者？五大建議

- 先保基本風險，再談商品搭售：以醫療、失能、責任為優先，再考慮長照與儲蓄型產品
- 每兩年檢視一次保單結構：與獨立保險顧問盤點需求與保障落差，剔除重複與無效保單
- 退休制度雙軌設計：同時建立政府年金（被動）與個人投資帳戶（主動），分攤未來風險
- 長照風險家庭內部對話：事前溝通角色分配、資金來源、照護模式，避免危機發生時全家失衡
- 擁有金融知識而非依賴銷售建議：學會閱讀保單條款、理解費用結構、辨識高佣陷阱

從「被保障」的幻覺走向「設計風險」的能力

真正的安全，不來自於你買了幾張保單，而是你是否理解每一筆保障的邏輯、限制與搭配性；不在於你期待政府給你什麼，而在於你如何設計你的退休與老年結構。

我們應該從「買保險」的消費者心態，轉向「規劃風險結構」的設計者角色。

第五章 理財失敗的社會結構性根源

第四節　稅制設計如何讓富者更富？

看似公平的稅制，實則默許階級複製

當你每年乖乖申報所得稅、計算發票抵扣、領取微薄退稅時，你有沒有想過：為什麼富人從來不需要煩惱報稅？為什麼企業永遠能有避稅空間？為什麼我們相信「稅是公平的」，但現實卻總讓財富集中更快？

本節將揭露稅制背後的結構性偏誤──它如何在制度設計、實務執行與文化認知上全面傾向資本擁有者，讓中產階級承擔國家運作大宗，而富人則以「合法節稅」之名繼續累積資本。

所得稅制的「中間夾殺效應」

臺灣採取累進稅率制度，理論上收入越高稅率越高。但實際運作中，中等收入族群（年收入 60 萬～ 180 萬元）成為最難喘息的群體：

- 無法享受社會補助（被排富）
- 繳稅額度高於高資產者（因無避稅管道）
- 累進稅率對其稅負影響最顯著

相對地，高資產者透過資本利得、資本所得、法人轉嫁、投資型保單與境外帳戶，幾乎不繳「個人所得稅」本身。

資本所得偏袒：稅率設計本就不平衡

在臺灣，股利所得、證券交易、房地產買賣稅率遠低於薪資所得：

- 股票所得稅採兩稅合一、股利可抵稅或選擇分開課稅
- 土地交易稅採分離課稅、長期持有者稅負極低
- 資本利得所得甚至免列入總所得，稅負遠低於薪資工作者

這樣的設計讓擁有資產的人只需坐享「資本變現」即可致富，而辛勤工作的勞工卻因每一分薪資都需課稅而無法累積財富。

富人避稅三招，合法卻加劇不平等

1. 家族信託與法人包裝

將資產登記為公司或信託財產，收入變為企業所得，再透過費用抵扣大幅降低應稅額。

2. 海外公司與租稅天堂

設立 BVI 公司或境外法人，進行高資產跨境轉移，避開國內稅負與資本利得申報。

3. 投資型商品包裹收入

購買高資產投資型保單、保本型債券、高槓桿不動產，將收入嵌入商品結構中延後或分散課稅。

這些方式幾乎不違法，卻形成事實上的「階級租稅特權」。

稅務機關文化上的「打小放大」

- 多數稅務單位將查核重心放在薪資階層、小型自營業者與一般上班族身上，因為資料容易取得、風險低、可產生績效
- 相對來說，對企業財報、跨境帳戶、家族資產則「難查、慢查、不查」

根本原因在於：制度沒給工具、政治不給資源、文化對「富人聰明節稅」甚至讚賞。

文化洗腦：富人「節稅」，窮人「逃稅」

- 當上班族報帳被退就叫逃稅，但富人用境外公司賺百萬利差卻被稱為「高資產規劃」
- 當小商戶沒開發票就要罰款，但大型企業逃稅幾億最後和解了事

這種雙重語言與執法標準，本身就是階級差異合法化的話術。

我們能怎麼做？三種階段的對應策略

1. 作為納稅人：強化個人稅務識讀力

- 學會使用報稅軟體、自備稅務會計顧問
- 每年主動檢討可列舉與抵扣項目（如教育費、保險費、醫療支出）

2. 作為中產階層：學習資本運作語言

- 將部分收入轉為資本性收益（股利、租金、創作授權）
- 透過法人結構設計合法控稅管道（公司報稅、信託資產、保險稅務工具）

3. 作為公民：監督稅制改革進程

- 關注國內最低稅負制（AMT）與境外資產揭露制度（CRS）推進
- 支持提高資本利得稅與不動產持有稅的合理化政策

階級不是靠薪水拉開，是靠稅制保護出來的

當一個社會的稅收主要來自工作者的汗水，而資本的利得卻享受豁免與鼓勵，這個社會的結構性不正義就寫在財政數據裡。

我們不能再以為「報稅是個人義務」就止步，而要開始問：這個制度有沒有幫助我們改變命運？還是只是在合法維護階級護城河？

第五節　房市與退休金制度的雙重詐騙結構

你以為買的是未來，其實買的是枷鎖

當代社會告訴你兩件事：一是買房最安全，二是退休金會照顧你。這兩句話構成多數人財務規劃的根本信仰。然而，現實是：買房可能讓你背上三十年債務枷鎖，退休金可能在你退休前就宣告破產。

本節將揭露房地產市場與退休金制度背後的雙重陷阱——兩者如何在制度設計、金融化與文化敘事中聯手構築一套表面安全、實則掏空中產的結構性詐騙，並提供可行的應對與出場策略。

房市的信仰：你買的不是房，是金融商品

從 1980 年代以來，「買房致富」、「房產抗通膨」、「不動產保值」等論述已深植人心。在政府、建商、媒體與銀行聯合操作下，房市逐漸脫離居住本質，轉變為高度金融化的資本遊戲。

幾個結構性的詐騙現象：

- 高房價制度化：政府稅制偏袒房地產投資者，例如房屋持有稅低、不動產交易稅率低、囤房無懲罰，導致房市資金不斷堆疊。

第五節　房市與退休金制度的雙重詐騙結構

- 銀行聯手建商操作貸款槓桿：只要頭期款夠，幾乎任何人都能貸到八成以上，變相鼓勵高槓桿購屋行為。
- 政府「蓋多是好」的政策邏輯：推社會住宅、開放重劃區，實為替建商清庫存、創造新炒作點。

結果是：買房不再是安身立命，而是強迫參與一場槓桿賽局。

買房的人如何被掏空三次？

- 現金流掏空：為了付頭期款與裝潢費，許多人動用全部積蓄與親人資源，導致沒有緊急備用金，也無投資本金。
- 工作自由掏空：三十年房貸讓你不敢轉職、不敢創業、不敢請假，形成「房貸型職場囚犯」。
- 風險應對力掏空：一旦市場反轉、家庭變故、收入中斷，房產流動性差、處分成本高，直接導致財務斷裂。

退休金的制度幻象：
未來給你的是數字，不是保障

臺灣的退休金制度分三層：

- 勞保年金（社會保險型）
- 勞退新制提撥金（雇主提撥型）
- 個人儲蓄或投資（自備型）

第五章　理財失敗的社會結構性根源

問題在於前兩層早已岌岌可危：

- 勞保年金預計 2028 年破產，給付將面臨縮水或延後
- 勞退提撥不足，個人領取金額難以覆蓋退休生活
- 政府鼓吹自提、儲蓄型保單，但報酬率普遍低於通膨

這是一場預先知道會破產，卻無人阻止的系統性失能。

退休金制度的結構詐騙邏輯

延後退休＝轉嫁問題

延後退休年齡（65 → 67 → 70）表面因應長壽實際是掩蓋財源不足，轉嫁風險給個人。

自提儲蓄＝將風險個人化

政府以「責任共擔」為名，讓個人背負不確定投資報酬的壓力。

保單包裝＝金融業最大贏家

銀行與保險公司結合推銷「穩定退休方案」，實為高佣商品與資金鎖死陷阱。

房市＋退休＝階級複製系統

這兩者的結合正是當代最強大的階級壟斷工具：

- 富人提早買房，房價增值成為資本飛輪

- 家庭有資產者提供購屋與創業支援，資源跨代傳遞
- 無資產者只能終身租屋、儲蓄不足，最終晚退、低退、不得退

「擁有房產＋退休金系統」不是普世保障，而是階級篩選器。

我們該如何出場？三個真實行動策略

1. 別再以房產為財富中心思維

- 以「現金流為本」設計財務系統：資產是否能產生穩定收益而非只會增值？
- 考慮共居、租屋或資金靈活化方案，保持調度彈性與生活韌性

2. 建立多元退休現金流模型

- 建立三層退休現金來源：基本保障（勞保）、穩定收益（ETF、股息股）、可調度資產（黃金、REITs、小型創業）
- 建立「退休前過渡計畫」，在55歲前完成主要負債清償與生活成本調整

3. 對抗制度幻象的知識再教育

- 閱讀並理解退休金制度與房市遊戲規則，避免被單一敘事綁架
- 關注替代制度改革議題，如基本收入、彈性退休、公共住宅租賃制等政策

第五章　理財失敗的社會結構性根源

你以為你在規劃人生，其實你在還體制的債

從房貸到年金，我們以為是在為自己準備未來，其實是被迫參與一場失控的制度賽局。

真正的未來，不是買來的，而是設計出來的。

你要的不是不動產，而是不被綁死的行動力；你要的不是固定給付，而是多元彈性的生活選擇權。

第六章

金融資產不再安全的年代

第一節　股票、ETF 與債券的結構性風險分析

當你以為最穩的資產，正在默默變質

你可能相信長期投資指數型 ETF 最穩、買進公債風險最低、配置多元資產最保險，這些論述過去的確有效。但我們正進入一個前所未有的「資產結構不再可信」的年代──全球市場被央行干預扭曲、ETF 與債券市場的本質正在變質、股票估值與實體經濟脫鉤。

這一節，我們將徹底解構三大傳統金融資產：股票、ETF 與債券的結構性風險，揭示它們如何從「財富累積工具」轉變為「風險加速器」，同時提供一套風險評估框架與新時代下的資產選擇邏輯。

股票市場的三大結構變化：估值失真、資金集中、泡沫邏輯

1. 估值與實體脫鉤

- 2020 年以來，美股多次創高，但同期企業盈餘並未等比例成長。P/E（本益比）動輒超過 30 倍，明顯高估。

- 大型科技股（如 Apple、Microsoft）市值漲幅超越基本面合理區間，市場過度依賴未來預期與寬鬆貨幣政策。

2. 資金集中化與市場二極化

- S&P 500 中前十家市值占比高達 30%以上，投資者實際上只投資了少數巨頭。
- 中小型股、傳產股、地區性企業逐漸被邊緣化，市場反映失真。

3. 漲跌不再源於基本面，而是來自政策與情緒

- 例如：一則聯準會聲明、科技業裁員消息或美國選舉預期，即可引發股市劇烈波動，非理性因素主導行情。

這些現象共同指向：股票市場的資訊效率與風險定價功能正在弱化。

ETF 商品的迷思：多元分散還是系統錯配？

ETF（指數型基金）因費用低、投資門檻低而廣受歡迎，但以下三個結構風險正逐漸浮現：

1. 被動投資反成市場扭曲力量

大量資金被動流入指數權重高的標的，推升特定企業市值，形成「越大越漲」的自我強化泡沫。

2. 成分股調整延遲造成盲區

ETF 通常按季度或半年調整權重，無法即時反映公司財報變化與產業風險。

第六章　金融資產不再安全的年代

例如某些高負債、高裁員企業仍在 ETF 成分中，投資人無感知風險。

3. ETF 的「流動性幻覺」

ETF 表面上可即時交易，但一旦市場崩盤，成分股流動性急凍時，ETF 價格也將迅速失真，甚至折價交易。

尤其在臺灣 ETF 熱潮中，不乏重複配置、槓桿 ETF 誤用與過度集中金融股的風險問題。

債券市場的「低風險陷阱」與通膨反噬

1. 利率倒掛與長期債危機

- 美國兩年期與十年期國債出現倒掛，反映市場對未來經濟信心低落
- 長期債券價格因利率上升出現大幅折價，導致持有人帳面損失巨大

2. 固定收益不敵實質通膨

- 當通膨維持在 35％之上，債券年收益即使為 23％，仍為實質負利率
- 保守投資者實際上是「被慢性損耗購買力」

3. 國家債務膨脹使公債安全性下降

- 各國政府大量發債救市，導致債務 GDP 比飆高（美國已超過 120％）
- 信評機構多次示警，但政治因素使信用風險無法正確反映在報酬率上

新時代的金融資產風險特徵

從過去的「系統穩定＋市場效率」，變成今日的「政策主導＋結構錯配」，三大資產共通的新特徵如下：

- 高估值無風險溢價：股市漲幅遠高於企業盈餘增幅
- 政策敏感度大於基本面：升息降息成為資產價格核心驅動因子
- 市場連動性過高：一個變數即可同時引發股、債、ETF同步波動
- 情緒與演算法驅動占比提高：AI交易、量化程式擴大非理性波動幅度

如何重構風險判斷邏輯與行動策略？

1. 拋棄「分散即安全」的過時信仰

- 分散需考慮資產關聯性與流動性，而非僅商品數量
- 與其「多樣化配置」，不如建立「去中心化現金流」

2. 以現金流可持續性為投資核心

- 不再只看價格波動，而以能否穩定產生被動收入為核心（股息、租金、授權金）

3. 定期進行市場壓力測試與資產模擬

- 模擬「升息2%、崩盤30%、通膨5%」等場景，評估資產曝險程度

4. 避免盲目複製 KOL 資產配置

- 自媒體財經建議多基於演算法熱度而非實證,應回歸個人目標與風險承擔能力

5. 建立資產彈性結構(FAS)框架

- Flexible(流動性高)、Antifragile(具逆境增強能力)、Scalable(可複利擴張)
- 例如:不動產出租+高配息 ETF +小型可複製創業模組

舊時代的穩健資產,正在變成不穩定的地雷場

股票、ETF、債券並未失去價值,但它們已不再代表穩定,也不再保證回報。當整個市場由演算法驅動、由政策左右、由投資人情緒決定時,你若仍用過去的「資產安全三角」來操作,反而會成為最脆弱的一環。

從今天開始,你需要的不只是會投資,而是懂得設計一套能在失控年代下生存與彈性應變的資產架構。

第二節　黃金的歷史角色與現代投資意義

從神話到貨幣：黃金千年來未曾退出權力中心

在人類文明史中，沒有一種資產像黃金這樣橫跨宗教、政治與經濟，從古埃及法老到現代央行，黃金始終與「價值」劃上等號。

它既不是法定貨幣，也不會生息配股，但它卻始終能在體制崩潰、戰爭爆發、貨幣超發的混亂時期，保存人們的購買力與資產主權。黃金並不是古董，而是一種「危機中的資產倖存者」。

本節將從歷史、貨幣制度、央行行為與當代地緣政治，說明黃金為何仍是你資產配置中不可或缺的一塊，同時揭示它在數位金融時代中的新角色。

黃金的貨幣地位並未終結，只是被包裝

- 在 1971 年布列敦森林制度終止後，美元與黃金脫鉤，全球進入「信用貨幣時代」。許多人誤以為黃金已退出歷史舞臺。
- 但事實上，全球各央行仍大量持有黃金作為外匯儲備核心。根據 2023 年世界黃金協會（WGC）統計，全球央行黃金儲備量達 3.6 萬公噸，並呈逐年上升趨勢。

- 包括中國、俄羅斯、印度、土耳其等新興國家持續增持黃金，以因應美元霸權與地緣金融風險。

黃金的三大特性讓它穿越制度輪替

1. 去中心化且不可違約

黃金不依附任何國家或政府承諾，不存在倒債、破產或政策風險。

它是少數可跨制度、跨國界、跨世代的價值載體。

2. 極高流動性與普世接受度

無論身處哪個國家、政權或貨幣體系，黃金都能換取當地商品或貨幣，不需兌換機構或中介。

3. 對抗通膨與貨幣貶值的天然防火牆

每當法幣過度印鈔、債務危機爆發、信用貨幣失去公信時，黃金價格幾乎必然上升，反映其保值本質。

當代金融世界中黃金的新角色

1. 避險工具

當股市暴跌、央行量化寬鬆、戰爭與金融制裁出現時，黃金會迅速成為避險資產。

2. 長期資產穩定器

與股票、債券負相關，在配置中可降低整體波動，提升夏普比率（Sharpe ratio）。

3. 資本管制時代的財富遷徙媒介：

多國啟動資本管制時，黃金為極少數可「物理轉移」且價值穩定的資產形式。

4. 數位金融崩盤時的資產底座：

當虛擬貨幣、平臺型資產、去中心化金融系統爆雷時，實體黃金將再次成為唯一無需第三方背書的安全資產。

常見黃金配置迷思與錯誤觀念

1. 黃金不會產生現金流，因此不是好資產？

錯誤。資產不必全數產生現金流，有一部分須具備保值與避險功能，就像保險一樣。

2. 黃金報酬不如股票？

錯誤。根據歷史數據，2000～2023年間，黃金年均報酬約為8%，超越美國十年公債，與S&P 500相近，但波動度更低。

3. 投資黃金只能買飾品或金條？

錯誤。可透過ETF（如GLD）、實體金幣、儲存銀行黃金帳戶、黃金期貨或海外金庫託管等多種方式進行配置。

現代投資人應如何配置黃金？

1. **建立「黃金比例防火牆」：**

    建議至少 5~15% 的總資產配置在黃金上,作為全球資本市場崩盤時的價值保存單位。

2. **優先選擇高流動性工具：**

    如 ETF 或銀行實體黃金帳戶,確保在危機時可快速變現。

3. **留意地緣政治與法規風險：**

    黃金儲存應考慮管轄地法規(如美國、瑞士、新加坡、香港),避免資產凍結與稅務爭議。

4. **避免過度交易,採長期持有邏輯:**

    黃金的價值在「當別的東西崩潰時還存在」,不是靠日內波動賺價差。

黃金與數位資產的未來互補與競爭

黃金與比特幣常被拿來比較,但實際上兩者並非敵對,而是互補性避險工具:

- 黃金具備物理穩定性與歷史信任基礎
- 比特幣提供跨境流動性與抗審查能力
- 在未來金融系統轉型中,有高度機率出現「數位黃金標準」的資產底層模型

第二節　黃金的歷史角色與現代投資意義

在所有金融崩盤故事中，最後站著的一定是黃金

它不會幫你致富，但能保你不會破產；它不會賺你十倍報酬，但會替你保住最後的選擇權。

在資本市場失速、央行信用耗損、虛擬資產動盪、貨幣戰爭重啟的年代，黃金不只是歷史的遺產，而是危機中財富的「最低生存保障」。

第六章　金融資產不再安全的年代

第三節　比特幣與數位資產的生存價值與潛在崩盤風險

數位資產：自由的象徵，還是加密的幻覺？

自 2009 年比特幣誕生以來，數位資產從邊緣技術社群的理想實驗，逐漸成為全球金融系統的新變數。2021 年以來，比特幣價格一度突破 6 萬美元，卻又在 2022 年暴跌逾七成。幾家知名加密貨幣平臺（如 FTX）接連爆雷，投資人信心動搖，讓「加密革命」從信仰走入寒冬。

本節將從技術結構、金融邏輯、政治哲學與崩盤案例四大角度，完整解析數位資產的雙面性：它如何在自由與去中心化中釋放希望，也如何在風險設計缺陷中暴露出崩毀危機。我們要問的不是「比特幣值不值得投資」，而是——它在金融末日來臨時，能否真正保住你的資產？

比特幣的技術魅力與制度挑戰

1. 區塊鏈的不可篡改性與稀缺性

比特幣以區塊鏈為基礎，透過分散式帳本保證資料透明與防偽造。

總量 2,100 萬枚、每四年減半的挖礦設計，使其具備類似「數位黃金」的稀缺性。

2. 去中心化：反權威的金融民主化武器

使用者可直接進行 P2P 資產轉移，無需依賴銀行或中央機構。

對高通膨、資本管制或極權國家人民而言，具備重要的財務自由意義。

3. 區塊鏈性能與能源問題仍未解決

當前比特幣網路每秒處理交易筆數遠低於 VISA 等傳統金融網路。

挖礦耗能龐大，導致被詬病為環境殺手，碳排放爭議持續。

數位資產泡沫的形成邏輯

1. 群體迷思與 FOMO 效應

投資人常因害怕錯過（Fear Of Missing Out）而在價格高點追買，加劇價格波動。

社群媒體、名人加持（如馬斯克）、KOL 頻繁炒作助長投機氣氛。

2. 沒有現金流的資產極度依賴信心

與股票不同，數位資產多不具備內在現金流價值，價格完全建立在「下一個願意接手的人」之上。

3. 熱錢湧入與槓桿效應放大風險

投資人使用槓桿進場、質押借貸、鏈上合約交易等複雜手段，形成多層泡沫。

一旦價格反轉，即引發連鎖清算與市場崩潰。

第六章　金融資產不再安全的年代

真實世界的數位資產崩盤案例

1. FTX 交易所倒閉事件（2022）

曾為全球第二大加密平臺，資產規模超過 300 億美元。

創辦人 SBF 非法挪用客戶資金、投資虛假資產，導致平臺清算，百萬用戶血本無歸。

2. LUNA 穩定幣崩盤（2022）

設計為 1：1 美元掛鉤，但因演算法設計失靈與擠兌效應，數日內市值歸零。

引發穩定幣市場信任危機，波及 Tether 與 USDC 等主流穩定幣。

3. Celsius 與 Voyager 破產

原為「高利活存」平臺，提供年息 8％～12％的穩定報酬。

實為龐氏騙局，當市場下跌時資金鏈斷裂、投資人資產被凍結。

比特幣與數位資產的四種真實價值

1. 抗審查的跨境財富轉移工具

可逃離高通膨國家（如委內瑞拉、阿根廷）、避開資本管制、匿名轉移財富。

2. 新興市場的金融普惠利器

為無銀行帳戶者提供低成本金融工具，如 Remitano 等鏈上轉帳平臺。

3. 金融系統替代選項（雖不完善）

為高度依賴美元體系的世界提供備案，例如薩爾瓦多將比特幣列為法幣。

4. 下一代資產編碼系統的實驗場

NFT、智慧合約、DAO 等皆基於加密資產技術發展，為新型經濟關係鋪路。

數位資產投資的風險對應建議

1. 將比特幣視為「資產保險」而非「獲利主力」

建議配置不超過資產總額的 5%，目的為對抗極端風險而非期待高報酬。

2. 僅使用合規交易所與硬體錢包管理資產

拒絕中心化高風險平臺，避免重蹈 FTX 覆轍。

3. 避免任何不產生現金流、無實體支持的代幣

不參與 KOL 喊單、抽卡式代幣、無明確用途與流動性的幣種。

4. 拒絕加密槓桿與借貸平臺操作

若不了解合約原理與清算邏輯，不應進入 Defi 借貸、流動性挖礦等高度風險項目。

5. 長期配置以比特幣、以太坊為核心

若有數位資產需求，應聚焦流通性高、市場接受度高且開源透明的主鏈資產。

第六章　金融資產不再安全的年代

比特幣是自由的工具，但自由不能只靠希望活著

　　數位資產不是魔法，也不是災難。它是現代金融體系一面鏡子，映照出我們對自由、信任、貨幣與風險的真正理解有多膚淺。

　　未來的資本世界可能數位化、去中心、重編碼，但你不能把信仰當盔甲，把希望當現金流。投資數位資產，應該像保留一把萬用鑰匙，但真正的門，還是要靠穩定現金流與風險控制去開啟。

第四節 資產「流動性」與「可兌現性」的失序

你真的能隨時賣掉資產換到錢嗎？

我們總以為，只要手中握有股票、基金、不動產或任何標價資產，就等同於擁有財富。然而，財富真正的價值，不在於帳面上的數字，而在於「是否能在關鍵時刻，順利兌換為現金」。

資產的流動性（Liquidity）與可兌現性（Convertibility）一旦發生錯位，將直接引爆個人財務危機——當你急需用錢時，卻發現市場不接手、價格大跌、買家失蹤，這不僅是價格的波動，而是整個資產系統的崩潰預兆。

本節將從歷史崩盤案例、現代資產市場結構、風險錯配行為與金融商品設計四個角度，解析「流動性失序」的本質與破壞力，並提出資產安全設計的新準則。

流動性失序的三大歷史教訓

1. 2008 年金融海嘯：債券標售崩潰

投資人誤以為 AAA 評級的房貸債券可快速出售，但當 CDO 產品爆雷，連最大型投資機構都無法定價與出售，流動性全面凍結。

2. 2020 年疫情初期：ETF 與 REITs 價格脫鉤

全球市場恐慌性拋售時，多檔 ETF 價格折價幅度達 5% 以上，顯示即使是「高流動性」商品，也可能因市場壓力而定價失真。

3. 2023 年矽谷銀行擠兌事件

原持有美國公債與 MBS（高度流動性資產），但因升息造成債券帳面虧損，銀行無法快速變現滿足提領需求，導致瞬間倒閉。

流動性與可兌現性常被混淆的錯覺

1. 資產可以交易 ≠ 隨時可賣出

股票市場每天開盤並非等於每檔個股都有活躍買賣量。

不動產市場即使資訊透明，真正從上市到成交常需 3～6 個月，且伴隨議價與折讓。

2. ETF 可以即時買賣 ≠ 能全額快速換現

ETF 底層資產一旦流動性下降（如公司債或新興市場股），ETF 本身的價格也會脫鉤，甚至暫停交易。

3. 保單與信託商品 ≠ 可任意解約

多數投資型保單與信託商品設有最低持有期與高額解約金，實際上無法作為應急現金池。

4. 帳面報酬 ≠ 可兌現現金

加密貨幣、NFT、非公開股票等在牛市期間帳面暴漲，但在市場反轉後常因流動性低或買家消失，完全無法兌現。

第四節 資產「流動性」與「可兌現性」的失序

哪些資產最容易失去流動性？

1. 過度集中的房地產持有

尤其非都會區、非自用型態的不動產,在經濟下行時成交難度倍增。

2. 基金公司主導的「封閉式金融產品」

如債券型基金、替代投資工具、私募商品等,在市況差時往往限制贖回或延後出場。

3. 誤用槓桿的股權型 ETF 或衍生性商品

例如槓桿 ETF、反向基金、窄市場型 ETF,暴跌時將大幅貼水或被強制清算。

4. 自創或冷門虛擬貨幣／NFT

流通性與市值極低者,即使價格波動劇烈也無人接手,最終等同歸零。

如何檢驗你的資產是否具「真實流動性」？

檢測法一:3 日變現法則

試問:若今天你需在 3 日內變現該資產 90％,能否找到對價買家？能否無損大量折讓？

檢測法二:歷史流動性壓力回測

查詢過去三次市場劇烈修正時,該資產是否曾出現折價、交易停滯、流動性鎖死？

檢測法三：與現金池距離比率

計算該資產轉為現金所需流程、稅務處理、信託審核等總時間與成本，作為可兌現距離係數。

檢測法四：投資對象集中度與買家輪廓

越多元化且市場參與者越分散，流動性越高；反之，單一市場或單一資金來源者風險越大。

打造「階段性現金流支持系統」的資產邏輯

1. 建立三層流動性結構

- 第一層（即時現金池）：活存、定存、貨幣型基金（可隨時提領）
- 第二層（中期備用資金）：股息股、債券 ETF、保本型商品（1～3 個月可提）
- 第三層（長期配置）：房地產、黃金、加密資產、創業投資（半年以上規劃變現）

2. 將部分資產兌換為「可用現金流」

- 不是只看資產淨值，而是看「可提供的月現金流」是否能應付固定支出 3～6 個月

3. 納入流動性評分為資產配置因子

- 每項資產依可兌現天數、買方廣度、價格穩定度給予 1～5 分評級，納入整體風險報告中

沒有人會在牛市測試流動性，
只有崩盤時才發現自己根本無法出場

你以為擁有的是資產，其實可能只是數字幻覺；你以為資產能賣，其實沒人接手；你以為可隨時變現，其實早被鎖在產品結構與市場流動性之中。

真正的財務安全，不只是資產多寡，而是你能否在風暴來襲時「拿得出錢」活下來。

第五節　為何銀行不是你財富的避風港？

你把錢存進銀行，以為安全，其實只是風險轉移的起點

我們從小就被教育：錢放在銀行最安全。銀行象徵信任、保障、穩定，彷彿是一個不會出錯的金融堡壘。但事實上，當代金融體系中的銀行早已不再只是保險箱角色，而是高度槓桿操作的資本企業，當你把錢交給銀行的那一刻，也就進入了一套潛藏風險的體制邏輯中。

本節將從銀行的商業模式、資產負債表結構、危機歷史、利率環境變遷與存戶行為五個層面，徹底揭示：銀行為什麼不再是避風港，而可能是風暴中心，並提供五項資產設計與資金存放的現代安全原則。

銀行其實是一家高風險借貸公司

1. 銀行不是保險箱，而是借你錢來賺錢的中介機構

當你把錢存進銀行，其實是「借錢給銀行」，這筆錢會立刻被拿去放貸、買債券、開信用額度，銀行賺的是「存放利差」與「資本操作報酬」。

2. 銀行只有少數備用現金可供提領

根據巴塞爾協議與各國監管規定，銀行準備金通常僅占存款總額的 5%～10%。也就是說，若有超過 10% 的客戶同時來提款，銀行將無法支付。

3. 銀行本質是高槓桿運作

銀行資產負債比通常為 10～15 倍，任何資本市場變動（如利率變化、債券價格下跌）都可能觸發流動性危機。

矽谷銀行事件揭示「存戶安全神話」的破滅

2023 年，美國矽谷銀行在不到 48 小時內遭遇擠兌倒閉，原因如下：

- 將大量資金投入長期債券，在升息循環下出現帳面虧損
- 存戶多為科技業大戶，資金高度集中，消息一傳出，提款速度超過預期
- 準備金不足以應付龐大提款需求，導致流動性斷裂

事件說明：即使是持有美國公債、並受到聯邦監管的銀行，在錯配風險與流動性失控下，仍可能快速倒閉，存戶僅在 FDIC 保額內（25 萬美元）獲保障，超額資金則須等待清算。

第六章　金融資產不再安全的年代

升息與債券帳損正削弱全球銀行體質

1. 銀行持有的大量中長期債券，市價因升息重挫

　　升息會導致債券價格下跌，若銀行未即時調整部位，將面臨帳面虧損甚至資本不足風險。

2. 存款利率上升速度慢於放貸利率，壓縮利差獲利

　　銀行為維持利差獲利，可能推升高風險放貸行為，形成資產泡沫。

3. 各國監管反應滯後，監控模型未及時反映債務風險

　　許多國家對資產負債錯配並未設立即時預警系統，導致市場崩盤時存戶首當其衝。

銀行中的五個隱藏風險區塊

1. 貸款違約率上升：尤其房貸、企業信貸、消金貸款

　　若經濟景氣反轉，企業與個人無法如期還款，銀行將承擔龐大呆帳。

2. 衍生性金融商品敞口過高

　　多家銀行參與利率交換、信用違約交換（CDS）等高複雜金融工具，一旦出現清算風險，可能擴大損失。

3. 銀行投資部門進行高風險操作

　　銀行的「理財商品」與「自營部門」可能涉入股市、債市、海外市場的高槓桿操作，且常與客戶資產高度連動。

4. 存戶資訊延遲與認知偏差

多數存戶無法即時得知銀行財務狀況，一旦風聲走漏，提款潮將加速崩潰（如 SVB 事件）。

5. 國家破產風險的連動

地方政府或主權債危機將直接衝擊地區性銀行信貸安全（如希臘、阿根廷、斯里蘭卡）。

你應該如何在銀行體系中「有限信任」而非「全然託付」？

1. 遵守「單一銀行不超存原則」

存款金額應分散於不同銀行，每家不超過政府存保保額上限（如臺灣為 300 萬新臺幣）。

2. 避免購買銀行銷售的高佣理財商品

包括變額年金、保本型基金、海外債券組合等，通常附帶高費用與隱性風險。

3. 定期關注銀行公開財報與風險評等

查閱銀行的資本適足率、風險曝險部位、流動性準備比例，必要時調整存放銀行。

4. 將大額資金轉為分散式資產池

例如分配於貨幣型基金、短債 ETF、實體黃金、數位資產冷錢包、自營現金流平臺等。

5. 將銀行定位為「交易中介」而非「資本停泊港」

認知銀行主要用於日常支付與周轉，而非長期儲蓄與財富累積。

> 你以為存進銀行是避風，
> 實際上可能是進入了風暴核心

在這個系統性風險日增的時代，銀行已不再是你祖父母時代那個「錢放著就會長大」的地方。它是利益導向、槓桿操作、資訊不對稱的金融企業。你不能仰賴它給你安全，你要為自己設計安全。

未來的金融風暴，不會通知你時間，也不會給你準備；真正有準備的人，是早就知道「存錢不是關鍵，把錢放在哪裡才是關鍵」的人。

第七章
財產的法律保護與避險策略

第一節　資產不只是錢，而是法規下的「存在權」

資產的本質，不是擁有，而是合法存在

我們對財產的想像，多半來自帳戶裡的餘額、股票的市值、房地產的權狀。然而，這些所謂的「擁有」，在法律的視角中，其實是一種權利的登記與國家制度承認的「存在權」。

你的資產是否能在你需要的時候被保護、不被凍結、被認定為你的、可以自由轉讓與繼承 —— 這一切，與你是否「擁有」它無關，與你是否站在法律結構之內，關係更大。

本節將從法律視角揭開資產安全的真正邏輯：不只是錢夠多，而是法律夠清晰、架構夠穩定。尤其在當代跨境監管加強、財產透明化趨勢下，資產的「合法性」、「存在性」與「可控性」成為財富保全的三大關鍵。

什麼是「資產存在權」？

資產存在權，是指你的財產能夠在法律系統中：

- 被承認（法定擁有者）
- 被確認（可被註記與查核）

- 被保護（受法律保護、不得隨意凍結或沒收）
- 被轉移（合法轉讓、繼承或處分）

從這個角度來看，你的資產不只要「實際存在」，更要「法律上存在」，否則你所擁有的一切，只是「暫時性使用權」，一旦法律改變或遭遇爭議，你很可能連證明自己是擁有者都辦不到。

常見的「財產不存在」風險案例

1. 夫妻或親屬名義登記的房產或企業股權

法律名義非本人，遇到婚姻變動、家庭糾紛時可能無法主張擁有權。

實質資產者在法律上變成「無產階級」，失去控制與處分權。

2. 公司名義持有的資產，卻未明訂股東或實益權人

資產由法人持有，若章程不明、股權未記名或權責未分，實際擁有人易被邊緣化。

3. 未信託或合法設計的遺產財產

若未透過遺囑、信託或合規移轉，資產一旦進入法定繼承程序，常被凍結數月甚至數年，並有繳稅與權屬爭議問題。

4. 被凍結、查封或司法假扣押的帳戶資產

因涉入商業糾紛、稅務查核或個人信用問題，名下帳戶可能遭限制交易，短時間內無法動用。

這些情況共同顯示：你是否能動用資產，不在於你擁有多少，而在於你是否「有法可依、有據可循」。

建立「法律可辨識資產」的五項原則

1. 法律名義清楚一致

所有資產（房產、公司、股票、保險、保管箱、帳戶）應清楚記載在可法律查詢的系統中，並與實際控制人一致。

2. 擁有證據可追溯

資產來源需有完整紀錄（購買紀錄、轉帳憑證、股權協議、交易發票），避免因稅務或爭產導致權利中斷。

3. 可轉讓與可傳承性設計

應預先設計繼承架構（遺囑、信託、分配協議）避免突發事件時進入法律真空。

4. 跨境資產需依法登記與資訊申報

隨著 CRS（共同申報準則）與反洗錢規範上路，境外資產若未合規，將面臨資金查扣或課稅風險。

5. 所有資產應有法律防火牆

利用保險信託、家庭公司、法人控股、第三人代管等方式設計財產隔離，避免單一事件引爆全體財產凍結。

臺灣當前法律結構下的風險與迷思

1. 夫妻共同財產未分開管理

多數人未建立「婚後財產分開制」，即便個人出資購買之資產，法律上可能仍為夫妻共有。

2. 臺灣尚無強制遺囑制度

未立遺囑者，其資產將依《民法》進入法定繼承程序，可能不符合當事人意願，且爭議率高。

3. 商業糾紛與連帶責任導致個人資產被牽連

臺灣公司制度中，小型負責人往往使用自然人名義貸款、簽約或背書，一旦公司出事，個人財產無法切割。

4. 稅務稽核趨嚴，資訊不對等

高資產戶面臨所得稅、贈與稅、遺產稅查核時，常因資產未有法律結構或事先準備，而陷入臨時應對困境。

你該如何開始建立「資產的法律存在系統」？

第一步：盤點所有財產的法律名義與控制權

將所有帳戶、房產、投資、公司股權、保單逐一盤點其法律歸屬，檢視與實際控制權是否一致。

第二步：建立財產防火牆與隔離層

針對風險高、變動性大的資產（如商業收入、不動產開發、跨境營運）應與家庭資產分開管理，避免風險蔓延。

第三步：導入信託與家族企業結構

信託可讓資產轉入法律保護區，並清楚設定受益與管理人；家庭公司則能以法人形式分散風險與合法控資。

第四步：提早進行遺產與贈與設計

搭配保單信託、分期贈與、海外資產分布與受益人安排，設計合法、穩定的財富代間移轉架構。

第五步：定期諮詢法律與財稅專業顧問

每年至少一次進行財產結構健診，調整不合理設計與即將變動的法規因應策略。

資產不只是數字，而是制度下的秩序結果

我們習慣看的是金額、是市值、是資本報酬率；但真正決定你能否守住財富的，不是你「擁有多少錢」，而是你「在哪個法律系統裡擁有它、怎麼擁有它、能否合法控制與轉移它」。

在這個稅制透明化、資產監管國際化、爭產與債務風險上升的年代，能把資產放進正確法律架構中的人，才是真正能控制未來的人。

第二節　信託架構的設計與實務應用

為什麼高資產人士總是使用信託？

當你開始思考如何保護財產、安排繼承、分散風險與管理跨代資產時，「信託」這個字就會不斷出現在你眼前。從政商名流到家族企業，從高淨值人士到想要預先規劃財富傳承的中產階級，越來越多資產管理方案都圍繞著一個關鍵工具：信託架構（Trust Structure）。

本節將從制度本質、法律運作、信託種類與實務設計四個層面，帶你深入理解「信託」是什麼、能做什麼、不適合做什麼，以及你該如何開始打造自己的信託策略。

信託的本質：將資產轉進法律的「隔離帳戶」

信託是一種法律安排，將資產由「委託人（Settlor）」轉移給「受託人（Trustee）」持有與管理，為了特定目的與特定受益人之利益執行。此時，資產已不屬於委託人，也不屬於受託人，而是成為獨立於兩者之外的「信託財產」。

信託的四大法律意涵如下：

- 資產隔離：信託財產不受委託人與受託人的債權人追索（在多數司法管轄區）。

- 意志實現：可透過信託設計實現遺產分配意圖、繼承順序、教育計畫等。
- 風險隔離：個人破產、事業失敗、婚姻糾紛時，信託財產不受連帶影響。
- 稅務調節：在合規前提下，可透過信託達成延遲課稅、節稅、跨國稅務規劃效果。

簡單來說，信託是資產的法律防火牆，也是人生變局中的財務備援計畫。

信託的基本角色與流程

一個完整的信託結構包含以下四個角色：

- 委託人（Settlor）：原資產持有者，決定將財產交付信託
- 受託人（Trustee）：依法管理信託資產的人或機構（通常為銀行或信託公司）
- 受益人（Beneficiary）：未來可從信託財產中受益之人（如配偶、子女、慈善組織）
- 監察人（Protector）：部分信託設計中會設監察人，負責監督受託人是否善盡管理責任

建立流程如下：

- 委託人與信託顧問規劃信託架構與財產內容
- 擬定信託契約，明定條件、受益人與執行規則

- 交付財產予受託人並完成登記,開始信託運作
- 定期評估執行狀況與報酬安排

信託的主要應用類型與功能

1. 財富傳承信託

最常見形式,適用於資產規模較大或家庭成員眾多者,透過信託達成「順利分配、逐年給付、控制節奏」的傳承策略。

2. 教育與生活保障信託

為子女、孫子女設立「指定用途給付條件」,如完成學位後每年給付、結婚時支付房款、醫療支出等。

3. 配偶保障信託

透過信託機制確保配偶在委託人身故後能持續獲得穩定給付,而非由子女一次分配遺產。

4. 特定資產管理信託

如不動產出租管理、上市股票穩定配息給付、境外資產託管。

5. 保險信託

將壽險受益金指定為信託財產,達成保障給付與風險隔離目的(例如避免保金遭債權追償)。

6. 慈善與公益信託

用於捐贈、基金會運作、宗教活動或長期公益計畫的財務支持。

第七章　財產的法律保護與避險策略

信託的五個常見誤解與風險

1. 信託就是避稅工具？

錯誤。信託本質是資產保護與風險控管工具，在設計得當下，確實能達到稅務延後或節稅效果，但若刻意規避稅負或隱匿資產，將違法並被追稅。

2. 信託後資產就安全無虞？

錯誤。若信託條款不夠明確、受託人選擇不當或契約漏洞過多，反而可能讓資產運作失控或遭他人主張權利。

3. 信託只有高資產階級才需要？

錯誤。只要你有房產、股票、不想一次讓繼承人領走全部資產、有特定撫養或照護安排，都可能需要信託來輔助執行意願。

4. 信託就是一次性安排？

錯誤。信託應隨時間變化進行調整，尤其當家庭成員、稅制、財務狀況改變時，要定期檢討契約與運作架構。

5. 海外信託一定不安全？

錯誤。只要遵循 CRS 申報、稅務資訊揭露與合規機構設計，境外信託仍是合法且具備國際風險分散功能的工具。

建立個人信託策略的實務步驟

步驟一：確認信託目的與範圍

是要保障配偶？還是分配給多名子女？或是預留給慈善用途？明確目標將決定後續設計走向。

步驟二：盤點資產與現金流來源

包括不動產、股票、基金、保單、現金、數位資產與預期未來資產（如壽險理賠金）。

步驟三：選擇適當信託架構與地點

臺灣本地信託、海外信託（如新加坡、開曼群島）、專案信託或公設型信託等，須依據目標與稅務需求決定。

步驟四：尋找專業信託顧問與法律支援

包括財稅律師、信託規劃師與受託銀行，共同制定契約、條款與受益安排。

步驟五：建立監督與修正機制

可設立信託監察人、設定信託期限與彈性調整條款，預防未來狀況變化。

信託不是「躲起來」，而是為人生未來提早布防

當你的資產超過 300 萬元、有家庭成員照顧安排、有特定分配意圖或跨境資產時，信託就不再只是高端財務工具，而是你與風險之間的那

第七章　財產的法律保護與避險策略

道保護屏障。

　　信託的關鍵不是藏錢，而是控制。不是避稅，而是實現「我希望如何用錢影響我的家人與未來」的意志。

第三節　法人控資與境外分散的合規策略

控資與分散，為的是控風險而不是逃稅

當我們談論資產控管與境外分散，許多人第一時間會聯想到避稅、洗錢、富豪專利，甚至聯想起某些逃漏稅醜聞與黑錢外移。但事實上，在全球高稅制、高監管、高資訊揭露的時代，真正聰明的資產管理人，早已從「逃避」轉向「合規」，從「躲藏」轉向「結構性保護」。

本節將深入探討如何運用「法人架構」與「跨境資產分布」的合規策略來達成三大目的：風險隔離、法律保護與資產調度彈性。我們將從法規背景、結構設計、操作實務與風險案例中，建立一套可供庶民執行的國際資產架構思維。

法人控資的意義與架構邏輯

法人不是逃避責任，而是設計風險隔離的容器。成立公司、基金會、有限責任結構，不只是為了經營事業，更重要的是讓資產與個人法律責任切割，形成第一層風險防火牆。

法人控資的三大基本邏輯：

- 責任隔離：自然人因商業訴訟、債務或家庭風險可能遭資產凍結，若以法人持有，能避免連動。
- 資產透明但不等於裸露：法人名下資產依法登記，但控制權仍可透過章程、職權設計保留在自己手上。
- 可持續運作與代間傳承：法人能延續，不受自然人死亡終止，有利資產累積與長期計畫。

境外分散的合規基礎與三大誤解

誤解一：境外一定違法？

錯。只要申報完整、合法設立、來源正當，境外公司與帳戶完全合法。

誤解二：開境外公司是富人遊戲？

錯。許多中產創業者、海外投資人、小型出口商皆需使用境外架構來簡化跨國稅務或保護資產。

誤解三：境外就是為了避稅？

錯。實際上境外結構更多用於資產隔離、繼承計畫、政治避險與投資平臺管理。

法人控資的三種實用結構

1. 有限責任公司（LLC）

- 適合用於持有資產、開發不動產、控制現金流
- 可由自然人持股並自行擔任經理人

2. 家族控股公司

- 將家族資產統一於一家公司名下，由章程設計治理與分配機制
- 可透過章程設定投票權、分紅權分離，保護核心決策權不被稀釋

3. 基金會或私人信託法人

- 作為信託的受託實體或公益性資產運作平臺
- 適合規劃家族文化、慈善任務或資產永續管理

境外分散資產的安全設計路徑

1. 選擇合規司法管轄區

建議選擇 CRS（共同申報準則）國家且金融監管穩定地區，如：新加坡、香港、瑞士、盧森堡、英屬開曼群島（合規型操作）。

2. 申報完整、帳戶登記清楚

避免匿名公司、無實質業務背景，應透過正規代理機構操作並完成稅務居留申報。

3. **與信託或保險結構搭配整合**

   將法人名下資產納入信託保護、與海外保險商品結合設計風險隔離。

4. **建立合法資金進出機制**

   所有資金進出皆應有正常銀行管道、對應發票、合約或轉投資資料支撐，避免遭列可疑交易。

法人與境外結構的整合應用場景

場景	建議架構	主要功能
海外置產	境外公司＋信託	控資＋稅務隔離
國際教育基金	境外信託＋基金會	子女教育專款專用
多國稅務調節	香港公司＋新加坡帳戶	降低雙重課稅
海外創業或外包事業	BVI 或開曼公司＋家族控股	保護智慧財產與資金流

實務操作五步驟：從開戶到合規報備

- 評估資產與風險來源：是投資所得、企業盈餘、房地產轉讓、還是家族資產？
- 選擇合適架構與地點：根據資金來源、用途與未來目標選擇適當地區與公司型態
- 設定董事與股東結構：可使用專業法人代持或雙層架構控股，保留管理權但降低個人風險
- 開立境外銀行帳戶並設計資金進出機制：需考慮匯款限制、外幣管制與申報流程
- 報備並納入年度申報體系：確保每年依法申報海外資產資訊，避免洗錢或稅務風險

真正的「隱形富豪」，不是藏錢，而是會合法控資

在這個全球追稅、資料共通、政治風險上升的時代，真正有實力的人不是把錢藏起來，而是把資產放進「看得見、查得到、凍不了、傳得下去」的結構裡。

法人控資與境外分散不是豪門專利，而是中產階級建立風險保護與跨代資產安全的起點。只要你願意提早設計、合法執行，你也能讓自己的財富不再受限於單一系統、不再暴露在制度與人為風險之下。

第四節　如何避免帳戶凍結與金融審查：全球合規下的資產保護策略

金融自由與監理紅線的交錯地帶

資產自由流動，是全球化金融體系中最重要的象徵之一。然而，隨著打擊洗錢、逃漏稅與資金外逃的壓力上升，帳戶的「可控性」已逐漸轉向「可監控性」。各國針對金融帳戶的透明度要求逐年升高，導致越來越多跨國人士與企業因帳戶異常、資料未更新或稅務來源不明而遭遇帳戶凍結，甚至進一步觸發跨國審查與司法互助程序。尤其是 2014 年 OECD 啟動的《共同申報準則》(CRS)，使得帳戶資訊能於參與國間自動交換，對於高資產人士與跨境企業而言，不僅代表資訊揭露的範疇大幅擴張，也意味著「資產部署」從此不能再僅以靈活為導向，而須融入合規策略與風險預警機制。

以 2023 年為例，有超過 19％ 的高資產客戶在過去五年曾遭遇過帳戶遭限制交易或凍結調查，主要原因包括資金來源不明、受益人資料未更新或與國際制裁名單重疊。這項趨勢提醒我們，帳戶凍結並非僅發生於非法操作，而往往是因「合規盲區」所致。

帳戶凍結風險的來源與類型解析

帳戶凍結的風險類型可以依成因分為三類：資料落差型、主動申報型與監理觸發型。

資料落差型

最常見於開戶資料與實際使用情形不符，如實質受益人（UBO）資料未更新、職業欄填寫與資金來源矛盾、或長時間未提供資金用途文件。這類型常見於在新加坡、香港或英國開設的公司帳戶，因其開戶程序相對便利，但後續維護要求日益嚴格。

主動申報型

指帳戶屬國主動接收他國金融資料後啟動比對，如臺灣國稅局接獲 CRS 交換資料發現特定臺籍人士於盧森堡持有高額帳戶而未申報，即可能函請金融單位凍結該資產以待查明。

監理觸發型

最具風險，例如美國 OFAC（外國資產控制辦公室）制裁清單、聯合國反恐資金監控機制、歐盟黑名單等，一旦帳戶涉入敏感交易，即使金額不高亦可能觸發凍結。2022 年俄烏戰爭爆發後，眾多俄羅斯高資產人士在瑞士、摩納哥與阿拉伯聯合大公國的帳戶即遭全面限制，便是一例。

合規與預防：避免帳戶風險的三層策略

為了避免帳戶被誤認為異常並遭凍結，必須建立三層防護架構：前端設計、持續維護與危機應變。

1. 前端設計：從設立時就降低風險

包括選擇具穩定金融制度的司法管轄區（如新加坡、英國、瑞士），使用專業信託或法人作為帳戶開戶主體，並確保開戶資料與實際資金使用吻合，尤需謹慎處理 UBO 揭露與 KYC 問卷。2020 年後，多數銀行已不接受泛用型紙本證明，改採數位驗證與定期影片審核，個人應避免由非專業代理代辦帳戶，造成資料落差。

2. 持續維護：動態回應金融單位查核要求

帳戶一旦開設，並不代表風險管理結束。反之，每一年度的資金流向、入帳理由、出帳紀錄皆應具備完整說明與佐證，必要時備存稅籍證明、契約副本與收付款憑證。特別是在香港、新加坡等司法管轄區，未回覆銀行 KYC 更新問卷即可能遭凍結，是高風險忽略點。

3. 危機應變：建立多層帳戶備援機制

任何帳戶皆有被暫時限制交易的風險，因此應採多帳戶配置策略，並分散於不同司法管轄區。例如：一組資金可分別於新加坡 UOB 與瑞士 Julius Baer 配置運作，並建立緊急資金調度流程。企業帳戶則建議搭配家族信託帳戶、貿易型帳戶與營運資金帳戶，減少單點凍結導致全面癱瘓的可能。

瑞士私人銀行與信託保護機制

以 2021 年瑞士百達銀行的處理案例為例，某東南亞家族因涉入地方政權變動，其帳戶遭瑞士金融市場監管局（FINMA）要求提供全面說明。該家族得以避免資金凍結，關鍵在於其早已以開曼群島信託結構為

資產主體，百達僅為資產管理銀行，其實質資產並未直接命名為政治個人資產，且相關資金流入皆具備超過十年以上稅務申報文件與合法合約基礎。

相較之下，另有一名來自中國地區的企業家，於 2022 年試圖將資金轉入新加坡華僑銀行（OCBC）新設帳戶，由於使用第三方帳戶收款，且無明確資金來源說明，帳戶三個月內即遭凍結並列為調查對象。該案例提醒我們，即使合法交易，也須重視流程與佐證，避免落入銀行防洗錢模型誤判之中。

金融合規時代的資產流動智慧

帳戶凍結風險不再是非法行為者的專利，而是每一位高資產管理者與企業主都應面對的金融現實。全球監理體系正走向「預警型風控」與「系統性合規」，任何被視為「資訊不對稱」或「資金不明確」的帳戶操作都可能引發連鎖後果。唯有建立「合規即保障」的資產配置觀，從源頭文件、管理維度與跨域備援架構等多方面設計風險預防策略，方能於資訊透明化與監理強化的全球金融環境中，實現真正的資產穩定與自由。

第七章　財產的法律保護與避險策略

第五節　家族資產的代間轉移與繼承設計：跨世代財富守護的實務策略

傳承的核心不是財產，而是信念的延續

在全球家族企業逐漸進入第二代、第三代接班階段的此刻，單純以「財產移轉」為目標的繼承策略，早已不符合時代要求。現代家族治理與資產設計強調「信念導向的架構」，亦即以家族價值、經營理念與跨世代共識為核心，建立制度性財富傳承系統。根據瑞銀（UBS）與凱捷（Capgemini）2024年《全球高資產家族調查》報告指出，高達69％的家族企業認為「無形資產」（包括商業價值觀、信任關係與教育背景）在傳承中與金錢等量重要。

因此，本節將探討如何透過制度性工具（如信託、保險、家族憲章與家族辦公室），進行有效且合法的代間財富移轉，並結合國際實例與臺灣在地觀察，說明在多稅籍、多資產型態與多元家族成員結構下，如何精準完成一場跨世代財富接棒。

傳統繼承方式的局限與風險

過往亞洲社會多以遺囑與直系繼承人制度處理財產轉移，但此模式常導致數個風險問題：

- 遺產稅與交易稅務壓力：如未及早規劃遺產結構，往往造成繼承人面臨高額稅賦，甚至須出售核心資產以籌措稅金。
- 資產分裂風險：若無中央架構統籌管理，企業股份或不動產將被切割至無法發揮規模經營效益。
- 接班人能力不對稱：即便繼承權完整，若被指定之接班人無經營能力，可能反使資產貶值。
- 親屬衝突與法律爭訟：無信託或契約設計，將導致兄弟姐妹間因利益分配爭議進入訴訟程序。

這些問題在東亞地區屢見不鮮。舉例來說，某知名建設公司創辦人於 2021 年過世後，其遺產分配未明確指定持股與董事席次，導致兩名子女為股權經營主導權纏訟三年，最終導致整體市值蒸發三成，亦重創企業聲譽。

家族信託：制度化的資產過渡工具

信託制度是當代最具彈性與保護性的代間轉移工具之一。透過設立信託架構，委託人（即財富擁有者）可預先定義資產受益人、分配方式、時間點與特殊條件，並交由第三方信託公司或家族辦公室進行管理。

國際上最具代表性的案例為美國洛克斐勒家族，其於 1930 年代設立的多層信託至今仍有效運作，使後代子孫即使不直接經營家族事業，亦可透過信託持續領取資產收益並參與慈善事業。類似架構於香港與新加坡已相當普遍，特別是開曼群島與新加坡 VCC 制度可與信託結合，構成資產配置、稅務優化與風險隔離的整合方案。

在臺灣，雖信託法已有一定發展，但多數使用局限於不動產與證券形式，對於家族治理與企業股份的制度性設計仍相對不足。近年金管會推動「公益信託」與「家族信託」雙軌制，鼓勵高資產家族在生前設立信託以預防爭產，同時透過信託結構安排未成年子女教育、扶養與醫療費用的支付條件，實現從「保障」到「賦能」的資產管理精神。

家族辦公室：跨世代治理的整合平臺

若信託解決的是「資產配置」，那麼家族辦公室（Family Office）則提供「資產治理」。其功能涵蓋稅務籌劃、投資決策、慈善規劃、人力資源與代間教育設計。根據 Bain & Company 2023 年資料，目前全球已有超過 1 萬家家族辦公室設立，其中亞洲地區占比成長最快，尤其新加坡在 2022 年即吸引超過 900 家新設，成為亞洲首選設立地點。

一個成功的家族辦公室應具備以下關鍵角色：

- 治理中樞：定期召開家族會議，決議重大資產配置與策略。
- 教育橋梁：為第二、三代成員設計財商、法律與經營訓練。
- 風險監控：監督外部顧問與投資方執行效率與合規性。
- 價值傳承機構：透過家族憲章（Family Constitution）明定核心價值、財產處置原則與成員行為規範。

以日本飲料巨擘三得利（Suntory）為例，其第三代接班人佐治信忠於 2010 年接手時，即導入美式家族辦公室架構，不僅負責資產管理，更設立家族內部領導力發展計畫（FLDP），確保每位成員在進入董事會前需經歷完整商業與法律訓練，實現制度性治理。

多稅籍、多資產、多成員：新時代的繼承挑戰

傳統家族繼承以單一資產類型（如不動產）與單一國籍考量即可規劃，但在現代情境中，家族成員散居全球、資產類型包含虛擬貨幣、海內外股權、藝術品與基金架構等複雜型態，加上受益人跨國居留地稅法互不一致，使得繼承設計須從「稅務協調」與「法律調和」兩面著手。

2022 年臺灣某科技創業家在英國過世，留下英國住宅、臺灣未上市股份與新加坡信託資產，其三名子女分別居住於臺灣、美國與加拿大。若無早期規劃，將遭遇以下問題：

- 英國遺產稅須即時繳納；
- 臺灣未上市股權缺乏現金流，難以作為繼承分配；
- 新加坡信託需符合三地反洗錢與 UBO 揭露條件；
- 多國法院對遺囑效力認定存在差異，造成資產凍結時間延長。

解決方式可透過多層信託結構與統一法律適用條款（如指定新加坡法為準據法），結合專業家族辦公室長期維運，進行「跨法域整合式」的資產過渡與風險控管。

財富是一種責任，傳承需要制度設計

家族財富的成功傳承，從來都不是「平均分配」的結果，而是「價值選擇與制度設計」的產物。真正有遠見的資產傳承者，會以信託與治理機制為工具，將家族的企業精神、經濟實力與教育理念融合，打造出不僅可長可久的財富系統，更是具備文化內涵與倫理框架的資產生態。

第七章　財產的法律保護與避險策略

　　如同美國投資大師華倫・巴菲特所言:「要把錢留給下一代,但不是留下足以讓他們什麼都不做的錢。」傳承不是灌輸,而是啟動;不是照顧,而是信任。唯有以制度為基礎,結合家族信任與治理智慧,方能讓資產真正穿越世代,成為促成下一代成長的土壤,而非拖累。

第八章

黃金、土地與收藏：價值實體的逆襲

第八章　黃金、土地與收藏：價值實體的逆襲

第一節　黃金標準與脫鉤體系的未竟之路

價值穩定的幻象：黃金標準的誕生與崩潰

黃金，作為最古老的價值儲藏工具之一，自人類文明開始即與權力、信任與交換制度緊密結合。十九世紀後期，隨著工業革命推動跨境貿易規模擴張，黃金標準逐漸成形並確立國際貨幣制度的穩定基礎。根據經濟史學者巴里·艾肯格林（Barry Eichengreen）在 *Golden Fetters* 中的研究指出，黃金標準的成功建基於三項核心條件：各國貨幣政策協調、價格彈性與資本流動性。

然而，這套系統並未能抵擋住歷史的風暴。第一次世界大戰爆發後，歐洲各國紛紛中止黃金兌換政策，並以印鈔方式資助軍費支出。雖然戰後曾嘗試復原金本位，如英國於 1925 年重返金本位，卻因戰後經濟脆弱與通膨陰影，使得此制度備受挑戰。1931 年英國正式放棄金本位，1933 年美國羅斯福總統禁止黃金兌換，象徵著金本位的結束。

真正使黃金與美元完全脫鉤的轉折點，是 1971 年「尼克森衝擊」。當年美國總統理查·尼克森宣布終止美元與黃金的兌換，布列敦森林制度瓦解，全球邁入浮動匯率與信用貨幣主導的新金融時代。黃金雖自此退出貨幣制度核心，但從未退出資本世界的價值舞臺。

信用貨幣擴張下的黃金復權

黃金與主權貨幣脫鉤之後，理應隨著現代金融商品興起而走向商品化，然而歷次危機證明，黃金依舊是最終的信任容器。尤其在法幣信任遭遇考驗時，黃金的避險屬性再度被強化。

2008 年全球金融海嘯期間，美國聯準會推動量化寬鬆政策（QE），短期內大量貨幣流入市場，引發市場對美元實質購買力的疑慮。根據世界黃金協會統計，自 2008～2011 年間，黃金價格從每盎司約 700 美元飆升至近 1,900 美元，達歷史高點。同樣的情境在 2020 年 COVID-19 疫情爆發期間再次上演，當各國央行大幅印鈔應對經濟衝擊，黃金價格快速反應，成為資產配置者的避險選項。

黃金的價值來自其無法人為創造與不可複製的稀缺性，更重要的是來自人類對其歷史意義的深層共識。在主權貨幣面臨信任危機、通膨升溫或地緣政治風險升高時，黃金便自然被市場喚回成為「安全港」資產。這種非收益型資產，在極端市場狀況下，反而因無債務性而更具吸引力。

全球央行的策略轉向與購金潮

儘管黃金早已脫離國際貨幣制度核心，全球各國央行卻在近十年間重新將黃金納入戰略儲備資產之一。根據世界黃金協會 2023 年報告，全球央行於 2022 年共計購買黃金 1,136 噸，為 1967 年以來最高紀錄。這波「央行買金潮」不僅涵蓋新興市場，如中國、印度、波蘭與土耳其，亦包括部分歐洲與中東國家，顯示黃金作為地緣經濟避險工具的價值再次被肯定。

特別值得注意的是，中國人民銀行自 2015 年起便逐步增加黃金儲

第八章　黃金、土地與收藏：價值實體的逆襲

備，截至 2024 年底已累積超過 2,200 噸。俄羅斯亦大幅提高黃金儲備比例，並以黃金作為「去美元化」戰略資產。這類策略轉向反映出在美國濫用金融制裁與美元武器化的背景下，越來越多國家選擇以黃金維護本國資產主權。

不僅是國家，許多企業也開始關注黃金作為資本避險工具的角色。包含蘋果、特斯拉等大型企業透過 ETF 或實體黃金納入資產負債表，進行資產配置多元化。這顯示黃金雖不再直接關聯貨幣發行，但仍擁有「超金融性」地位，是貨幣不信任時代中難以取代的保險機制。

黃金在臺灣：文化延續與避險轉型

在臺灣社會中，黃金從來不只是投資工具，更是一種文化象徵。從嫁妝金飾、歲末壓箱寶到金條收藏，黃金深植於民間生活經濟中。根據臺灣中央銀行與臺銀黃金業務數據推估，民間持金總量可能超過 1,000 公噸，尤其中高齡與傳統產業經營者，更偏好以黃金作為保值載體。

進入數位時代後，黃金投資方式也隨之轉變。臺灣市場出現如元大台灣 50 黃金 ETF、兆豐金條定期定額服務等金融商品，使得黃金不再局限於實體購買，亦可納入退休金、家庭資產管理與企業資金分配策略中。某電子代工企業甚至自 2021 年起，將部分流動資金分配於黃金期貨進行避險，以對抗原物料報價波動。

然而，值得注意的是，黃金交易也面臨合規壓力上升的挑戰。財政部與金管會近年針對金飾業者加強反洗錢監管，要求黃金交易超過一定金額須報送可疑交易報告 (STR)。這一趨勢意味著未來黃金儲備將進入「透明化、合法化、策略化」的資產階段。

黃金未竟的價值任務

從歷史角度看,黃金標準的終結代表了一場制度性的分水嶺。然而,就長期資產配置而言,黃金並未真正退出市場,而是在金融系統愈趨複雜與信用貨幣愈發氾濫的今天,扮演著「最終保險機制」的角色。央行回頭買金、家族資產增配黃金、企業採用黃金作為避險,這些現象都說明:黃金的任務尚未結束。

未來的黃金,可能不再與紙鈔掛鉤,但將與信任、風險與制度穩定度深度綁定。正如經濟學家凱因斯所言:「黃金不是為了交易而存在,而是為了靜默守護。」

第八章　黃金、土地與收藏：價值實體的逆襲

第二節　實體資產配置的比例與轉換策略

資產結構的重組時代：從金融配置到實體防禦

在數位資產、衍生性商品與高頻交易主導市場的當代，「實體資產」彷彿退居邊陲，但事實恰恰相反。在通貨膨脹、地緣衝突、供應鏈斷裂與金融監理收緊等多重風險疊加下，全球資本開始重新審視資產組合中的「真實性」與「韌性」。實體資產，如黃金、土地、不動產、天然資源與實體收藏，不再只是富豪階層的配置選項，而逐漸成為財富管理的核心結構之一。

根據摩根士丹利（Morgan Stanley）2023 年針對全球高資產人士的調查報告指出，有超過 52% 的受訪者表示計劃未來五年內提高實體資產配置，其中以土地、農業與礦產相關資產的關注度最高。這顯示出，實體資產正逐步重返資產組合的主舞臺，成為應對系統風險與貨幣信用弱化的重要一環。

然而，實體資產配置不僅僅是購買，更涉及「比例設計」與「轉換機制」的問題。本節將聚焦於資產配置模型中的實體角色，分析其風險特性、資金分配原則與市場變動時的調整策略。

理論基礎：實體資產在組合理論中的定位

現代投資組合理論的核心來自於哈利·馬可維茲（Harry Markowitz）於 1952 年提出的「平均－變異模型」（Mean-Variance Optimization），主張資產應依據風險與報酬特性進行組合配置，而非單一報酬最大化。此模型強調「分散風險」與「非高度相關性」資產的配置。

根據該理論，實體資產因與股票、債券等傳統資產的價格走勢具低關聯性，因此具備降低整體投資組合波動度（Volatility）的功能。例如黃金與股市通常呈現反向走勢，土地價格波動低於金融市場，藝術品則在金融危機期間具有一定保值能力。

更進一步的 Black-Litterman 模型則整合市場預期與投資者主觀觀點，讓資產配置更具彈性與實戰性。根據此模型，實體資產若被評估具長期保值或避險價值，理應在多變市場中取得更高的配置權重，尤其適用於高通膨、低利率環境下的退休基金與家族資本帳戶。

資產配置比例：風險偏好與市場背景下的決策

實體資產該配置多少比例，並無一體適用的標準答案，而應依據以下三個變數調整：

- 投資者風險偏好（Risk Profile）：保守型投資者傾向配置較高比例（20%以上）於不動產與黃金，追求穩定與安全；成長型投資者則可將實體資產配置降至 10%以下，維持流動性與成長性。
- 市場環境（Macro Context）：在通膨率高漲、股市估值過高或央行擴張資產負債表期間，提高實體資產配置可有效避開系統風險。

第八章　黃金、土地與收藏：價值實體的逆襲

- 資產目標性質（Purpose）：若資產目的為傳承（如設計家族信託），則可配置更多至實體不動產與藝術品；若為退休現金流，則須平衡實體與具現金產出的金融工具。

舉例而言，2022 年美國密西根州一支公立學校退休基金調整其資產配置策略，將投資組合中的不動產比重由約 12% 提高至 18%，並擴大布局至可轉換農地與儲能基礎設施等實體資產。此舉不僅分散了風險，也在高通膨環境下提供穩定回報。相較之下，部分過度依賴股票與債券市場的退休基金則因市場劇烈波動，面臨更明顯的淨值起伏與報酬壓力。

轉換策略：從金融資產轉向實體資產的步驟與挑戰

實體資產雖具抗通膨與避險屬性，但其特有的非流動性、資訊不對稱與管理門檻，讓許多投資人無法順利進行轉換。實體配置策略，應考慮以下三步驟：

- 階段性調整（Phased Rebalancing）：勿一次性全數轉移資金，而應設定分段轉入策略，例如每季轉換 5～10%，同時觀察標的價值波動。
- 結合中介商品（Bridge Products）：可先透過黃金 ETF、不動產投資信託（REITs）、商品基金等金融化產品進行緩衝配置，再逐步進入實體市場。
- 風險隔離結構（Ringfence Structure）：透過家族信託、離岸公司、法人控股等方式設立專責管理單位，將實體資產與主體資本結構分離，降低財務與法律風險。

這些策略不僅協助投資人降低交易成本與法律風險，更提供資產配置彈性，尤其在臺灣高資產人士面對海外監管趨嚴與地緣風險升高的當下，尤具實務參考價值。

從房市轉向多元實體資產

長期以來，臺灣實體資產的配置多集中於住宅不動產，特別是雙北地區的公寓、店面與土地持有。然而，面對高房價、低租金報酬率與稅務壓力，多數高資產家庭已開始思考更有效的實體配置方式。

例如：2023 年某食品企業董事長將原用於不動產的閒置資本，轉而投資於可耕地並簽約與有機農業新創公司合作，不僅享有租金回報，更取得 ESG 投資效益與綠色債券抵稅點數。另一家半導體供應商則設立信託機制管理藝術品收藏，並與國際拍賣行合作展覽，以藝術資產作為海外品牌形象的延伸工具。

這些例子顯示，實體資產若能結合策略管理、跨領域整合與合法結構設計，不僅是資產的保值工具，更可能成為品牌、社會影響力與家族價值傳承的樞紐。

實體配置是一門結合理性與價值觀的策略藝術

在資本與金融日益虛化的世界裡，實體資產提供了人們對價值的真實感。配置實體資產不僅是投資決策，更是一種信任選擇 —— 信任土地、信任自然資源、信任人類創造力留下的藝術。

第八章　黃金、土地與收藏：價值實體的逆襲

　　從資產配置觀點而言，實體資產不再是過去被動保值的角色，而是可以主動設計與整合的策略性資產類別。唯有清楚理解風險屬性、設計合理配置比例、並建立轉換與管理機制，才能讓實體資產在金融波動中成為穩定錨點，而不只是躺在倉庫角落的價值象徵。

第三節　如何評估土地、古董與非主流資產價值？

非主流資產的評價難題：
不靠市場報價，靠的是判斷力

在金融市場中，股票、債券、基金、期貨等商品有著即時透明的報價系統，讓價值可被量化並即時反映市場預期。然而，在非主流實體資產的世界中，土地、古董、藝術品、紅酒、古董車乃至珠寶玉石，價格卻並非由標準公式推算，而是高度依賴「市場共識」、「專家認證」與「交易紀錄」。這類資產評價過程，帶有濃厚的主觀性與文化性。

2023 年，有超過 45% 的高資產人士將其資產中 10% 以上配置於非金融實體資產。然而，其中僅不到 20% 的人認為自己「能夠準確評估收藏品價值」。這說明非主流資產評價的專業門檻與風險之高，也呼應其長期以來被視為「文化投資」而非「純收益工具」的特性。

在評估非主流資產價值時，我們需要擁有一個超越金額的框架，來回答這個問題：這項資產的價值，是來自它是什麼、誰擁有它、還是它能夠為誰產生什麼？

第八章　黃金、土地與收藏：價值實體的逆襲

> ### 四大評價原則：
> ### 稀缺性、可見性、可驗證性、可流通性

綜合拍賣行、市場專家與收藏家觀點，非主流實體資產的價值評估可以依循四個核心原則：

- 稀缺性（Scarcity）：物以稀為貴。資產的數量越少、越難複製，其價值潛力越高。土地的價值亦基於此邏輯——地段稀缺決定價格天花板。
- 可見性（Visibility）：資產若曾在重要展覽、拍賣或著名收藏中出現，其「曝光度」將直接影響市場接受度與定價。
- 可驗證性（Verifiability）：真偽辨識與出處證明極為關鍵。藝術品需有來源證明、拍賣紀錄與專業鑑定；古董與酒類則需檢測報告與官方登錄。
- 可流通性（Liquidity）：即便擁有一件價值千萬的珍稀物件，若市場交易機制不健全或潛在買家不足，其流動性將嚴重影響其「現值」。

舉例而言，一塊位於東京表參道的商業土地，由於面積稀少、地點顯赫且具高度可開發性，即便面積不大，其單坪價可遠高於其他地段十倍；一幅草間彌生早期作品，若曾於 MoMA 展出並有公開拍賣紀錄，其市場價值將遠超過一幅無出處、未經認證的仿作。

> ### 國際制度與工具：土地、藝術與收藏的估值機制

在土地評價方面，各國制度設有不同規則。以美國為例，當地土地估價多由獨立估價師根據鄰近交易價格、地目使用、法令限制與發展潛

力進行評估,並交由當地政府針對稅務目的核定「市值」。日本則採「公示地價」、「路線價」與「實價登錄」三者並行制度,提供市場參考。

在收藏與藝術品市場,拍賣行如蘇富比(Sotheby's)、佳士得(Christie's)擔任價格發現與市場形成的重要角色。藝術品估價通常由拍賣紀錄、歷史成交價與藝術家生涯階段交互判斷,並加入專業經理人主觀評價。2022 年於蘇富比拍出的安迪・沃荷(Andy Warhol)《槍擊瑪莉蓮》(*Shot Sage Blue Marilyn*),成交價 1.95 億美元,不只是因作品本身,而是其文化象徵與歷史定位。

此外,非主流資產逐漸出現「金融商品化」趨勢。如倫敦推出的 Art Market Index、Fine Wine 100 指數,香港推出的藏品保險與估值認證機制,以及區塊鏈上 NFT 藝術品的真偽驗證,皆讓這類資產的價值逐步透明化並進入更廣泛的資產管理領域。

臺灣市場的現實與轉機:從投機到制度化

臺灣的非主流實體資產市場,長期受限於資訊不對稱與法制落後。以古董與書畫為例,雖具文化價值,卻因真偽難辨、拍賣透明度不足與鑑定機制缺位,使得高資產族群在投資上相對保守。

然而,近年市場已有改善契機。藝術銀行透過政府資助購入臺灣當代藝術品,進行公開租賃與再流通,為年輕藝術家作品注入流通性與評價基礎。

土地方面,內政部 2023 年推動「全國實價登錄 3.0」改革,增加商用地、農地交易揭露細項,有助資產所有人與投資者更精準掌握土地價格趨勢與合理範圍。

第八章　黃金、土地與收藏：價值實體的逆襲

更重要的是，臺灣已有部分家族將非主流資產納入家族辦公室系統進行管理。例如：一位茶葉貿易商設立信託架構，納入古董陶瓷、早期日本浮世繪與藏書，並與新加坡私人銀行合作建立定期展覽與海外流通通道，成功讓原本僅為家庭記憶的收藏品，轉化為可變現與傳承的文化資產。

價值，來自共識與結構的建構

非主流實體資產的價值，不存在於單一拍賣結果，也無法簡單以市場價格計算，而是在「稀缺＋真實＋可驗證＋可流通」四項條件下逐漸形成。

從土地到古董、從藝術品到老酒，每一件資產都承載著時間、文化與人類選擇的痕跡。而評價這些資產的過程，也是一場對信任、專業與制度的集體建構。唯有當評價機制制度化、資訊透明化、交易路徑健全化，這些「價值實體」才得以真正進入資本結構，成為穩定而有尊嚴的資產類別。

資產類型	評估依據	價值波動風險	變現流通性	建議評估與變現策略
土地（未開發／農地）	地段、使用分區、未來開發潛力、產權清晰度	中～高（受政策與開發時程影響）	低～中（程序繁瑣、等待期長）	結合都市計畫與重大建設資料進行潛值估算，與信託結合等待開發契機
藝術品與古董	藝術家出處、年代、保存狀況、市場流通紀錄	高（審美主觀、真偽與行情大幅波動）	低（需透過拍賣、專業平臺或藏家）	請專業拍賣行鑑定、保留出處證明與修復紀錄，估價後擇期釋出

第三節　如何評估土地、古董與非主流資產價值？

資產類型	評估依據	價值波動風險	變現流通性	建議評估與變現策略
精品手錶／珠寶	品牌、稀有型號、市場熱度、交易紀錄	中（品牌與時尚風向變動影響價格）	中（二手精品平臺與拍賣場可協助）	保存發票與原包裝，於二手精品平臺建立交易紀錄與信用標籤
名人簽名物件／紀念品	名人影響力、證書真偽、公開拍賣紀錄	高（話題性與熱潮驅動，無穩定定價）	低（需等待特定收藏市場出手）	建立收藏故事與媒體曝光資料，等待熱門議題或紀念時機出售
稀有收藏（如郵票、錢幣、模型）	流通族群、國際拍賣行情、品相與原包裝完整度	高（族群集中，市場規模小且波動大）	低（拍賣／二手圈流通性有限）	定期參與收藏交流展，透過論壇／協會取得行情與流通網絡

第八章　黃金、土地與收藏：價值實體的逆襲

第四節　收藏品、藝術品與替代投資的資本規則

從審美到資本：收藏進入財富配置的主流世界

在過去的觀念中，藝術品與收藏品往往被視為少數人的嗜好或文化象徵，與投資報酬率無關。然而，自 21 世紀以來，隨著金融市場動盪頻繁與避險資產需求提升，藝術品、葡萄酒、古董車與稀有收藏品等「替代性資產」（Alternative Assets）逐步進入機構投資與家族辦公室的資產組合中，並成為長期穩定資本的一種形式。

全球約有 34％ 的家族辦公室已正式設有「藝術投資部門」，其中 42％ 將藝術品視為長期保值工具，另有 26％ 視其為品牌與家族價值傳承的媒介。這個數據顯示藝術資產正在結合資本、文化與身分認同三者，逐漸金融化並機構化。

這些替代資產的價值，來自於其稀缺性、品牌性與敘事性。若說股票與債券是計算出來的價值，那麼藝術與收藏，則是「故事決定價格」。而資本運作的關鍵，正是在於──誰能講出最值錢的故事，並創造有效的市場。

收藏的資本邏輯一:品牌決定流通性

在藝術與收藏市場中,並非每一幅畫、每一臺古董車、每一瓶葡萄酒都具有投資價值。能夠進入資本系統並產生價值循環的收藏品,往往都符合一個基本條件:擁有被市場認可的「品牌」身分。

以藝術品為例,「品牌」不僅是藝術家名聲,更包含其作品是否曾於頂尖展館展出、是否進入頂級藏家名單、是否曾在佳士得或蘇富比等拍賣行上架。這些元素共同形塑作品的資本價值與未來升值潛力。例如:安迪‧沃荷、草間彌生與班克西(Banksy)的作品之所以能拍出高價,正是因其已成為當代資本文化的一部分,價格不是單靠審美決定,而是靠市場結構與話語權界定。

收藏品市場亦然。百達翡麗(Patek Philippe)的古董錶、布卡堤(Bugatti)的經典車型、拉菲‧羅斯柴爾德酒莊(Lafite Rothschild)的酒款,背後不僅是實物,更是信仰、文化與長期行銷策略的結晶。資本進入的方式,是透過建立品牌價值、催生稀缺敘事、製造話題交易,最終讓這些資產進入價格發現機制。

收藏的資本邏輯二:機構化與金融化的雙軌操作

進入 21 世紀後,許多藝術品與收藏資產開始由基金與信託進行機構化管理,不再僅僅依賴個人藏家。這一變革,使得替代資產得以如股票、債券般進行風險管理、保險、流動性設計與價值再創造。

目前已有多種收藏資產的金融化路徑:

- 藝術基金：如 The Fine Art Group、Athena Art Finance 等，專門收購特定藝術品並透過管理報酬取得投資回報。
- 分權式持有平臺：如 Masterworks 與 Rally，讓一般投資人可透過區塊鏈或數位證券持有部分收藏品。
- 藝術與收藏品信託：用於家族財富管理與傳承，設定資產流動規則與受益人條件。
- 保險與鑑定鏈：透過保險公司與數位鑑定標準，提升資產安全性與市場交易效率。

這些制度化操作，使得藝術品不再是流動性差與估值困難的邊緣資產，而是逐步進入金融市場主流的可管理、可配置類別。

臺灣實務：收藏與藝術投資的下一個轉折點

臺灣藝術市場發展起步雖晚，但已有逐漸成熟之勢。根據文化部資料，2023 年臺灣藝術市場總交易額已突破新臺幣 100 億元，佳士得與富藝斯拍賣行皆設立臺北代表處，並推動亞洲當代藝術的國際展售。

在家族辦公室與高資產管理領域，部分企業已將收藏納入資產管理系統。例如新竹某科技董事長以公司盈餘設立私人博物館，並透過公益信託保管與展出，其收藏包括北宋陶器、當代臺灣畫作與日本浮世繪作品。該信託不僅作為文化延續工具，更與公司品牌結合，成為企業社會責任的一部分。

同時，越來越多臺灣銀行與家族辦公室也推出藝術品信託、資產登錄與保險服務，如玉山銀行與凱基銀行分別成立藝術顧問部門，協助客

第四節　收藏品、藝術品與替代投資的資本規則

戶進行資產估價、保管與市場再流通規劃。這顯示出臺灣正逐步建立起「收藏即資產」的專業管理生態。

投資收藏的風險與倫理挑戰

雖然藝術與收藏品具有極高的資本潛力，但其市場仍存下列四大風險：

- 真偽風險：假畫、贗品與來源不明資產常見，若無第三方鑑定與出處證明，極易受騙。
- 價格泡沫：某些藝術家或收藏類別因市場炒作短期暴漲，回歸價值基礎後易造成鉅額損失。
- 流動性問題：高價藝術品難以迅速出售，特別是在市場冷卻期。
- 道德風險：文化財非法買賣、戰爭掠奪品流入市場皆可能構成法律與聲譽風險。

因此，投資收藏絕非單靠眼光，更需嚴謹制度、專業機構與長期策略。收藏的核心從來不是「買對」而是「持有得當、傳承有道、退出有路」。

在無形中創造價值的資本敘事

替代資產不是資本的邊緣，而是資本的隱祕核心。它們讓資本不僅乘著數字與公式流轉，也藏在藝術的筆觸、歷史的遺跡、文化的語言中。從收藏者的偏好，到投資者的機構行為，藝術與收藏品已經不再是靜止的物件，而是流動的價值敘事。

第八章 黃金、土地與收藏：價值實體的逆襲

第五節　長期保值≠立即變現：認識非金融資產的節奏

資產的時間性：價值穩定不代表資金靈活

對多數投資人而言，「保值」往往意味著安心與安全。但在資產配置的實務世界裡，保值不等於可隨時動用，更不等於在關鍵時刻能快速變現。這正是實體資產與金融資產的本質差異之一。實體資產，如黃金、土地、不動產、藝術收藏等，固然能抵禦通膨、擁有抗市場風險的特質，但它們卻缺乏快速現金轉換的能力，常被形容為「資產的慢性體質」。

這種非流動性的特質，在資產膨脹期被視為穩定依靠，但在危機時卻可能成為負擔。例如，一位高資產家庭若面臨突發醫療支出或企業資金周轉需求時，發現價值數千萬的土地或名畫竟難以變現，將陷入所謂「紙面富有，現金拮据」的窘境。

在資產配置策略中，能否理解「價值」與「現金流」的節奏差異，是構建財富安全網的關鍵。否則，一套完美的資產組合，可能因流動性錯配而功敗垂成。

流動性曲線：不同資產的變現速度排序

為了具體理解非金融資產的流動性問題，可參考資產的「變現速度曲線」（Liquidity Curve）。根據高盛資產管理部門 2023 年研究報告，不同資產類別變現平均時間如下：

- 現金／貨幣市場基金：即時～ 1 日
- 上市股票與 ETF：1 ～ 2 日內
- 房地產投資信託（REITs）：3 ～ 5 日
- 黃金與貴金屬：1 週以內（視地區而定）
- 不動產（住宅／商用）：3 ～ 6 個月
- 土地：6 ～ 12 個月
- 藝術品與古董：6 個月至 2 年不等（依藝術家名氣與市場而定）

這條流動性曲線說明，實體資產的「現值」，與其「現金價值」是兩回事。一幅名畫即使市價 2 億，若沒有拍賣市場願意接手、無真偽保證、或藏家身分不具吸引力，其實際能變現金額可能不到七成，甚至需經歷數月無法轉讓的「凍結期」。

財務節奏設計：配置中的時間平衡

理解這一點後，我們就能進入更進階的財務設計觀 —— 資產不應僅看價值總額，而要看現金流週期搭配。這正是為何高資產人士與家族辦公室會使用「三層資產配置法」：

第八章　黃金、土地與收藏：價值實體的逆襲

- 流動資產層：涵蓋現金、短期票券、貨幣基金，用於急需動用資金的日常與危機應對（建議 10%～20%）。
- 中期成長層：包含股票、債券、ETF 與可快速處分的 REITs 商品，用於資產成長與週期性再平衡（建議 30%～50%）。
- 長期保值層：如土地、藝術、黃金、不動產，用於抗通膨與代間資產傳承（建議 30%～40%）。

此三層結構，正如企業的財務結構設計，確保在「穩定經營」、「應對突發」與「資本增值」三者之間取得動態平衡。對個人財務也是如此：不能所有錢都鎖在土地與古董中，卻又不能完全排斥這些資產的長期價值。

資產錯配下的現金流危機

2023 年某茶葉世家第二代在面臨父親過世後承接家族資產時，發現家族總資產超過新臺幣 8 億元，包含農地、林地與大量古董茶具，但現金與可用資產不足 500 萬元。當時遺產稅需繳交 2,200 萬元，結果因無法即時變現資產而必須出售核心農地以應急，造成家業核心受損。

對照之下，某生技公司創辦人早在五年前即設立三層資產信託：以現金與 ETF 作為第一層流動資產，國內外不動產與 REITs 作為中層，並將藝術品、土地與長期股權配置於最外層，並以信託條款明定變現優先順序與流動備援資金比率。當疫情衝擊造成營運現金流壓力時，即由第一層與第二層快速動用資產應急，維持經營與家族資產完整。

這兩個案例反映了資產組成不只是總額問題，而是流動結構問題。唯有理解「資產節奏」，才能避免「資產富有，現金貧乏」的風險。

第五節　長期保值≠立即變現：認識非金融資產的節奏

非金融資產的價值，必須有時間的容器

　　黃金、土地、藝術、收藏，這些資產之所以珍貴，往往是因為它們能穿越時間、承載文化與對抗通膨。但正因如此，它們也需要更大的「時間容器」才能發揮價值。

　　資產管理的本質，是節奏的設計。在可動與不可動之間，如何安排你的資產跳動節拍，才是真正的財務智慧。只有將非金融資產配置在正確的節奏位置，與流動性資產搭配、與風險容忍度呼應、與人生階段協調，你才真正掌握了資產的主導權，而非被資產反制於無形。

財務節奏設計分析表

資產類型	保值性	變現週期	流動性風險	設計建議
不動產（土地／房屋）	高（視地段與用途）	長（數月～數年）	高（程序繁瑣與政策限制）	搭配長期保管信託與稅務計畫，不依賴短期現金用途
收藏品（藝術／古董）	中高（需鑑價與市場熱度）	長（需市場與鑑價期）	高（市場價格不一與真偽問題）	設定可階段性出脫的清單與鑑價週期表
貴金屬（黃金／銀）	中高（抗通膨優勢）	中（可局部換金）	中（國際標準化但價格浮動）	分段轉換與套現策略（如每年換取5%）
私人物品轉投資（精品錶、老車）	中（品牌稀有性＋市場偏好影響）	中長（需等待收藏族群接手）	中（鑑價門檻與買方難尋）	列入特殊資產包，預估保值但不作即時資金安排
自有品牌資產（網域、頻道、內容）	中（依曝光與流量品質）	短～中（平臺化後可定期獲利）	低～中（依平臺／演算法掌控）	設立營運化或授權轉化機制，定期獲取收益

211

第八章　黃金、土地與收藏：價值實體的逆襲

第九章

現金流才是真正的生存力

第九章　現金流才是真正的生存力

第一節　建構你的被動收入模型：五種可複製架構

> 現金流優先：
> 財務自由的起點不是總資產，而是穩定現金進帳

在大多數人心中，財務自由意味著資產數字達到某個天文單位，但真正讓人安心的，其實從來不是「你帳戶裡有多少錢」，而是「這些錢會不會再回來」。現金流穩定性，才是衡量一個人是否具備「選擇權」的根本條件。當你每個月不工作，帳戶還有錢進來，才是真正能不靠工作過日子的起點。

從會計角度來看，現金流分為主動收入（以時間或技能換取金錢）與被動收入（由資產或系統產生的自動化進帳）。而我們要追求的，是後者——被動收入模型。這些模型不是天生擁有，而是可以透過設計、建構與優化，逐步打造出來的穩定現金機器。

本節將帶你深入分析五種最具可複製性、可擴張性且適用於一般個體的被動收入架構，並從臺灣、日本與美國的實務案例中，探索這些模型如何從 0 變 1，從 1 變 100，最終成為你財務安全的關鍵支撐。

模型一：
資產型收入 ── 用「錢」去換錢的基本模式

這是最經典也最被熟知的被動收入類型，包括：

- 房地產收租收入
- 股票股利、債券票息
- 黃金、ETF 等資本性資產的現金收益

其運作邏輯很簡單：你先擁有一筆資產，該資產會「主動替你賺錢」。以收租為例，只要出租合約成立，房客就會按月匯款給你，無需額外勞動。股利型投資亦然，只要持有即可定期分紅。

這類收入的關鍵在於「本金門檻」與「風險控制」，要靠它建立穩定現金流，你需要相對穩定的資產標的、對應的稅務知識與管理制度。例如臺灣某工程師透過定期投入高股息 ETF（如 0056 或 00878），每年穩定領取 20 萬元以上股利，配合部分儲蓄達成基本生活現金流覆蓋，即屬成功實作資產型收入者。

但問題在於：這需要先有資產。沒有本金，就無法靠資產生資產。因此，它雖然穩定，卻不適合一開始就作為唯一方案。

模型二：
創作型收入 —— 內容、知識與授權的無限生產

如果你沒有資本，那就從「能力變現」開始。創作型被動收入包括：

- 寫作授權（出版書籍、專欄）
- 音樂、插畫、照片授權
- 線上課程販售
- 電子書、PDF 資料包

這些收入雖需初期製作時間，但一旦上架，就可在無需追加勞力的情況下，持續產生現金流。以知識變現為例，某位臺灣教育系畢業生，花半年時間製作了一套學齡前親子共讀教材，透過噴噴平臺與官網販售，每月穩定賣出 300 套，每套售價 390 元，淨利約 18 萬元／月。

關鍵在於：內容要可持續、有價值且能被信任平臺託管。這類型收入的優勢是彈性高、成長性強，但初期需花大量時間打磨內容與建立流量管道，因此需有耐心與策略設計。

模型三：
平臺型收入 —— 會員制與訂閱的長尾穩定現金

平臺型收入是內容型進階版，通常透過下列形式產生：

- 會員制社群（如 Discord、Slack 群組）
- 訂閱內容（Patreon、Pressplay、YouTube 訂閱）

■　持續付費課程或陪跑服務

這類收入的特點是：穩定、可預測且擁有社群黏性。一旦有一定訂閱數，就能預估月收入，進而打造財務安全感。例如某位日本攝影師，透過 YouTube 建立旅遊攝影頻道後，推出每月 1,200 日圓的 VIP 會員，提供專屬攝影腳本與原圖下載，目前月收入超過新臺幣 40 萬元。

臺灣也有知識變現平臺如 Hahow、YOTTA、Fansi 等提供創作者訂閱分潤工具，使平臺型收入不再只是大網紅的專利，而是人人可試的現金流結構。

模型四：
技術型收入 —— 系統、工具與數位授權的資產化

若你具備某些技術能力（程式、設計、模板製作），便可設計「可被重複購買」的數位產品，如：

- SaaS 服務（如記帳工具、日程表）
- 模板與插件（如 Notion 模板、Excel 計算器）
- 自製應用程式或 ChatGPT 提示詞包

這些產品初期研發成本高，但一旦完成，就可反覆銷售、搭配自動化後臺實現真正的「睡後收入」。某位臺灣自由工程師開發一套 SEO 分析小工具，搭配 Stripe 與 Mailchimp，自動販售年租制服務，每月平均進帳 6 萬，完全無需人工客服。

此類收入結構的關鍵在於：可程式化、自動收費與穩定維護。不適合零基礎者，但若具備基本技術者，反而是高潛力的收入來源。

> ### 模型五：
> ### 分潤型收入 —— 借別人的商品賺自己的收入

這是最容易起步但最容易誤入歧途的類型，包括：

- 聯盟行銷（如 Amazon、博客來、Shopify）
- 推薦分潤（如電子書平臺、線上課程分潤）
- 網路分銷或合夥模式（非傳銷）

其邏輯是：你不必擁有商品，只需負責推薦與轉換，便可抽取銷售利潤。優勢是入門門檻低，缺點是流量依賴性高、產品控制力低、競爭大。

臺灣某位部落客經營理財部落格，單靠介紹基金與線上課程，每月可穩定獲得聯盟獎金 8 萬元，但背後是十年內容耕耘與 SEO 經營。因此，分潤型收入不會一夜致富，但可成為收入補充來源，搭配其他模式形成混合現金流結構。

> ### 五種模型不是選一種，而是設計你的現金流組合拳

真正成功的財務自由者，從不只靠一種現金流。穩健者靠資產型，創作者靠內容型，工程師靠技術型，行銷人靠分潤型，經營者靠平臺型 —— 聰明的人，靠的是組合模型。

從今天開始，不妨問自己：

- 我的能力，能做出哪一種可販售的內容？
- 我的資產，是否已具備產生收入的能力？
- 我的專業，能否做成工具、模板、或訂閱制？
- 我的流量與社群，是否已具備轉換力？

五種被動收入模型分析表

模型類型	典型形式	啟動條件	收入延續性	風險與限制
內容型被動收入	數位課程、電子書、自媒體流量分潤	需一次性內容製作與平臺上架流程	中（內容需定期更新維護）	平臺政策變動、曝光下降、內容過時
平臺型被動收入	訂閱平臺、自建內容網站、自動化銷售系統	需建置穩定平臺系統與導流流程	中高（系統穩定後具自動化收入）	系統故障、SEO 排名消失、導流失效
授權型被動收入	版稅、專利授權、課程轉授、IP 授權	需擁有可授權之產品或知識財產	高（合法合約保障下可持續）	授權糾紛、侵權風險、收益分潤爭議
資產型被動收入	房租、股利、基金配息、權益代幣持有	需有本金投入或初期資本配置	高（市場穩定時具被動性與穩定性）	市場波動、稅負、資產流動性低
社群型被動收入	會員制、付費社群、影響力帶動的轉介機制	需累積核心受眾與可信任互動頻率	中（需持續經營社群黏性與信任）	社群信任危機、退訂潮、營運倦怠

第二節　自媒體、內容變現與危機時代的新經濟體系

危機之中，內容變成貨幣，影響力變成現金流

當全球經濟進入「高不確定性時代」，收入來源的穩定性成為所有人關注的焦點。尤其是在疫情、戰爭與通膨等多重危機疊加之下，「一份工作、一份薪水」的生存邏輯顯得過於脆弱。這個時代，最具韌性的收入模型，並非依賴單一企業或雇主，而是能直接連結市場、直接面對受眾、直接轉換價值為收入的個體經濟模式。

自媒體與內容變現，便是在這樣的背景下快速成長的現金流體系。從 YouTube 頻道到 Podcast 節目，從線上課程到知識訂閱，越來越多人不再只是創作內容，更是透過內容建立收入系統。這不僅改變了媒體結構，更塑造了一種全新的「內容資本主義」：你不是在銷售產品，而是在販售你的知識、觀點與信任。

本節將帶你了解內容變現的五種主流方式、平臺選擇與經營策略，並從臺灣、日本與韓國的創作者實例中分析，如何將個人影響力轉化為長期可預測的收入。

五種主流內容變現方式：從免費流量到穩定收入

自媒體變現不再是百萬網紅才能做到的事。你只需有一個明確主題、穩定輸出內容的能力與一點點耐心，即可透過下列五種方式逐步建立現金流：

- 廣告分潤（Ad Revenue）：以 YouTube 為例，當你的頻道通過 1,000 訂閱與 4,000 小時觀看門檻後，即可加入 Google AdSense 廣告計畫，根據觀看次數與點擊量獲得分潤。依內容類型與地區不同，每千次播放可賺取新臺幣 30～100 元不等。
- 訂閱會員制（Membership）：透過 YouTube 會員、Patreon、Pressplay 等平臺提供付費內容或專屬權益，例如每月付費觀看限定影片、參與線上直播或取得 PDF 講義。訂閱穩定後可創造可預期收入。
- 線上課程（Online Courses）：如 Hahow、YOTTA、Udemy 等平臺提供內容販售管道，創作者可根據專業領域設計課程並定價販售。例如一位英文家教老師上架口說訓練課程，三個月內創造 50 萬元被動收入。
- 數位產品販售（Digital Products）：包括電子書、Notion 模板、簡報素材、ChatGPT 提示詞、研究報告等，一次製作、多次販售，利潤率高、維護成本低。
- 企業贊助與聯盟行銷（Sponsorship & Affiliate）：當粉絲累積到一定規模，即可與品牌合作，進行內容置入，或使用聯盟行銷連結分享產品，賺取轉換佣金。

這五種收入來源可以單獨使用，也可組合成多元變現模型。例如某位韓國行銷自媒體經營者透過 YouTube 做內容曝光、Patreon 開放深度會

第九章　現金流才是真正的生存力

員、導流至線上課程平臺與自家電子書銷售頁，成功將個人影響力打造成月收入破百萬的新經濟體系。

> **平臺選擇與經營策略：**
> **不是選平臺，而是選擇你要服務誰**

內容變現不等於跟風選平臺，而是回到本質：「你要為誰創造價值？這群人願意為什麼付費？」

不同平臺，對應不同的受眾與變現方式：

- YouTube：適合長期經營、影音為主、有話題性的創作者，適合建立品牌與吸廣告流量。
- Podcast：聲音導向，黏著度高，適合教育、訪談與故事性內容，善於建立深層信任。
- Instagram／Threads：視覺型內容導向，適合產品行銷、生活風格與簡短說理。
- Pressplay、Patreon：適合建立封閉社群與會員制變現，內容深度高、粉絲忠誠度強。
- 電子報（Email Newsletter）：適合 B2B 內容、專業分析者、培養高價值讀者名單與未來收費模型。

一位 30 歲心理師透過 IG 經營「療癒系日常」，同時製作 Podcast 與電子書，最後轉型開設「情緒自我照顧」線上課程，結合直播陪伴服務，建立一個從免費內容→訂閱制→付費課程→一對一服務的完整內容變現階梯。

自媒體創作者的三大資產：內容、社群與系統

若你希望不只是接案，而是長期創造穩定現金流，必須理解一個觀念：內容創作者的三大資產不是粉絲數量，而是：

- 內容資產：你的內容能否重複產值？能否系統化？能否轉化為課程、出版、演講？
- 社群資產：你是否與粉絲有真實互動？是否經營電子報名單？是否能啟動討論與參與？
- 系統資產：是否建立自動化流程（如購買頁、金流系統、售後回覆）？是否使用 CRM、行銷漏斗等基本工具？

這些資產才是你與市場連結、建立信任與形成變現能力的基礎。若你只有社群，卻無內容；有內容，卻無系統；有系統，卻無關係，那麼變現終究會停滯。

危機時代的自我保護：
創作即生產力，內容即資產

在疫情期間，臺灣許多創作者成功轉型，不靠雇主、不依附平臺，而是以內容養活自己。2021 年某網路媒體曾專訪一位中年失業者，透過拍攝手作影片累積流量，三年內從零收入變成月收六位數。他的內容從未上過熱門榜，也沒靠演算法，只靠穩定更新、真誠互動與扎實的內容力。

在韓國與日本，自媒體更已與創業並列，成為「中高齡第二曲線」的首選。例如日本知識社群 Schoo 與 Voicy 平臺，大量教師、作者與中年

第九章　現金流才是真正的生存力

工作者在退休或離職後轉型為內容創作者，重啟職涯與收入來源，形成知識經濟中另一種低成本創業模式。

你不是在賣內容，而是在販售被信任的價值輸出

內容變現的本質，不是賣字，不是賣聲音，而是賣你所代表的價值。你的觀點、知識、故事、情緒、經驗，都可能成為別人願意買單的資源。關鍵不是你要做哪個平臺，而是你能成為哪一群人的答案。

當你學會將價值變成可重複傳遞的內容，再將內容變成產品、社群與收入，你就擁有了這個時代最具韌性的現金流體系。

第三節　小型企業與接案工作的抗通膨力

> 當薪資停滯、物價飛漲，
> 靠自己賺的錢才是真的錢

過去我們習慣相信一份穩定工作能帶來穩定生活，但這個邏輯正在失靈。全球進入通貨膨脹新常態，原物料、食物、房租、保險等支出節節上升，但大多數人的薪資成長卻陷入停滯，甚至在某些產業出現負成長。根據主計總處 2024 年臺灣平均實質薪資報告顯示，扣除物價因素後的實質薪資，已連續三年下滑。

在這樣的經濟環境中，單靠領薪水無法有效抵禦通膨，許多人開始重新思考：除了上班，我還有什麼能力可以變現？除了工作，我能不能靠自己的小技能、小專長賺到現金？

這不只是一場經濟的轉變，更是生存邏輯的重建。本節將探討小型創業與接案工作在高通膨時代的現金流優勢，拆解個人如何從「技能單點」建立「微型現金引擎」，從收入弱勢翻身為選擇優勢。

第九章　現金流才是真正的生存力

自由業不是沒選擇，而是掌握收入彈性

接案工作，或稱「自由職業」或「斜槓創業」，在過去常被視為過渡期的收入選項，或是穩定工作之外的備案。但在當代，它已經成為許多人刻意選擇的工作與收入模式。

其核心優勢有三：

- 價格自由：不像薪資固定，接案者可以依據技能稀缺度、時程緊急度與客戶預算調整報價，擁有價格談判的主動權。
- 市場即學習場：每一次案源、每一次需求都是一場市場真實測試，不需等升遷、不靠考績，用成果說話。
- 抗通膨邏輯清晰：在通膨時代，價格會上升、需求會轉變，而自由業者的彈性價格與多元客群，可在價格變動中調整收費策略，不被單一雇主壓縮實質收入。

以一位臺北的插畫設計師為例，原本任職於出版公司月薪 4.2 萬，轉為自由接案後，每週處理 3～4 個案子，依內容報價從 3,000～2 萬不等。雖不穩定，但年收入突破百萬，並因工作彈性降低租屋與通勤壓力，實質生活品質反而大幅提升。

五種最具抗通膨力的小型變現模式

不是每個人都要成為創業家，但幾乎每個人都能建立一個小規模、低成本、可啟動的收入通道。以下是五種現金流力道強、擴張潛力佳、極具彈性的個人型收入架構：

專業服務型（Expert-Based）

適合專業人士，如律師、諮詢顧問、設計師、翻譯等，可依專案報價並建立口碑循環。

知識導向型（Knowledge-Based）

包括簡報製作、簡報培訓、學習策略設計等，可轉型為線上教學或客製顧問。

生活技能型（Skill-Based）

如烘焙、園藝、手作、料理、寵物訓練等，透過實體課程或小型接單建立穩定客源。

線上服務型（Digital Service-Based）

包括社群經營、影片剪輯、文案撰寫、SEO優化等，遠距操作、可全球接案。

社群導向型（Community-Based）

建立小型社群並提供付費內容、陪伴方案、陪讀計畫或共學社團等，單價不高但黏著度強。

這些模式的共通點是：不需大資本、不需租店面、可迅速測試市場反應、能根據時間彈性調整工作量，是抗通膨時代最靈活的現金流解方。

第九章 現金流才是真正的生存力

從生存到反攻的微型經濟戰略

案例一：接案工程師的 B2B 現金流系統

一位離開大公司後的資深工程師，並未急於創業，而是透過 LinkedIn 與 GitHub 建立作品集，每月承接兩個中小企業的網站優化案與資料分析，搭配定期維護約，每月平均收入穩定於 15 萬元以上。他不追求爆量工作，而是將重點放在「可複製專業」與「長期合約穩定性」，實踐工程師版的被動收入。

案例二：地方媽媽的家政型微創業

一位育有三子的小家庭主婦，將烘焙興趣結合教學能力，透過社區公告與 Facebook 社團開設「親子餅乾課」，每週兩場、每場 10 人，每人收費 600 元。再加上接案手作餅乾禮盒與母親節節日組合包，一年獲利超過 60 萬元。她並未大量擴張，而是以「可控工時＋熟客經營」為主軸，實踐生活與現金流共存。

案例三：韓國數位游牧青年社群營運者

韓國首爾一名八年級生，在疫情後發起線上社群，專為自由工作者提供空間資訊、工作資源與線上交流平臺。他不靠廣告賺錢，而是提供年度會員服務（每年訂閱費用約 180 美元），三年內累積超過 4,000 名訂閱者，年收入破千萬臺幣，團隊僅 4 人。

這些例子告訴我們：微型收入模型不只是過渡，更是新的職業設計與抗通膨生存策略。

當世界通膨,你要讓收入升級,而不是等待加薪

抗通膨最根本的策略,不是節流,而是主動創造有漲價能力的收入來源。上班族的薪水難以短期反映市場價格上升,但自由工作與小型商業模式卻可透過「重新定價」、「創造價值」與「直接對話市場」來調整收入節奏。

在這個不穩定的世界裡,最穩定的就是你對自己收入的掌控能力。小型接案或微創業不只是財務補強工具,更是一場自我經濟主權的奪回工程。

收入模型對照表

收入類型	抗通膨能力	報價調整彈性	現金流週期
接案型收入（單件結案）	低～中（需頻繁接案、無穩定性）	低（價格敏感）	短（交付即結案）
時數型收入（顧問／家教）	中（可依通膨調整時薪）	中（可依年資與成效調整）	短～中（依時數／週計算）
方案型收入（一次性打包）	中（視打包內容調整價格）	中高（可依內容與服務層次分層）	中（方案執行週期1～3月）
維護型收入（月保方案／包月）	中高（穩定現金流可拉長週期）	高（可依維護層級與回應速度區分）	長（每月穩定收款）
訂閱型收入（內容、服務平臺）	高（具規模化與多用戶抵禦力）	中高（需建立分級機制）	長（需建立一定訂閱人數）
平臺型收入（仲介、廣告分潤）	高（平臺轉換彈性與被動成長）	低～中（受制於平臺政策）	不定（視曝光與轉換率）
授權型收入（授課、版稅）	中高（一次建構長期收益）	高（依授權範圍與次數彈性訂價）	中長（授課／出版後穩定進帳）
增值型收入（交叉銷售、升級包）	中（需搭配主商品提高客單價）	中（以策略組合方式提升價值）	依主商品週期而定

第四節　收租與股利是否還能信賴？

傳統被動收入神話：還能照本宣科嗎？

在個人財務管理的主流觀念中，「收租」與「股利」一向被視為最經典、最穩定的被動收入來源。買幾間房收租、投資幾檔高股息股票領股利，彷彿是邁向財務自由的萬用鑰匙。尤其在臺灣這樣一個高房產依賴、股票參與率偏高的社會，這兩種模式幾乎內建在大多數人的退休規劃與理財願景中。

然而，這些方法在面對通膨壓力升高、稅制改革、租賃空置問題與產業變化時，仍然能提供穩定可靠的現金流嗎？還是它們只是紙上富貴的幻覺？

本節將從房租與股利的實質報酬率、風險來源與制度變遷等角度重新檢視這兩種傳統被動收入，並說明當代投資人應如何重估收益模型、重設風險框架與重建信賴機制。

房租收入的「三低陷阱」：
報酬低、流動性低、透明度低

收租看似簡單，每個月穩定入帳，實際上卻藏有不少風險與限制。以下是三項常被忽略的現實：

第四節　收租與股利是否還能信賴？

實質報酬率遠低於想像

根據2023年臺灣內政部數據，雙北地區平均租金報酬率約在1.5%～2.2%之間，若扣除房屋稅、地價稅、維修費與仲介費，淨報酬往往不到1.5%。若房貸尚未繳清，現金流壓力更大。

流動性風險高

不動產變現需時數月，若面臨突發資金需求，難以快速套現。加上臺灣房地產多集中於高總價區，持有者資金被鎖定比例過高，易陷入資產流動失衡。

制度風險上升

政府陸續推動實價登錄2.0、空屋稅、囤房稅與租賃所得課稅等措施，原本免稅或低稅租金優勢將逐漸消失。特別是針對自然人收租未報稅情況，未來查核將更為嚴格。

這些問題導致即使帳面上擁有千萬元資產，但實際收租收入卻不足以支付日常生活開銷的情況頻頻出現。某位臺中退休教師名下持有三間透天，合計市值超過8,000萬，但每月實收租金僅約3.2萬，平均報酬不到0.5%，且仍須面對租客流動與稅務查核壓力。

股利收入的「假穩定」困境：殖利率≠可靠現金流

股票股利表面上是企業獲利分配的證明，實際上卻受到市場波動與公司財報結構雙重影響。以下為常見的迷思：

第九章　現金流才是真正的生存力

殖利率易變動，非穩定收入保證

2023年臺灣高股息ETF（如00878、0056）年化殖利率雖普遍達5%～6%，但實際每月或每季配息金額可能因股價波動、成分股調整而產生變化。投資人容易誤以為「高殖利＝穩定現金流」，卻忽略其背後收益來源與資本淨值的風險。

企業配息政策可改變

配息多寡取決於公司盈餘與董事會決策，若公司獲利轉弱、經營政策改變或須擴大投資，自然會壓縮配息金額。疫情期間，多家原本高配息企業如航空、金融與觀光類股即全面停止配息，導致「股利生活族」現金斷流。

稅務與交易成本影響淨收益

除息時股價將同步下調，配息實際效果需扣除交易稅與可能產生的資本利得稅，若未精準計算，容易陷入「配息賺進帳面，資本卻損益未平」的假象。

舉例來說，一位投資臺股20年、以0056與大型金融股為主的退休族，每年股利收入約60萬元，但2022年因股價回檔與殖利縮水，實際配息金額減少逾20%。此外，因未善用低稅率帳戶（如儲蓄險或高資產信託包裝），而被課徵綜所稅，導致實領金額低於預期。

收益可信度再評估：三大重設指標

若我們仍將收租與股利視為長期被動收入工具，就必須放下過去「躺著領錢」的想像，轉向更現實的收益管理模型。以下是三個建議指標：

改看「現金流穩定性」而非報酬率高低

例如：與其追求年化 8％不穩定殖利率，不如選擇年化 5％但具 10 年以上穩定配息紀錄之標的 (如部分美國藍籌股或高品質不動產信託 RE-ITs)。

收益來源多元化

將收租與股利視為收入的一部分，而非全部。搭配內容變現、接案、自營微創業或小規模訂閱系統，分散風險來源。

引入「動態風險調整模型」

建立投資模擬機制，定期評估租金與股利變動對整體現金流影響，並依此決定是否調整資產配置或再平衡 ETF ／房地產比重。

信賴不是來自過去的穩定，而是未來的可預測性

房租與股利仍可作為資產配置中的重要現金流來源，但它們早已不再是「放著就有錢進來」的神話資產。真正能信賴的，不是報酬率的數字，而是你對市場變化的理解深度、對政策變動的應變速度與對現金流結構的主動設計能力。

過去收租與領息是「幸運的結果」，未來則必須成為「精算的選擇」。

第五節　不只活下來，還能活得好：打造三段式收入梯

財務規劃的終極目標，不是生存，而是選擇權

在每一場經濟危機之後，人們對金錢的理解都會出現一次質變。疫情之後，越來越多人開始理解：擁有再多資產，如果不能轉化為穩定現金流，仍然無法在關鍵時刻擁有「選擇生活方式」的權利。

真正的財務安全，來自於你每一個月不工作也有錢進帳的能力；真正的財務自由，則是你能選擇想做什麼、與誰合作、在哪裡生活，而不因收入來源限制而屈就現實。

這節，我們不只談如何「活下來」，而是談如何設計一套具有節奏與階段性、可隨人生不同時期調整的現金流系統──讓你的收入不是單一結構，而是一座有邏輯、有梯度的現金流階梯，從生存到自由，從安全到繁榮。

三段式現金流模型：從基本生存到理想人生

三段式收入梯的核心，是依照人生不同階段與目標，對應設計三層現金流來源：

第一層：生存現金流（Survival Flow）

目標：覆蓋日常開銷，確保基本生活穩定

- 內容來源：穩定薪資、必要性收租、低風險配息商品、定期接案收入
- 特徵：流動性高、波動低、計算精準
- 建議占比：收入組合中至少 50％

這一層收入的功能，是「讓你活得下去」。它不需華麗，但要可靠。例如全職工作搭配一小筆 ETF 股利、一間出租套房與月薪 5,000 元的側線接案，若能合計覆蓋房租、水電、食物、交通與醫療，就是合格的第一層。

第二層：選擇自由現金流（Freedom Flow）

目標：創造可預測的多元收入來源，打破單一依賴

- 內容來源：內容變現、訂閱系統、自媒體廣告、自營商品、B2B 專案服務
- 特徵：可調整、可擴張、毛利高
- 建議占比：收入組合中約 30％

這一層收入讓你「能夠選擇」。當你有來自不同管道的現金進帳，不再只依賴一份薪水，你就擁有更多拒絕、不接案、請長假或選擇合作對象的自由。例如一位擅長語言的自由工作者，一邊經營英文 Podcast，一邊販售教學電子書與每月接兩堂企業英文班，組合出穩定的非雇主現金流。

第九章　現金流才是真正的生存力

第三層：夢想實踐現金流（Fulfillment Flow）

　　目標：支持你的價值願景、創造財富乘數效應

- 內容來源：品牌經營、股權投資、創業分潤、IP 授權、家族資產運用
- 特徵：時間延遲、報酬高波動但可放大
- 建議占比：收入組合中約 20%

　　這一層是你的人生戰略層。不是立即見效，但一旦成熟，將創造乘數效果。例如將你的專業轉為課程品牌，擁有百人付費學員；或將內容經營累積的信任轉化為募資平臺，支持你開設實體空間或出版書籍。這類收入不一定穩定，但能為你帶來真正的「長遠滿足感」與影響力回報。

收入梯設計的核心原則：安全、彈性、可複製

　　這座三段式收入梯，不是線性的爬坡模型，而是一種模組化的財務設計。它的邏輯不是「等有錢了再做自由工作」，而是從生存收入中抽出時間與資源去建立選擇自由，進而再打造夢想實踐空間。

　　三個原則：

- 安全優先，但不壓抑探索：第一層要穩，第二層可試，第三層可夢。順序不能反，但可並行設計。
- 收入要能被複製與移植：你搬到不同城市，這些收入模型能否繼續？你換產業，它還能啟動嗎？收入的「可移植性」決定你的未來自由度。

- 設計多一點，但啟動少一點：不要同時開五個副業，而是同時設計三種模型，先啟動一個，觀察效應，再擴張其他。

三階段現金流實作模型

A 君｜30 歲設計師的收入梯建構

- 第一層：本業月薪 52,000 元（含年終），配合父母名下套房出租分潤，每月收 3,000 元
- 第二層：經營個人 IG 設計帳號，販售 Notion 模板與接接案小 Logo 設計，每月平均收入 18,000 元
- 第三層：開設線上課程〈設計接案初學者實戰〉，2024 年初上線，已募資超過新臺幣 40 萬元

A 君透過三年時間，從靠薪水維生，到建立專業品牌，再將知識轉為資產，收入從單一變三層，抗風險能力與生活自由度大幅提升。

讓錢替你賺錢，更讓你成為自己命運的設計者

現金流從來不是金錢問題，而是時間設計、風險設計與選擇權設計的綜合結果。當你學會打造三段式收入梯，你就不再只能活下來，而是有能力活得好、有選擇、有未來。

財務自由不是瞬間抵達，而是一步步構築的邏輯系統。你的現金流，不該只是數字，而應該是你人生價值的具體呈現。

第九章　現金流才是真正的生存力

課程模組架構

模組階段	核心內容	教學任務與行動練習	學習成果指標
第一階段：穩定現金流	建立 3 個以上穩定收入來源（兼職、外包、實體銷售、現金交易等）	完成收入來源盤點＋現金週期圖繪製，設定日／週現金進帳目標	日現金流穩定達成，無明顯資金缺口；可支應 1～2 個月生活成本
第二階段：可預期的成長性	設計可複製的產品或服務模型，建立月收入基礎並擴大單次成交金額	設計 1 個 MVP 版本產品並嘗試定價與收款流程，完成首次收款	月營收穩定達成且具規模放大潛力，開始累積忠誠客戶名單
第三階段：具有累積性的資本型收入	導入平臺化、版稅型、訂閱制、股權分潤等長期累積型收入結構	列出 3 個具備資本性質的收入模型，擇一啟動初步實作（如數位產品上架、合夥協議草擬）	具備可累積性收入來源至少 1 項，具備指標性報酬數據或合約依據

第十章

企業家如何防震與重建？

第十章　企業家如何防震與重建？

第一節　危機中的公司經營：從成長轉向穩健

從追求成長到管理下行：企業經營心法的根本轉折

　　過去二十年間，企業家被一個主軸概念深深綁定——「成長是萬靈丹」。只要營收持續上升、市占率擴大、使用者突破，其他問題都會迎刃而解。矽谷的「成長為王」邏輯滲透全球，連帶影響臺灣與亞洲的新創圈、傳產轉型與中小企業管理模式。

　　然而，當全球進入「後成長時代」，這套邏輯開始動搖。2020 年起接連出現的黑天鵝——COVID-19、俄烏戰爭、美中科技戰、全球供應鏈斷裂與通膨復甦——讓企業主意識到：現金流斷裂、利潤被吃掉、供應卡關、客戶流失，才是更迫切的管理對象。此時，「穩健」成為關鍵字，「成長」反倒需放入風險評估之中。

　　企業若不能在危機中自保，就無法在復甦中領先。這一節，我們將從現金流管理、營運韌性、組織設計與風險預測四個面向，解析企業經營者如何從「加速前進」轉為「減速控速」，進入真正抗震的營運節奏。

營運現金流才是真正的免死金牌

成長型企業通常重投資、輕盈餘，認為只要獲利預期夠美，現金問題自然會解決。但危機時期，現金為王才是真正鐵律。

2023 年矽谷銀行（Silicon Valley Bank）的倒閉，就是因為資金久期錯配與風險控管鬆散，導致資產無法即時變現而陷入擠兌危機。儘管該行客戶多為科技新創，帳面資產龐大，但「營運現金流斷裂」造成全面崩潰，反映出企業不能只看資產規模與股價估值，而忽略最基本的財務節奏。

企業經營者應掌握三項現金管理指標：

- 營運現金流涵蓋比（Operating Cash Flow Coverage Ratio）
- 衡量日常經營現金是否足以支付短期負債。
- 現金周轉天數（Cash Conversion Cycle, CCC）
- 衡量從投入資金到回收現金所需時間，周轉越快越有韌性。
- 自由現金流（Free Cash Flow, FCF）
- 稅後營業收入扣除資本支出後的現金淨流量，是再投資與抗風險的本錢。

臺灣某上市中型電子代工廠，在 2021 年疫情三級警戒期間，因提前強化存貨控管與客戶現金回收機制，得以穩定供應鏈與保障薪資支付，成為業界少數逆勢成長者。

第十章　企業家如何防震與重建？

組織架構的防震設計：去集中、增模組、強備援

多數企業的風險暴露點，不在策略，而在執行的「結構單一化」。當人事權、客戶管理、供應鏈控制過度集中於單一部門或個人，企業就如同只有一根支柱的高樓——一倒全倒。

現代危機管理強調「去集中化」與「模組化設計」，企業應在日常營運中植入可轉換、可接替與可拆分的機制，例如：

- 建立平行營運團隊或跨部門戰備群組（如專案制）
- 關鍵人才制度化交接流程與資料庫共享
- 營運流程 SOP 模組化，提升任務可接續性與跨部門應急彈性

2022 年 Netflix 在面對訂閱人數首次下滑與股價重挫後，快速調整組織架構，將原本分散於地區團隊的內容策略整合為「全球編輯中心制」，同時提升內部數據即時通報與市場反應節奏，減少資源重複並加快決策反應時間，成為危機中快速止跌、穩定市場預期的典範。

顧客流失不是災難，而是資訊

危機發生時，客戶流失往往是第一個警訊。許多企業會本能地將其視為「成長中斷」的痛點，但其實，客戶流失率變動背後的原因，往往是你市場適應力與商業模式設計的訊號。

企業應定期追蹤三項指標：

客戶留存率（Retention Rate）

每季或每年回購或續約的顧客比率，是穩定現金流的核心。

客戶流失原因分析（Churn Analysis）

利用問卷、數據與客服對話標記流失主因，建構行為預警模型。

淨推薦分數（Net Promoter Score, NPS）

衡量顧客主動推薦的意願，間接反映品牌關係與長期信任度。

危機時期，企業若能快速辨識「哪類客戶留得住、哪類最容易流失」，便能以最少資源守住最大價值。例如疫情期間，臺灣一間 B2B 設備維護公司轉向線上即時諮詢與維保教學平臺，成功保住原有長約客戶並吸引新需求者，讓既有顧客反而成為新客戶開發者。

從成長導向轉為風險導向的心態重設

企業家最怕的不是災難，而是不願接受災難發生的可能性。在危機管理理論中，有一個關鍵名詞——正常化偏誤（Normalcy Bias）：當災難訊號出現，人們傾向於低估其嚴重性，並堅信「情況終將回復正常」。

而企業最有效的風險管理方式，就是把「正常」當作短暫，而非常態。從營運 KPI、組織文化、獎勵機制到內部通報系統，都應將「異常反應」視為重點信號，而非例外忽略。

強化風險導向的實務操作建議：

- 每季舉辦「災難模擬日」，設定三種以上情境測試（供應中斷、資金斷流、人力斷鏈）

第十章 企業家如何防震與重建？

- 高階主管設立「風險審議會」，定期檢討策略可行性與盲區
- 將不確定性納入獎勵計畫，如鼓勵提早預警回饋獎金制度

企業經營的下一步不是成長，而是留下來

在這個劇烈變動的時代，企業家不再只是機會的發掘者，而是危機的設計者 —— 你不是等待風暴過去，而是主動建立一套可以承受風暴的系統。

成長不再是唯一目標，「能留下來」才是最大的競爭力。而留下來的企業，才有資格重建、再創、再領先。

第二節　從利潤塔到能力圈的企業重組術

> 危機之中，組織「瘦身」不是刪預算，
> 而是切核心

當經濟環境進入多重變動期，企業主往往面臨一個關鍵抉擇：「該砍掉什麼？該留下什麼？」成本下修、部門整併、人力縮編⋯⋯這些都是組織在危機中常見的「自我防衛反應」。

然而，真正能穿越震盪並成功重建的企業，從來不是隨機砍預算、全面精簡，而是懂得用數據與策略劃定「重點能力圈」與「高值利潤塔」的界線。這節，我們將介紹兩個企業重組的關鍵視角：「利潤塔理論」與「能力圈設計」，並結合 Meta、Adobe 與臺灣中型企業的案例，說明如何在危機中精準裁切，重建具韌性的價值結構。

利潤塔理論：不是每一塊業務都值得保留

「利潤塔」（Profit Pyramid）概念由波士頓顧問公司（BCG）提出，核心觀點是：企業的營收結構中，往往只有極少數產品線或客群，貢獻了大部分的利潤，其他則是拖累或邊緣貢獻。

根據 BCG 針對全球製造業企業的調查顯示，平均僅有 15% 的客戶

第十章　企業家如何防震與重建？

貢獻了超過80%的淨利，反之亦有超過一成客戶對企業造成虧損（如高議價、低轉換、超時服務）。換言之，不是每一分營收都值得努力維持，更不是每一筆訂單都該接下。

企業在危機中應即時啟動利潤塔分析，明確回答以下問題：

- 哪些產品或部門是真正「帶現金的」？
- 哪些客戶長期以來都是「賠錢交易」？
- 哪些區域市場投入資源多年，卻未創造長期回報？

以 Meta 為例，2022 年其首次進行大規模裁員與資源重配，正是基於對「高利潤塔」的聚焦決策：將大部分人力資源由社群廣告維運轉向 AI、虛擬實境（AR/VR）與語音生成技術，儘管短期市場不買單，但成功在 2024 年重建利潤來源與品牌想像。

能力圈原則：
集中戰力、放棄幻想、守住獲勝邊界

「能力圈」（Circle of Competence）原是華倫・巴菲特提出的投資思維，即：只投資自己理解的領域。在企業經營中，「能力圈」則是企業可被證明、可被複製、可被擴張的核心優勢所在。

企業要在震盪中生存，不是靠「跨足什麼都試試看」，而是靠守住「真正會賺錢又能被延展」的主體能力。

操作實務包括：

- 將部門、專案與產品依據「可量化能力指標」打分（如毛利率、轉換率、顧客留存率）
- 建立「資源投注矩陣」，聚焦於能力圈內的強項單位，其餘能退就退
- 由能力圈出發設計「延伸產品線」或「合作夥伴計畫」，避免盲目轉型

Adobe 即為最佳案例之一。從傳統桌面軟體轉向雲端訂閱制時，其重點不是重寫產品，而是運用原有能力圈（設計工具的專業、創意社群的信任）向上推進，進入數據雲端工具與創作者生態建構，延伸出穩定營收的 Creative Cloud。

三步驟：企業重組的策略切割流程

一、清點獲利結構

針對產品、服務、客群、通路與地區，依據「毛利率」、「營收成長性」、「資源消耗度」做出 RFM（Recency, Frequency, Monetary）分析。

二、區分「能力內」與「能力外」

將所有業務單位拉回核心提問：「我們是否能持續做這件事？是否有成本優勢？是否可異業整合放大？」非核心即規劃外包、轉售、分拆或關閉。

三、設計「再聚焦」資源分配計畫

將精簡後的資源投入利潤塔與能力圈重疊處，進行再投資、研發優化與人才留任，提升單位產出值與現金流效率。

這套流程能協助企業主擺脫過去「擴張即正義」的迷思，轉為「資源效益最大化」的營運邏輯。

第十章　企業家如何防震與重建？

從家族企業轉向專業重組的成功模式

2021年，臺中某機械零件製造公司原本擁有三大事業部（工業零件、汽車件、小型電動馬達），但長期獲利幾乎來自工業零件，其餘兩線皆為「補貼式經營」。

在疫情導致訂單銳減與人力成本壓力升高的情況下，該企業啟動內部利潤塔審查，決定關閉汽車件業務、將馬達線轉售予協力廠商，並全力投資CNC精密製程與海外認證拓展。三年後，不僅營收回升23％，營業利益率從5.2％提升至11.7％，更獲得來自日本與德國的新客戶信任。

該案的關鍵，不在於「縮編」，而在於透過數據與能力自覺，做出選擇、聚焦與再啟動的動作。

企業不是把所有的事都做對，而是做對最重要的那幾件事

企業重組不是「砍掉重練」，而是「減掉不賺錢、留住能創造價值的部分」，並讓這些部分發揮更大效益。在風險時代，企業主最重要的能力，不是「敢衝」，而是敢選擇、敢放手、敢不做。

真正的韌性組織，不是規模最大、範圍最廣，而是知道自己在哪裡最強、在哪裡有利可圖、在哪裡能夠持續創造現金流。

第二節　從利潤塔到能力圈的企業重組術

策略對照表

策略類型	策略說明	典型指標／情境	適用階段／決策點
收入多元化	降低單一客戶或平臺依賴，拓展產品或市場線	單一客戶營收占比超過60%	營收瓶頸期／客戶集中度高時
高毛利聚焦	將資源集中在毛利高、利潤結構穩定的產品／服務	單位貢獻率過低且競爭價格激烈	邊際利潤下滑／資源稀缺時
固定成本模組化	將固定開支轉為可變支出，如人力、倉儲、營運成本	高昂的固定支出導致虧損擴大	固定開支過重／現金壓力升高時
現金流優化	加快收現流程、拉長付款條件、強化資金周轉效率	收款慢、預收弱、月燒現金過快	應收帳款堆積／回款慢時
非核心業務剝離	砍掉耗資多但無明確回報的項目／部門／產品	產品線分散、資源分流、團隊疲於奔命	重組初期需釋放人力與資源時
能力圈回歸	聚焦企業真正擅長、能產生持續競爭力的領域	企業不停嘗試但核心價值模糊	組織迷航／轉型初期
利潤組合重建	建構多層利潤來源，降低依賴單一業務現金貢獻	營收上升但利潤波動劇烈	需建立穩定性與抗震能力時
可變資源調度	彈性調用外包／合作夥伴，降低固定組織壓力	營運規模放大但效率下降	人事壓力過重／流程複雜時
高風險業務停損	設停損線與退出條件，避免拖延與資源消耗	長期虧損業務持續占用核心資源	資金與信心皆告急時
價值鏈重構	重新設計從價值創造到價值交付的整體流程	成本結構與交付效率已不符市場需求	需調整商業模式與交付邏輯時

財務診斷表

診斷面向	診斷說明	常見風險徵兆	建議重組策略
收入來源集中度	是否過度依賴單一客戶／平臺？	超過60%來自單一客戶	開拓多元收入來源／建立B計畫
固定成本占比	固定支出是否造成高營運壓力？	固定成本占營收比＞50%	將固定成本模組化／外包低價值職能

249

第十章 企業家如何防震與重建？

診斷面向	診斷說明	常見風險徵兆	建議重組策略
邊際貢獻率	每單位營收可貢獻多少淨利？	邊際貢獻低於25%	聚焦高毛利產品並提升單位價值
現金流周轉天數	從收款到付款是否出現嚴重斷層？	應收帳款周轉超過60天	加快回款週期並延長付款週期
利潤結構穩定性	毛利是否穩定？是否經常依賴單一高毛利品項？	毛利率波動＞10%／年	設計多元利潤組合，建立高穩定性業務
單一產品獲利依賴程度	是否90%以上利潤來自單一業務？	超過80%來自單一產品	分散產品線或建立新核心產品／服務
非核心項目資源消耗程度	是否有吃掉團隊資源但無明顯獲利貢獻的項目？	非核心項目占用超過30%資源	砍掉或暫緩低效資源占用業務
資本支出與成長回報比	CAPEX支出是否能換回相對營收增長？	投入超過12個月仍未見回本	投資與回報設定合理回收時限與風控界線
能力圈以外支出占比	是否持續投資在無競爭優勢領域？	投入資源無獨特價值輸出	回歸能力圈核心，停止「看起來必要但沒產值」的投入
每月營運安全邊際（月燒現金／備援金）	若無收入可撐幾個月？備援資金是否充足？	月燒現金超過可支應現金流1.5倍	設立3～6個月現金緩衝與停損機制

第三節　客戶經濟：從產品邏輯轉為關係邏輯

當產品被打平，關係才是真正的差異化

在一個資訊透明、競爭激烈且產品快速同質化的時代，企業若仍然只靠產品規格、價格或一次性促銷來取得競爭優勢，將很快陷入「永無止盡的比價循環」。這不只是行銷成本升高，更是商業模式老化的警訊。

真正能拉開距離的，不是產品功能，而是顧客願意留下、願意續買、願意推薦的「關係強度」。現代企業已經進入「客戶經濟」階段：產品是入口，關係是資產，信任是貨幣。在危機時期，產品銷售量或許會波動，但與客戶之間的關係韌性，將決定企業是否能長期存活、穩定現金流、甚至逆勢成長。

本節將深入探討從產品邏輯轉向關係邏輯的四個關鍵轉變，結合日本無印良品（MUJI）、臺灣 Pinkoi 與美國 Substack 等品牌案例，說明如何以顧客終身價值為核心，設計一套以信任為主體的營運系統。

第十章　企業家如何防震與重建？

關係邏輯轉型的四大關鍵路徑

一、從「單筆交易」轉向「終身顧客價值」

過去的行銷與銷售策略著重於「一次成交」：讓顧客買下產品就算成功。但在關係經濟下，顧客的第一筆交易只是起點，真正的獲利來自於長期購買、續約、升級與轉介紹。

這需要企業採用「LTV 模型」（Customer Lifetime Value），從顧客貢獻週期與留存率進行價值預測。例如：

- 初期產品折讓可接受，若顧客能於六個月內回購兩次，即進入正報酬。
- 高互動者的年回購率高於廣告帶入者，即應投入更多社群經營資源。

案例：日本 MUJI

面對全球快時尚競爭，MUJI 不靠價格取勝，而是透過會員系統、生活提案內容與線上筆記 App「MUJI passport」，將顧客黏著度視為產品延伸，提升客戶終身價值。其在臺灣每年回購率高達 43％，大幅優於同業。

二、從「產品設計」轉向「顧客共同參與」

客戶不再只是消費者，更是「參與者」。現代企業需透過共創、回饋與社群對話，讓顧客「產生貢獻感」，進而轉化為忠誠度。

具體策略包括：

- 客戶參與新產品命名、包裝設計、功能投票
- 經常性會員問卷、滿意度調查與回饋機制
- 社群導入（如 Facebook 群組、LINE 社群）作為產品改良建議平臺

案例：臺灣 Pinkoi

亞洲最大設計電商平臺 Pinkoi 早期便導入設計師與消費者的「雙向互動」，不僅商品頁開放買家評論，甚至邀請設計師進入社群互動答疑。2022 年更推出「Pinkoi Plus」會員制度，提供積分回饋、生日禮與提案徵選，成功提升平均購買頻率至每年 4.8 次。

三、從「客訴處理」轉向「信任建構系統」

客戶關係不只是滿意度，而是信任度。信任來自於三種一致性：

- 品牌承諾一致（說的做得到）
- 服務品質一致（每次體驗相同）
- 問題處理一致（有系統、有人性）

企業應建立信任事件管理機制，如每次客服處理結束後自動發送回饋問卷，將問題回應時間與結果納入 CRM 評分，形成關係績效 KPI。

案例：美國 Substack

Substack 主打個人電子報平臺，讓寫作者與訂閱者之間建立高黏著關係。其機制之一，是「讀者可以直接回信給寫作者、取消自動訂閱、即時反應」。平臺更定期與高互動率創作者共創內容升級功能，使平臺角色轉為「關係經營協力者」而非中介商。

四、從「廣告行銷」轉向「社群養成與會員制」

傳統行銷投入大筆預算在廣告，效果不穩定、轉換率低。新世代商業邏輯強調會員制度與社群經營，用小圈層高信任社群，創造高回報長尾收入。

- 社群工具：Telegram 群、Slack 社群、Discord、Facebook 社團

第十章　企業家如何防震與重建？

- 會員機制：付費年費制、分級獎勵、知識共學制、VIP 限定活動
- 數據應用：每週互動次數、留言率、內容分享率等，作為潛在客戶貢獻度預測工具

客戶經濟三層價值轉化模型（CVT Model）

內容價值（Content Value）

你提供的資訊、故事與情境創造共鳴與吸引力→建立認知信任

互動價值（Connection Value）

你與客戶之間的溝通、回應與參與→強化關係信任

交易價值（Conversion Value）

顧客願意付費、續約、轉介→創造現金流與長期資產價值

企業若僅停留在交易階段，將喪失品牌槓桿能力；唯有將內容與互動轉化為關係資產，才能構建長期營收與避險能力。

產品會被複製，關係無法模仿

當競爭者可以三個月內推出一模一樣的商品、砸更多廣告預算，但卻無法複製你與顧客之間的關係，那麼你就有真正的商業護城河。

現代企業的核心資產，不再是工廠、不只是產品，而是顧客對你品牌的情感、習慣與信任。從產品邏輯轉為關係邏輯，不只是行銷策略改變，而是整體營運架構的升級。

數位轉型檢核表

檢核項目	檢核類型	建議檢核方式
是否有明確的數位轉型願景與 KPI？	策略與目標	有無白皮書／轉型藍圖與年度 KPI
是否導入雲端儲存／運算架構？	技術基礎	是否導入 AWS、GCP、Azure 等雲端平臺
是否具備內部數據治理制度與角色？	治理制度	是否設立資料長 CDO ／建構資料地圖
是否建立數位客戶資料庫與 CRM 系統？	客戶系統	CRM 涵蓋率、活躍度與再行銷能力
是否進行流程自動化（RPA 或 API 串接）？	營運效率	流程自動化比例、是否減少人工作業節點
是否建構企業內部知識管理平臺？	知識管理	知識分享平臺建置率與使用頻率
是否有數位行銷與社群經營策略？	外部溝通	SEO／社群曝光數據、受眾互動指標
是否建置跨部門即時溝通與協作工具？	內部合作	是否具備 Slack、Teams、Notion 等工具
是否培養具備數位能力的關鍵人才？	人才能力	內部培訓時數、數位職能職位占比
是否定期檢視並疊代數位工具與策略？	持續改善	每季是否進行數位工具優化或汰換

第四節　跨國資本布局與數位轉型的雙軸布局

面對全球動盪，企業不是選擇轉型，而是沒有退路

地緣政治風險升高、供應鏈重組、科技戰爭、數位監管強化……這些詞彙已不再只是國際新聞的專屬語言，而是企業經營者的每日挑戰。2020 年以來，從美中貿易戰、俄烏衝突到中東能源變局，企業發現：風險不再只是「來自某地的特殊事件」，而是「與你公司架構直接相關的系統性風險」。

此時，企業要能穿越不確定，就不能再依賴單一市場、單一產線、單一營運模式。真正具韌性的企業，必須具備「雙軸布局」能力——一軸是跨國資本與市場分散，另一軸是內部數位系統與能力的全面升級。

這節我們將說明如何理解這兩條軸線的戰略意義，並從 ASML、星巴克與臺灣高科技業的案例中學習，企業如何結合地理多點布局與數位能力強化，打造抗風險、可調節、能再生的營運體質。

第一軸：跨國資本與市場布局的區域避險

傳統上，企業的跨國擴張是為了市場增長與成本最小化，而現在，「避險」成為跨國布局的核心驅動力。企業若將供應、生產、客戶與資金

集中於單一地區，一旦政策、貨幣、貿易出現劇烈變化，即可能導致業務中斷或資產凍結。

以下為實務避險策略：

- 多地註冊主體、法規拆分：不將整體集團架構綁在單一稅籍或政治風險地區，如新加坡控股母公司＋東協實體營運子公司。
- 市場多點布局：將營收來源分散至不同貨幣與區域市場，如將出口導向型產能分配至東南亞、印度或墨西哥，避免中國或歐洲市場波動過度影響。
- 資金調度靈活化：建立多幣別營運帳戶、跨境現金池系統（Cross-border Cash Pooling），避免外匯限制或資金無法回流。

案例：荷蘭 ASML 的供應鏈地緣布局

ASML 為全球唯一的極紫外光（EUV）設備製造商，面對美國對中國半導體出口的限制，其迅速調整供應鏈與客戶布局：雖仍持續服務台積電與韓國三星，但同時在新加坡擴大區域維運中心、於德國與比利時設研發實驗室，並與美國本土合作建構備援產線，成功在限制中尋得彈性，維持全球市場占有率不墜。

第二軸：數位轉型作為營運韌性的核心內建

若說跨國布局是企業的「對外避險肌肉」，那麼數位化則是企業「內部血液循環」的優化工程。疫情與戰爭讓企業意識到：即使物理世界停止，數位世界仍必須運作。

數位轉型的四個核心領域為：

- 流程自動化（Process Automation）：以 ERP、RPA 與智慧流程優化，降低人為錯誤與流程瓶頸。
- 數據治理（Data Governance）：建立統一資料倉儲、數據權限管理與即時 BI 報表，強化決策與預警能力。
- 數位產品化（Productization of Digital Services）：將企業內部功能模組化、平臺化，甚至外部商品化（如 API 介接服務、雲端工具平臺）。
- 客戶經營數位化（CRM + MarTech）：透過自動化行銷工具與會員管理系統，降低 CAC（Customer Acquisition Cost），提升 CLV（Customer Lifetime Value）。

案例：星巴克在中國的數位雙生策略

星巴克中國市場近年面臨消費緊縮與內部競爭（如瑞幸咖啡、Manner Coffee）夾擊，透過 App 會員系統與「Starbucks Delivers」外送平臺整合，導入 AI 推薦與行銷自動化。2023 年更將會員經營邏輯從「回購」進階到「場景化介入」，每位會員的點餐行為、到店頻率、喜好商品都成為可預測的商業數據，從而精準推出區域限定商品與店內動線調整。

雙軸策略不是擴張，而是生存模式再設計

傳統企業會將「出海擴張」與「數位升級」視為成長策略，但雙軸思維不再以成長為唯一目標，而是為了建立可以活下來的韌性系統。

企業該思考的問題，不再是：

第四節　跨國資本布局與數位轉型的雙軸布局

- 我要開幾間分店？
- 我要導入哪套數位系統？

而是：

- 若某個市場全面中斷，我的現金流會被截斷多少？
- 若內部系統當機，我有多快能恢復營運？
- 我的資料、客戶與供應鏈資訊是否能即時移轉他地？

這些問題的答案，不是技術選擇，而是營運哲學：能夠分散、能夠重啟、能夠延展。

臺灣中型企業的雙軸韌性布局實例

A 公司｜臺中精密製造商

2021 年面臨中國封控政策時，其原本 90％出口訂單集中於華東區域，導致生產計畫與付款週期全面打亂。該公司即刻設立越南臨時配貨倉，並與馬來西亞進口商直接簽訂落地代理合約，同時導入簡易 ERP 與貨運追蹤 App，建立訂單回報與客訴機制，短短一年將單一市場依賴從 90％降至 58％，ERP 數據更新週期從每週縮至每日。

該案例關鍵不在高科技投入，而在於「願意分軸思考」與「勇於將風險內建進營運流程」。

第十章　企業家如何防震與重建？

雙軸企業不是更大，而是更活

企業的韌性來自可選擇性。當你可以同時管理多市場、多貨幣、多平臺、多端口的營運節奏，你就不再受限於單一變數的波動。雙軸布局不是風險的對立面，而是風險管理的高階版本。

企業若能做到「外部分散、內部整合」，就具備了真正的商業反脆弱力：震盪越大，反而越強；壓力越大，反而越敏捷。

雙軸計分標準表（對應 0/1/2 分）

診斷問題	所屬軸向	建議計分方式
你能承受幾個月沒有收入的生活壓力？	能力軸（生存力）	6 個月以上：2 分，3～6 個月：1 分，少於 3 個月：0 分
你現有的資產中，有多少比例是立即可動用的？	能力軸（生存力）	超過 50%：2 分，20～50%：1 分，低於 20%：0 分
你是否曾經獨立經營或管理過預算與現金流？	能力軸（生存力）	是：1 分，否：0 分
你是否有穩定的備援收入來源？	能力軸（生存力）	是：1 分，否：0 分
你的產品／服務是否能在線上完全運行？	市場軸（可行性）	是：1 分，否：0 分
你的核心客群是否受當前危機嚴重影響？	市場軸（可行性）	否：1 分，影響大：0 分
你是否能在 7 天內推出最小可行版本（MVP）？	市場軸（可行性）	是：1 分，否：0 分
你是否已有至少 3 位信任的創業夥伴或顧問？	市場軸（可行性）	是：1 分，否：0 分
你是否清楚掌握競爭者與同類市場動態？	市場軸（可行性）	是：1 分，否：0 分
你是否能清楚定義「危機期間的價值主張」？	市場軸（可行性）	是：1 分，否：0 分

第五節　危機創業者的再出發：風險換局的六個要素

不是起跑點不對，是賽道已變

每一次經濟危機，都是一次產業重新洗牌的起點。對多數人而言，危機意味著風險、破壞與停滯；但對具備敏銳洞察力的創業者來說，危機是一次「舊規則瓦解、換賽道機會出現」的時間窗口。

2001 年網路泡沫後出現了 Google；2008 年金融海嘯後誕生了 Airbnb、Uber 與 Slack；而 2020 年 COVID-19 疫情之後，全球也迎來了一波以遠距協作、健康科技、數位轉型為核心的新創業浪潮。

這些創業者有一個共同特質：他們不是「樂觀創業者」，而是「風險創業者」——懂得以風險作為設計起點，用最小安全半徑換取最大的轉局可能。

本節將提出「危機創業的六個關鍵要素」，說明在高風險、高不確定的時代，如何重啟創業路線圖，打造一個能活得下來，也能活得有韌性的商業模式。

第十章　企業家如何防震與重建？

第一要素：資本節奏設計（Capital Rhythm）

創業初期不是缺資金，而是缺資本節奏的規劃力。許多創業者在一開始投入過多開發成本或過早擴張人力，導致現金流斷裂。

危機型創業者應採用「先流後盈」邏輯：

- 啟動資金控在可承受損失範圍內（safe-to-fail）
- 建立最小收入來源（MIR, Minimum Income Requirement）驗證模型
- 使用「資本燃燒週期圖」預估資金可運行時間與轉換點

第二要素：敏捷組織骨架（Agile Skeleton）

危機型創業不能用傳統層級制、固定職能架構。應以「敏捷專案組合」為核心，強調彈性協作與模組分工：

- 建立 2～5 人微型任務組，每週交付成果驗證
- 採用短週期（Sprint）回饋機制，而非年度預算制
- 成員採合夥型或績效分潤制，提高主動解題意願

第三要素：最小生態系策略（Minimum Ecosystem Strategy）

在危機中創業者不可能獨立完成一切，需以最小資源整合外部最強能力，建構可試錯、可重組的小型生態鏈。

- 搭上既有平臺 API（如 LINE、Shopify、Notion）
- 借力共創品牌（例如與 KOL、社群共創產品）
- 使用外部協力單位（如微型物流、共享倉儲、外包客服）

第四要素：信任場域設計（Trust-Based Market）

危機創業者無法大量行銷砸預算，因此需在一開始就設計可建立信任的場域與關係機制：

- 進入高互動社群（如 FB 私密社團、Telegram 群）
- 在內容平臺輸出價值觀與實務知識（Podcast、電子報）
- 建立「用戶協作→產品優化→信任放大」的循環

第五要素：極速測試能力（Rapid Prototyping）

危機創業的關鍵不是完美產品，而是「最小可測試產品」（MVP）的快速疊代能力：

- 以 1 週為單位進行一次小規模 A/B 測試
- 使用免費工具或低程式門檻開發（如 No-code 平臺）
- 定義「可判斷是否值得擴大」的驗證指標（如付費轉換率、留存率）

工具推薦：

- Webflow：無程式設計網站

第十章　企業家如何防震與重建？

- Carrd：快速 Landing Page
- Typeform：互動式問卷測試

第六要素：價值主張再定位（Reframing the Offer）

危機時期顧客痛點改變，創業者的產品必須重新思考其核心價值，不是問「我能提供什麼？」而是問「現在這個時代，客戶真正願意付費的是什麼？」

定位轉換策略：

- 從「功能導向」→「情境導向」
- 從「產品使用」→「任務解決」
- 從「商品販售」→「情緒保證」

風險不是敵人，而是創業設計的起點

危機創業不是膽量比賽，而是系統思維的實踐場。若你願意將風險當成設計的第一步，資源當作流動工具，市場當作測試平臺，那麼你就擁有了不依賴外部穩定的「反脆弱創業力」。

不是「等一切恢復正常再來創業」，而是「看準世界還不正常時先搶先跑」。

評估面向	高風險預警	建議行動與對策
創業動機與危機回應力	僅為避險或臨時選擇，缺乏長期願景	重新定義問題為長期願景，結合危機中的核心價值
市場需求與危機下痛點	需求不明確、無法量化損失或替代效益	以數據驗證市場大小與受影響程度，建立 MVP 測試流程
資本投入與現金流彈性	無緊急預備金、現金周轉低於 3 個月	預留六個月現金流、建立資金分層管理表
供應鏈可控性	高度依賴進口或單一供應商	設立備援供應商與在地採購替代方案
法規與制度風險	涉及政策變動頻繁產業（如教育／醫療／監管科技）	法律諮詢先行，導入彈性合約與制度追蹤機制
顧客信任建立難度	需高度信任但品牌尚未建立	快速建立品牌信任感：內容行銷＋客戶見證
產品或服務是否可替代	同類替代品眾多、無明顯差異化	精準定位利基市場、強化不可替代性元素
數位與遠距可行性	高度仰賴現場操作，遠距不具可行性	設計低接觸／無接觸版本與自動化交付方案
創辦人心理韌性與資源調度力	創辦人情緒起伏大、無外部顧問團隊	建立心理支持機制與每週反思行動檢核表
退出策略與時間預估	無法評估何時回本或收手條件	設立退出門檻與可調整營運策略機制

第十章　企業家如何防震與重建？

第十一章
制度困局與避險路線圖

第十一章　制度困局與避險路線圖

第一節　SDR、新貨幣與全球央行之間的暗戰

貨幣，從交換媒介到地緣政治武器

自二戰以來，美元不僅是美國的主權貨幣，更是全球結算系統的核心，也是國際貿易與儲備體系的支柱。然自 2008 年金融海嘯後，「美元霸權」這一詞彙逐漸從經濟名詞轉為政治爭議，尤其在 COVID-19 疫情、俄烏戰爭與美中貿易戰等因素交疊後，愈來愈多國家開始思考：是否需要一種替代美元的全球貨幣體系？

在這場看不見硝煙的「貨幣戰爭」中，幾個關鍵角色浮上檯面——IMF 的特別提款權（SDR）、中國推動的人民幣國際化與數位人民幣（e-CNY）、歐元區對外貿易結算系統的擴張，以及 BRICS 新結算聯盟的崛起。這些系統與工具不只是支付工具，而是貨幣秩序、制度影響力與地緣金融權力的競逐場域。

本節將拆解這場全球央行之間的暗戰，從 SDR 的歷史與演進開始，連結至數位貨幣與「去美元化」的宏觀布局，並探討未來全球資產配置與避險策略中，如何理解這場制度性對抗背後的深層意涵。

SDR：未完成的超主權貨幣夢

特別提款權（Special Drawing Rights, SDR）是國際貨幣基金（IMF）於 1969 年設計的一種帳面型國際儲備資產，其初衷是作為一種「超主權貨幣」，用以補足美元與黃金之間的儲備缺口，避免過度依賴單一貨幣。

目前 SDR 籃子中包含五種貨幣：

- 美元
- 歐元
- 人民幣（自 2016 年起納入）
- 日圓
- 英鎊

SDR 的價值不浮動於市場，而是根據上述五種貨幣的權重匯率計算。

儘管 SDR 目前仍多數僅作為央行間結算與緊急儲備調度工具，但 2021 年 IMF 於疫情後大規模發放 6,500 億美元等值 SDR，援助全球成員國，重燃對其「貨幣替代功能」的討論。法國前總統薩科吉、中國央行前行長周小川都曾呼籲 SDR 應成為全球貨幣體系改革的核心工具。

但現實是：SDR 最大的問題不在於制度設計，而在於政治合意與實際使用意願不足。一旦美國繼續掌控 IMF 決策權與美元的全球清算系統，其他貨幣即使進入 SDR 籃子，也難成真正挑戰者。

第十一章　制度困局與避險路線圖

人民幣與數位貨幣：中國的全球貨幣野心

中國多年來推動人民幣國際化，意圖打破對美元結算系統的依賴，從石油貿易到跨境電子支付皆已部署。2022 年起，中國與俄羅斯、伊朗、巴西等國簽訂以人民幣計價的能源與糧食貿易協議，建立新型支付結算通道，如 CIPS（中國版 SWIFT）。

然而，人民幣的最大障礙仍在於資本項目未開放、匯率管制存在、金融體系透明度不足。因此中國另闢戰場，發展數位人民幣（e-CNY）。

e-CNY 是由中國人民銀行主導的中央銀行數位貨幣（CBDC），已在多個城市試點，並透過「mBridge」計畫與泰國、阿拉伯聯合大公國、香港合作開發跨境支付平臺，試圖打造區域性支付共用系統，降低 SWIFT 與美元的必要性。

在地緣政治緊張背景下，數位人民幣並不只是科技創新，而是「制度自主化」與「貨幣主權去美化」的實踐工具。

歐洲的歐元挑戰與 BRICS 的新結算路線

歐元雖然是全球第二大儲備貨幣，但在結算與資本工具開放上仍受限於歐洲內部協調困難。2023 年，歐盟提案加速發展「歐洲 CBDC」（即數位歐元），目的是防堵美國對歐企跨境支付施加政治影響力，尤其是在伊朗核協議與俄羅斯天然氣貿易中，曾遭美方凍結交易途徑。

另一邊，BRICS 國家（巴西、俄羅斯、印度、中國、南非）在 2023 年高峰會提出「建立獨立結算系統」之提案，計劃研發以黃金與商品錨定的「新型貨幣單位」，用以進行區域內能源、農產品、工業商品交易。這

項舉措將形成與美元體系平行運作的「替代清算空間」，對新興市場極具吸引力。

若 BRICS 成功建立具透明性與穩定性的替代結算系統，則未來全球資產儲備將出現更多樣化配置，不再單一依賴美元計價，資產避險邏輯也將同步調整。

央行數位貨幣（CBDC）：效率革命或控管陰影？

全球已有超過 114 個國家或地區啟動 CBDC 相關研究或試點，其中包含英國數位英鎊（Britcoin）、瑞典 e-krona、歐洲央行的數位歐元與日本的數位日圓。

CBDC 的主要目的是：

- 提升支付效率（即時清算）
- 打擊洗錢與逃稅（可追蹤交易）
- 政策直達工具（直接發放補貼）

但其潛在風險也逐步浮現：

- 資產隱私權侵害：央行可直接監控、凍結、限制帳戶流動，財富主權向國家集中。
- 取代商業銀行功能：民眾若將資金大舉轉入 CBDC 錢包，可能引發銀行擠兌與金融結構轉變。
- 強化貨幣政策工具，同時加重政治干預風險：如針對特定消費品設定消費區域與時間限制。

第十一章　制度困局與避險路線圖

這些議題對於高資產人士、跨境企業與自由主義陣營造成高度警戒，也成為未來財富避險策略中不得不考慮的新變數。

當貨幣不只是貨幣，避險就不能只看利率

在過去，貨幣是交易與價值儲存工具；但在現在與未來，貨幣本身就是一種制度的延伸、國家的控制力與政治的投射。你選擇持有什麼貨幣，就是你選擇信任哪一套制度。

因此，全球資產配置、資本流動與避險思維必須升級──不只看匯率與利差，更要看貨幣背後的制度穩定性、法律透明度與地緣風險。美元是否能維持霸權？SDR 是否會被賦予實權？數位貨幣是否成為控制或自由的工具？這些答案，將決定你財富的未來處境。

全球貨幣秩序對照表

體系分類	主導貨幣／平臺	制度特性	使用風險	代表區域／國家
美元本位體系	美元（USD）	國際貿易與儲備貨幣主導地位，受美聯準會貨幣政策牽動	美國利率政策外溢影響、資本流動依賴高	美國、全球金融市場
歐元區單一貨幣體系	歐元（EUR）	歐洲區域整合、歐洲央行統一貨幣政策	歐債危機風險仍在，財政與貨幣整合不完全	歐盟成員國

第一節　SDR、新貨幣與全球央行之間的暗戰

體系分類	主導貨幣／平臺	制度特性	使用風險	代表區域／國家
人民幣區域化體系	人民幣（CNY）	政策導向推動跨境使用，如一帶一路、支付系統擴張	資本控管嚴格、信用透明度與政治風險疑慮	中國、東協沿線國家
新興市場雙軌體系	美元＋本幣並存	本幣限境內使用，國際貿易依賴美元或其他強勢貨幣	本幣波動大、需防雙重通膨與匯兌風險	印度、印尼、巴西、南非
加密貨幣平行體系	比特幣、穩定幣（USDT等）	無中央機構，去中心化、匿名性與高波動共存	價格劇烈波動、詐騙與監管風險高	全球散戶與Web3用戶社群
CBDC國家級貨幣體系	央行數位貨幣（如e-CNY、e-KRW、數位歐元）	由國家發行，具可追蹤性與程式化控制特徵	隱私與濫用控制權風險、技術依賴與國際協議爭議	中國、韓國、歐洲央行CBDC試點國家

273

第十一章　制度困局與避險路線圖

CBDC 風險評估表

風險類型	風險說明	潛在影響層級	緩解建議
隱私權侵害	政府可即時追蹤個人所有交易紀錄，削弱匿名性與經濟自由	高	引入差分隱私與資料最小揭露設計、建立獨立監督機制
資金集中效應	資金自商業銀行移向中央銀行，造成金融市場資源失衡	中	設 CBDC 儲值上限、利率差異、推動雙層帳戶模式
商業銀行擠兌風險	危機期間大量轉移資金至 CBDC 帳戶，削弱商業銀行穩定性	高	推行 CBDC 與商銀共管架構並設限額與轉換頻率
監管過度與政治濫用	政權可能藉 CBDC 凍結資產、設限支付對象與區域，擴大控制	高	設置司法中立凍結程序、使用智慧合約前置審查
系統技術脆弱性	若核心系統癱瘓，將全面影響國家支付與金融穩定	高	建立離線支付與備援網路、進行系統壓力測試
可程式化風險	貨幣具限制用途與時效，削弱使用者自由度與信任感	中	限制程式化功能使用場景、公開審查程式邏輯
國際資本流動限制	CBDC 跨境使用將引發資本帳開放與外匯政策難題	中	制定國際協議、設限跨境流通與 KYC 標準互認
使用者接受度不足	群眾對政府發行之數位貨幣缺乏信任或操作習慣	中	推動試點計畫與數位教育，提高使用信任門檻
數位鴻溝擴大	偏鄉與老年族群可能無法有效接觸與操作數位工具	中	導入親屬代理／簡易版 App、設置實體諮詢點
跨國清算爭議	各國 CBDC 技術與法律不一致，清算與兌換產生爭議	中	推動技術與法律標準協調平臺，降低清算摩擦

第二節　資本管制劇本解析：冰島、希臘與下一個國家

「鎖國」不是歷史，而是制度隨時會出手的現在進行式

許多人誤以為資本管制是發展中國家、極權國家才會做的事，事實上，最嚴厲的資本控制制度，往往出現在看似自由且已開發的經濟體系中。當金融體系崩潰、政府債務爆表、社會信心下滑時，民主制度也可能祭出最強硬的財務手段：禁止轉帳、限制提款、凍結資本。

資本管制的可怕，不是它暴力，而是它合法；不是它祕密，而是它早有預警，只是大多數人不願相信它真的會發生。

本節將拆解三個真實案例──冰島（2008）、希臘（2015）、黎巴嫩（2019）──以「制度劇本」的方式，解析資本管制如何一步步鋪陳與落地，並結合當前新興市場的危機預測，提供具體指標，協助個人與企業建立預警系統與應對策略。

冰島 2008：從金融天堂到全面資本封鎖

冰島曾是北歐最自由、最開放的金融市場之一，其三大銀行在 2000 年代快速擴張，吸引大量海外資金，創造亮眼的 GDP 成長。但這場繁

第十一章 制度困局與避險路線圖

榮，是建立在高槓桿、高外債、高利差的虛假基礎之上。

危機導火線：

2008 年金融海嘯來襲，冰島三大銀行資產總額超過 GDP 九倍，最終資金鏈斷裂，政府無力全數救援，導致信用評等遭調降，貨幣大幅貶值，人民擠兌銀行、外資急撤。

制度劇本：

- 宣布暫停銀行交易、關閉股市交易所三天
- 實施全面資本控制，禁止冰島克朗換匯與資本外流
- 所有進出境資金需經央行審核批准
- 海外投資人無法匯出資本，甚至須以折價拍賣出售本地資產給政府

影響分析：

- 國內企業進出口中斷，許多依賴原物料的工廠無法維持運作
- 一般民眾無法將存款轉至國外帳戶，海外學費、醫療支付被迫中斷
- 冰島股市一度蒸發超過 90% 市值，數年內經濟幾近停擺

冰島用了八年時間逐步解除資本管制，期間人民生活、企業營運與資產流動皆受巨大限制。

希臘 2015：提款封鎖下的現金經濟與離岸逃命潮

在歐債危機後，希臘陷入債務違約邊緣。當歐元體系與希臘政府協商破裂後，歐洲央行宣布停止對希臘銀行注資，人民信心崩潰，大量提款、資金外流一觸即發。

制度劇本：

- 銀行停業三週，全國實體提款機每日提領限額為 60 歐元
- 海外轉帳全面禁止，僅特例（如醫療費用、學費）申請可通過
- 網購消費限制於希臘本地企業，不得匯出國外
- 銀行轉帳須經政府特設資本管制審查委員會批准

制度邏輯：

政府目的在於「防止資金在未協商完成前全面逃出體系」，也為爭取談判籌碼，採用「行政手段延長資金停留時間」。

真實效應：

- 企業營運困難，尤其進口商無法付款給外國供應商
- 出國留學與移民資金幾乎無法外匯，須尋求地下通道
- 投資信心崩潰，房地產大規模下跌、外資全面退場

希臘經驗告訴我們：即使是歐元體系成員，也會進入「系統性資金凍結」狀態。

黎巴嫩 2019 至今：慢性資本控制與民間絕望

黎巴嫩是一個活生生的例子，說明「資本控制並不總是突發性啟動，而可能以慢性腐蝕形式蔓延」。自 2019 年該國爆發政治與金融危機以來，黎巴嫩政府未宣布法定資本控制，但銀行事實上已全面封鎖存款。

第十一章　制度困局與避險路線圖

制度劇本特徵：

- 商業銀行拒絕客戶提領美元現金，甚至限制本幣存款
- 國際匯款被拒或大幅延遲
- 人民如需取出大額存款，須按黑市價格折算大幅貶值之本幣

結果：

- 資產在帳面上存在，但「無法取出」
- 銀行變成法律允許下的資產監禁機構
- 高資產者大量湧入瑞士、阿拉伯聯合大公國與賽普勒斯申請第二護照與離岸帳戶，產生移民潮與社會撕裂

下一個風險區域：誰可能進入制度控資時代？

根據 2024 年世界銀行與國際清算銀行（BIS）報告，目前三個最需關注的潛在資本管制高風險國家為：

- 阿根廷：通膨年率破三位數、黑市匯率長期與官方脫鉤
- 土耳其：央行外匯儲備低、利率政策反常、國內通膨高燒不退
- 斯里蘭卡／非洲數國：債務違約頻傳、對外償債能力低、貨幣快速貶值

雖然這些國家目前尚未全面鎖資，但其貨幣政策與金融體系已出現「制度干預型資本封鎖」的預兆。

第二節　資本管制劇本解析：冰島、希臘與下一個國家

> 資產的真正風險，不在市場，
> 而在制度改變

金融危機會殺死資產，但制度風險會凍住資產。當帳戶裡的錢不能動、資產不能轉、法律允許政府或銀行拒絕支付，那麼「擁有」已不再等於「可使用」。

我們不應等到政府公告才發現風險，而應從制度演化邏輯中預測「資本即將被控制的訊號」，並提早進行地域分散、資產層次設計與多重帳戶配置。

資本管制風險預測表

預測指標	潛在信號解釋	建議應對動作
外匯存底快速下降	代表央行干預空間降低，貨幣穩定性惡化	提前配置避險資產與外幣帳戶
主權信評遭下調	市場對該國還債能力產生疑慮，資金避險上升	評估信評波動國家之資產曝險
熱錢大量撤離	投資人信心轉弱，外資流出速度過快	控制資產集中區域，啟動資金再分配
國債殖利率大幅上升	代表政府借貸成本劇升，財政壓力加劇	減少本地債券曝險，改為短期流動型標的
匯率短期劇烈波動	反映資金逃離或干預失靈，央行難以控盤	分批進行資產轉移與備援通道開通
政府公布臨時資本項管制	顯示政策進入緊急管控狀態，法規動態頻繁	關注官網與公文公告，隨時備份可轉資產
進出口結算改以本幣要求	反映外匯壓力導致強制本幣流通機制	尋找可操作的多幣別結算平臺

第十一章　制度困局與避險路線圖

預測指標	潛在信號解釋	建議應對動作
加密資產交易所遭關停或收編	政府限制資本自由轉換與匿名交易空間	將熱錢資產轉入冷錢包並實體備份
大額現金提領異常限制	預防資金轉移但形成取現恐慌與信任危機	預留必要生活現金與第三方支付額度
金融帳與經常帳同時逆差	經濟體對外流入不足，平衡機制失調	減少新興市場配置，短期聚焦於流動性保障

第三節　個人財富如何在制度轉換中存活？

不是你失去了錢，而是制度讓你不能動用錢

當資本管制出現、帳戶被凍結、金融機構拒絕付款，財富從「擁有」瞬間變成「無用」，即便資產還在名下、金額沒有消失，卻已經失去流動性、可操作性與實質價值。這正是制度風險最具殺傷力的地方：它不是市場風險，而是行動權的剝奪。

過去的資產配置模型，強調風險報酬比、資產類別分散、地區成長潛力；而未來的資產存活策略，必須進入一個新維度：制度穿透力、監管免疫性與法域容忍度。當制度轉向、稅法變動、金融資訊透明化與帳戶監控普及，個人的財富若未及早做出防線設計，即可能被完全「架空」。

本節將聚焦於中高資產個體如何在制度轉換中生存下來，從法規變動預警、資產層次配置、帳戶組合設計到身分與法域多元化，打造一個即使在制度劇變下也能維持財務自由的個人資本防線。

制度轉換四大主軸：從透明到控資的漸進式框架

根據 OECD 與 IMF 的分類，制度性風險並非一夕之間爆發，而是分階段出現，通常會沿著以下四個階段推進：

第十一章　制度困局與避險路線圖

資訊揭露期（Transparency Phase）

- CRS（共同申報準則）上路，海外帳戶需回報稅務資訊
- UBO（實質受益人）法規上路，離岸公司與信託需揭示實控人

課稅強化期（Tax Enforcement Phase）

- 海外所得回溯稅、反避稅條款（CFC）、最低稅負制實施
- 信託、保險與資本利得納入課稅名單

資本限制期（Capital Regulation Phase）

- 匯出外匯需申報、資本轉移需政府核准
- 銀行設限提款額度與流向

制度懲罰期（Punitive Phase）

- 資產凍結、帳戶停權、名單管理（政治、稅務、投資限制黑名單）

個人若能在第一、第二階段時預作規劃，即可避免落入第三、四階段的困境。

財富存活策略一：
多稅籍、多法域、多帳戶

在制度風險上升的情境下，最基本的操作原則是「不要把雞蛋放在一個監管框架裡」。

A. 多稅籍管理

- 取得第二稅籍或居留身分（例如葡萄牙、土耳其、馬爾他）
- 避險原本居住地的稅收與監管變化
- 可搭配「稅務居民身分選擇權」安排年度報稅策略

B. 多法域帳戶

- 在不同司法管轄區（如新加坡、瑞士、阿聯、英屬維京群島）開設個人或法人帳戶
- 分層放置資金，例如日常操作資金、避險資金、信託資金各自分開

C. 帳戶類型多元化

- 結合私人銀行、數位銀行、虛擬資產錢包與家族信託
- 使用多幣別帳戶與資產型帳戶（如黃金保管帳戶、基金避險池）

財富存活策略二：
資產「可轉移性」優先於「收益性」

在高風險時代，「收益高」已不等於「價值高」，因為沒有可轉移性，收益無法實現；無法變現，就是紙上富貴。

具備高可轉移性的資產包括：

- 實體黃金、鑽石與貴金屬（可攜帶、可在多地兌換）
- 國際通行型基金或 ETF（如愛爾蘭註冊的美股 ETF）
- 數位資產（比特幣、以太幣）搭配硬體錢包或多重簽章帳戶

第十一章　制度困局與避險路線圖

- 可跨法域交易的不動產信託憑證或離岸金融工具

反之,不具可轉移性的資產包括:

- 高度依賴本地法規的不動產
- 無跨國法律保障的私人借貸憑證
- 高稅賦國家的高現金流但高課稅保單產品

財富存活策略三:建立「制度風險應變計畫」

與自然災難一樣,制度災難也需要演練與預案。建議個人或家族建立如下應對架構:

風險監控機制

- 訂閱財政部、國際組織稅務通報
- 建立一頁式制度風險儀表板(如 CRS 國家名單變更、外匯限制新聞)

財富流動模擬

- 模擬若今日帳戶被凍結 90 天,資金如何周轉
- 若出現提款上限,哪筆資產先動用?

緊急轉移機制 (Escape Plan)

- 雙重帳戶轉移路徑(如新加坡→杜拜→瑞士)
- 預備轉帳文件與授權文書預先設立(如簽署公證委託書、POA)

臺灣實務觀察與高資產階層行動實例

臺灣高資產族群近年開始擴大資產外移比重，以下為常見動作組合：

- 新加坡家族信託設立（配置股利、不動產持股）
- 瑞士或杜拜個人資產帳戶搭配加密貨幣冷錢包
- 香港或盧森堡註冊的控股公司持有海外股票或資產型基金
- 搭配葡萄牙或阿聯的黃金簽證，以取得第二稅籍轉移空間

這些組合的核心，不在「逃稅」，而是「避系統風險」，確保在制度突變時，資產與人都保有操作選項。

在風險時代，財富自由的前提是制度穿透力

若你無法預測制度風險，那麼你至少該擁有穿透制度的能力；若你不能掌控政策改變的方向，那你至少要建構一個不被單一制度困住的財富系統。

財富自由不是資產總額，而是你能否在任何制度下，保有行動權與選擇權。

第十一章　制度困局與避險路線圖

資產可轉移性風險矩陣

資產類型	轉移可行性	主要障礙或風險	合規轉移建議
本地銀行存款	高（受限於提款／匯出限制）	匯出金額受控、臨時凍結風險	設立跨法域帳戶結構並預留緩衝金流
境外帳戶資金	中高（依稅籍／合規文件）	CRS／FATCA／稅務交換與外匯申報義務	文件齊全、提早規劃稅籍／資金來源說明
不動產	低（須過戶與公證程序）	過戶流程繁瑣、遺產稅與契稅限制	提前設立家族信託或遺囑信託結構
保單（投資型／儲蓄型）	中（轉讓受條款與稅負限制）	提前解約損失、稅賦與受益人設計複雜	設計受益人分層、搭配保費信託避險
上市股票	高（交易市場透明）	須實名且資本利得須申報	集中帳戶管理、設稅務追蹤與證明備查
未上市股權	低（估值與股東協議受限）	估值不易、轉讓流動性差、涉關係人審查	設立持股平臺並評估提前轉讓成本
加密貨幣（熱錢包）	中高（鏈上可即時轉移但監管風險高）	平臺違規封鎖、轉帳記錄追溯、稅負不明	分散錢包設計、啟用隱私協議與資產隔離策略
加密貨幣（冷錢包）	高（完全個人控制）	私鑰遺失風險、遺產無法解鎖	備份私鑰與授權人機制、信託協定保全
黃金與貴金屬	中（實體運輸與報關問題）	運送風險與真偽爭議、保險與申報問題	以專業第三方保管、搭配報關文件與隨身運輸
藝術品與收藏品	低（鑑價、法律爭議、跨境難度高）	法律地位模糊、價值主觀、難以強制執行	搭配藝術品信託與跨境鑑價憑證

第四節　法律灰區的避險操作：你必須知道的現實

不違法 ≠ 無風險：現代財富的模糊邊界

在高監管時代，資產安全的威脅不再來自於非法行為，而常常來自那些「還沒有被立法限制」或「法規尚未明確定義」的操作地帶。這些操作看似合規、實際執行多年也未被懲罰，但一旦風向轉變、制度收緊，過去的默許就可能變成今日的追溯與清算。

這些灰色操作手法往往具備三種特徵：法規尚未完全禁止、跨境執行難以即時監控、風險外部化於法律變動與政策轉向。本節將揭開這些避險策略背後的現實輪廓，並以風險程度為軸，釐清哪些操作應視為警訊、哪些可納入合法設計邏輯。

灰區一：離岸公司與實質受益人制度的對撞

過去二十年，離岸公司一直是高資產人士與企業常用的資產持有工具。透過開曼群島、英屬維京群島（BVI）、貝里斯或香港註冊控股公司，不僅可避開本地稅制限制，還能有效進行資產隔離與匿名持有。

然而，隨著 UBO（Ultimate Beneficial Owner）制度上路，全球已有超過 110 個國家實施實質受益人揭露登記制度。這代表著：

- 名義董事／代理人／控股架構不再具備資訊屏蔽效果
- 政府機關可透過 CRS ＋ UBO 聯合資料庫交叉比對
- 雖未違法，但未揭露＝高風險帳戶，可能遭銀行標記與監管封鎖

應對策略：

- 使用可揭露但具信託防護力的架構（如新加坡家族信託）
- 雙層公司結構中，UBO 公開者與資產受益者分離處理
- 定期更新法人實益資訊並與銀行保持一致資訊版本

灰區二：加密資產與跨國稅務透明的斷層

加密貨幣（如比特幣、以太幣、USDT 等）提供了某種「非國家貨幣系統下的財富儲存空間」，也因此成為高資產者進行資產分散與匿名配置的避險管道。

但這類資產的灰色風險不在於其「違法性」，而在於全球各國對其稅務與報備規範尚未完全同步，造成：

- 某些國家（如美國）視加密貨幣為資本財並徵稅
- 某些地區（如阿聯、葡萄牙）仍未課徵資本利得稅
- 某些司法轄區未納入 CRS，難以跨國掌握錢包資訊

風險警訊：

若加密資產未申報即轉為法幣或進入銀行體系，即構成洗錢疑點資金，將觸發 KYC ／ AML（反洗錢）流程，帳戶可能凍結或需解釋資金來源。

應對策略：

- 使用合法註冊的虛擬貨幣交易所，確保交易紀錄完整
- 錢包地址與身分資訊綁定，避免出現黑箱轉移
- 可將加密資產納入家族信託或離岸基金，進行專業管理與報備設計

灰區三：保單與基金帳戶的穿透性升高

許多高資產人士透過人壽保單、海外基金平臺進行資產轉移與財富傳承，尤其利用保單現金價值遞延、投資型保險帳戶（PPLI）、基金平臺匿名代管作為分散工具。

然而，近年歐盟與 OECD 針對此類金融商品的透明化要求已快速提高：

- 投資型保單需揭露資產配置細項與資金來源
- 私人保單帳戶納入 CRS 交換範圍，香港與盧森堡已開放資料交換
- 跨境信託資產若與保單結合，亦需揭示雙重受益架構

風險警訊：

許多早年開立的帳戶或保單「看似合法」，但在制度升級下會被追溯申報，形成稅務補繳或資產凍結疑慮。

應對策略：

- 避免使用僅以「避稅」為目的的保單結構
- 轉向「透明可稽核」的保單帳戶，並搭配合法信託設計
- 所有帳戶與商品應能對應合法資金來源說明

灰區四：利用「名義合法」架構進行功能性資產分離

這類操作方式通常包括：

- 以子女或親友名義開立帳戶，但實際資金控制仍為本人
- 以境外公司購買不動產並進行自住或個人使用
- 在未移居狀況下使用境外身分操作「稅籍套利」行為

這些手法看似未違法，但一旦出現帳戶風險事件（如凍結、查核），將因「實質課稅原則」而被回溯定性為逃漏稅或虛構行為。

風險警訊：

- 銀行開戶 KYC 時出現「資金擁有者與使用者不同」即為紅燈
- 子女帳戶若出現大額交易或與父母帳戶高度連動，將被視為「規避監管」意圖
- 使用境外身分進行本國交易，若無實際居留紀錄，將被追稅與罰鍰

應對策略：

- 使用合規架構（如三層信託＋控制型家族公司）進行功能性資產分離
- 明確界定每一筆資產的擁有者、管理人與使用者權限
- 落實所有交易之書面契約與資金流對帳紀錄

法律灰區，不是機會場，而是風險場

「看起來沒事」並不代表真的安全。

現代財富管理不再只是法律技術的比拼，而是制度趨勢的預判與風險容忍度的調校。

當你處在法律灰色地帶，你的財富就在「政策變臉」與「監管升級」的風口浪尖。最聰明的做法不是找漏洞，而是提早預演制度變動，將灰區操作轉為白區結構化設計，用合法架構承載實際目的。

法律灰區風險對照表

灰區行為或制度	法律爭議點	潛在風險層級	監管機關或法源依據	建議應對措施
跨境資產未申報	是否觸犯財產來源不明或逃漏稅	高	財政部／所得稅法、洗錢防制法	主動申報與資產揭露、保留來源證明
持有未實名加密錢包	是否等同匿名帳戶被監管視為可疑	中	金管會／加密資產管理辦法（草案）	導入實名錢包並分離交易與儲存帳戶
利用第三方名義開設帳戶	是否構成規避金融實名或實質受益人條款	中	金管會／實質受益人登記規定	避免長期委託名義操作，進行合規規劃
境外公司繞道內地投資	是否違反投資審查或反避稅條款	高	經濟部／境外投資審查、CFC 制度	補足申報與揭露義務、法律顧問協助

第十一章　制度困局與避險路線圖

灰區行為或制度	法律爭議點	潛在風險層級	監管機關或法源依據	建議應對措施
私人買賣加密貨幣未報稅	是否須申報財產交易所得稅與所得類別定義	中	國稅局／所得稅法第 14 條、第 26 條	記錄所有買賣紀錄並試算潛在稅負
自建信託未登記稅籍	是否具備法律效力與可監管性	中	信託法、稅捐稽徵法	補登登記並檢討法律效力
海外保單未納入財產清冊	是否隱匿財產與有意逃漏稅	中	遺產與贈與稅法、所得稅法	申報年度資產表並合法納稅
在非監管平臺進行高額交易	是否落入洗錢防制法與外匯管理規定	高	金管會、洗錢防制法、證交所交易規則	轉向合規平臺並分批控額
使用現金密集業務洗淨資產	是否違反金流申報與反洗錢監管	高	洗錢防制法、現金交易申報規則	設立現金紀錄與單據追溯流程
透過 NFT 轉移資金	是否構成無形資產操控與洗錢漏洞	高	金管會、NFT 定性研議中、加密資產草案	與稅務律師確認 NFT 交易法律定位與申報義務

制度穿透檢核表

檢核面向	高風險徵兆	檢核建議對策
實質受益人辨識	未登記實質受益人或長期以他人名義控管	完成 UBO（最終受益人）制度登記並保留證明文件
跨境資產資訊交換	使用非 CRS 法域但有明顯交易連結	釐清資金流向與實際控制關係，主動申報必要連結

第四節 法律灰區的避險操作：你必須知道的現實

檢核面向	高風險徵兆	檢核建議對策
稅務居民身分認定	無明確主稅籍、持有多重身分未申報	主動判定主稅籍國，避免稅務漂浮狀態
帳戶凍結授權機制	帳戶設計可由平臺一方單邊凍結	了解所在平臺凍結權限與爭議處理條款
雙重課稅協定適用狀態	無 DTA 保障，導致多重稅負或報稅重複	查閱雙邊 DTA 與 CRS 清單，規劃稅務與投資地位
金融實名與 KYC 強度	開戶門檻低但查核程序寬鬆	選擇具完整 KYC、審核與審計流程之平臺／銀行
信託或法人穿透能力	信託架構未披露控股關係或資產來源	建立穿透圖與法律說明備忘錄（包括信託說明）
數位資產合規登錄	未登錄冷熱錢包地址、交易紀錄未揭示	盤點所有錢包地址與平臺，統一合規策略
合規報告義務頻率	僅年度報告且無中途變更機制	引入自動化報告系統並設立變更監控流程
資金出入境管制彈性	單一國家外匯規範限制嚴重	規劃多法域資金進出備援方案與合規通道

第十一章 制度困局與避險路線圖

第五節　防堵財富流失的家庭資本守則

財富真正的敵人不是市場，而是缺乏架構

你可能辛苦打拼數十年累積下資產與現金流，但當稅制一改、制度一變、帳戶一凍，這些辛苦得來的財富就可能瞬間失去流動性、被重新課徵，甚至無法順利傳承給下一代。對家庭來說，真正的資產流失不在於投資失利，而是架構不明、風險未預判、制度不相容所導致的隱性崩毀。

本節將整合前述章節概念，提出一套五大家庭資本守則，搭配具體執行策略與常見架構配置方式，協助中高資產家庭設計能穿越制度、對抗不確定、並可代際延續的資產系統。

守則一：資產要分層，而不是分項

大多數家庭資產分類是「列出項目」——房產、股票、存款、保單、基金……但真正有效的方式是分「層級」——根據風險與流動性的不同，把資產拆成三層：

日常流動層（可即時應變）

- 臺灣銀行帳戶
- 具快速變現能力的股票與基金
- 緊急醫療與教育準備金

中期防禦層（可三至六個月啟用）

- 海外帳戶與多幣別資產
- 實體黃金、數位資產冷錢包
- 準備用於風險調度或危機轉進的資源池

長期保障層（不可隨意動用，但需制度保護）

- 家族信託
- 海外控股公司或境外家辦架構
- 房產與長期退休資產（如年金型保單）

核心原則是：每層資產皆有不同目標與操作路徑，不能讓整個資產架構「一條鎖鏈，斷一節就崩潰」。

守則二：帳戶要跨區，而不是多地

很多人以為資產分散就是開很多帳戶，但真正的分散，是要跨法域、跨制度、跨稅籍設計。否則，你在不同銀行開十個帳戶，若都在同一制度下，當地政府凍結權限一啟動，你的十個帳戶等於零。

建議架構：

- 臺灣日常銀行＋數位銀行（如 Line Bank）處理基本生活與現金收支
- 新加坡／瑞士／杜拜等高信賴司法管轄區之私人銀行帳戶，用於資本配置
- 結合香港、盧森堡或阿聯基金平臺，提供資產避稅與稅籍中立的空間

第十一章　制度困局與避險路線圖

- 若持有數位資產,建議以冷錢包＋多重簽章錢包＋區塊鏈分析合規交易所三合一設計

這種帳戶布局方式,才能真正「分布在不同制度中」,不怕單點失守導致全體受損。

守則三:架構要合法,而不是靠避法

在全球 CRS、FATCA、UBO 與 CFC 制度逐漸緊縮下,過去那種「邊界操作」的灰色結構早已風險升高,現代避險不是「不讓人知道你有錢」,而是「讓你即使被知道,這筆錢也無法被凍結、不能被課錯稅、不能被誤認為非法來源」。

合法架構設計重點:

- 使用透明稅務結構:如在新加坡設立家族信託,定期回報資金運作但保留控制權
- 避免空殼公司與代理人董事制度,轉向「功能型持股公司」加上「具實質營運內容」的架構
- 保單、基金與不動產架構皆需有資金來源證明、受益人清單、移轉路徑文件

白化架構≠曝露風險,反而是讓資產更具正當性與抗風險性。

守則四：文件要準備，而不是臨時找律師

家庭財富系統常見風險不在資產內容，而在文件系統。例如：家庭資產已設信託，但未同步更新受益人資料、董事會決議、稅籍變更通知……導致關鍵時刻資金卡關。

必要文件清單：

- 法定代理授權書（Power of Attorney）
- 預立遺囑與海外資產繼承聲明
- 雙語版受益人清單／資金流文件／不動產所有權說明
- 加密資產轉移授權規則與多簽帳戶管理公約

這些文件不只是法律依據，更是資產可以「動得了」的實質憑證。尤其在海外法域中，沒有書面就沒有權利。

守則五：家族要共識，而不是個人戰略

家庭資產最常發生的崩解，不是被稅局攻擊，而是被自己人拖垮。父母設計了一套信託系統，子女不知情或無心維繫；或子女出境定居，資產移轉因文件不符而無法生效；更常見的是，家族成員對於風險容忍度差異過大，導致資產策略內部瓦解。

建議制度：

- 每年至少一次「家庭資產會議」，更新資產布局、政策變動與帳戶狀況
- 成員間對各層資產操作有基本認知與法律文件副本

第十一章　制度困局與避險路線圖

- 引入專業家族辦公室或信託律師作為中立顧問角色,避免單一家庭成員主導資產調度

家庭資產守則的核心,不是讓資產「只屬於我」,而是能有效穿越時代、制度與代際,為整個家庭提供長期保護力。

資產的核心不是金額,而是結構與可用性

風險時代不是不能擁有資產,而是不能讓資產「不具備穿透力」。當制度變了、規則變了、邊界變了,你要的不是比別人更會藏錢,而是比別人更懂得用合法、透明、結構優先的方式,將錢留在自己能控制的安全範圍內。

家庭資本守則的意義在於:你今天所設計的架構,將成為未來十年你與下一代財務自由的底線。

家族資產會議指引表

會議主題	建議主持人角色	討論內容重點	建議頻率／時間
資產現況盤點	財務顧問／長輩代表	所有帳戶、資產、保單與負債全面揭示與清單彙整	每年一次,與財報同步
信託與保險架構說明	法律顧問／信託業者	信託結構如何運作、何時啟動、誰可受益;保單條款可否整合進遺產轉移	三年檢視一次,有調整即更新
帳戶風險與備援計畫	資安／金融顧問	哪些資產可凍結、哪些可即時動用;建立緊急轉帳／控制權轉移計畫	每半年更新一次

會議主題	建議主持人角色	討論內容重點	建議頻率／時間
遺產與財產分配原則	家族代表／稅務顧問	原則性分配比例、是否有特別交代、二代／三代是否設指導期或條件繼承	每五年一輪／重大健康事件即檢討
家族使命與資本願景	第二代成員／顧問協調人	討論家族長期價值觀、是否設立家族基金、公益或教育資產目標	五年回顧一次，交替世代同步
繼承人選與角色設計	律師或信賴中立第三方	誰可接班？誰參與決策？是否設雙簽制度與角色輪替機制	關鍵時刻安排，如健康轉折或進入企業治理期
資產轉移稅務規劃	稅務師／國際事務顧問	稅負最低轉移策略、雙邊協定影響、保費與信託成本規劃	每年稅務申報前後各一次
突發事件應變機制	企業顧問／緊急聯絡人設計師	若突發死亡／政變／凍結帳戶，應由誰出面？如何處理文件與資產？	每年演練一次，更新聯絡人與文件
跨境資產控管機制	境外顧問／國際律師	哪些資產需分地持有？哪些稅系需要多重身分／合規調整？	政策或身分異動即啟動
年度資本績效回顧與調整	資產管理人／會計師	每年一次會議，盤點資產報酬、目標達成度、策略更新與風險重排	每年底與財稅規劃同步

第十一章　制度困局與避險路線圖

多法域帳戶與風險對照總覽表

帳戶所在地法域	帳戶特性	凍結風險等級	資訊交換壓力	政治風險與穩定性	建議用途
臺灣	高度法規透明、CRS 簽署國、凍結風險中等	中	高（CRS）	高穩定	國內生活帳戶與報稅用途
新加坡	CRS 參與國但金融隱私仍佳、資產保護法制成熟	低	中（CRS）	穩定	國際理財中心、移居籌劃與信託平臺
瑞士	非 CRS 但強銀行保密法、稅務交換有限	低	低（非 CRS）	穩定	資產長期保值與離岸金融信託
香港	金融制度健全但近年政治風險升高	中高	高（CRS）	中等偏不穩定	企業財資操作與華人資產轉移中介
杜拜	非 CRS、財富保護政策友善、透明度低	低	低（非 CRS）	穩定	高資產人士資金避險與資產傳承
開曼群島	離岸架構核心地、稅務申報與信託設計自由高	低	中（視結構而定）	穩定	架構公司、信託與海外 IPO 前置
美國	FATCA 主導國、資訊交換壓力高、稅監嚴格	高	極高（FATCA／CRS）	穩定	全球投資與商業操作、但合規壓力高
英屬維京群島	離岸地位強、政治穩定但受制英國法	中	中（CRS）	穩定	家族信託與私人財團架構

第五節 防堵財富流失的家庭資本守則

帳戶所在地法域	帳戶特性	凍結風險等級	資訊交換壓力	政治風險與穩定性	建議用途
列支敦斯登	資產保護等級高、信託與家族辦公室制度健全	低	低（非主動交換）	高穩定	超高淨值族群的私人銀行首選地

第十一章　制度困局與避險路線圖

第十二章
數位貨幣與透明經濟的陷阱

第十二章　數位貨幣與透明經濟的陷阱

第一節　CBDC 與你資產的透明化風險

當貨幣可以被「設計」，自由就可能被「收回」

過去我們習慣把「數位貨幣」與「去中心化、隱私、自由」畫上等號。比特幣的崛起曾讓人們相信，貨幣未來可以不再由政府控制。然而，CBDC（中央銀行數位貨幣）的出現，顛覆了這種期待。

CBDC 不是比特幣，它是「國家設計出來的數位現金」。這種貨幣不是存在於你私人的冷錢包，也不是你能匿名流通的資產，它是可追蹤、可監控、可設定使用範圍的「可編程貨幣」。

這節，我們將分析 CBDC 如何運作，與傳統現金或虛擬貨幣有何不同，它對你的資產會造成什麼樣的透明化風險，並以中國 e-CNY、歐洲數位歐元、英國 Britcoin 與印度 e-Rupee 等全球試點為例，揭示這場看不見的監管升級。

什麼是 CBDC？不是只是「電子錢包」那麼簡單

CBDC 是由國家中央銀行直接發行與控管的法定數位貨幣，其結構與傳統電子支付最大差異在於：

- CBDC 是「帳戶直連中央銀行」，不經過商業銀行中介

- 交易資訊由政府即時掌握,包括金額、時間、對象、地點
- 每一筆貨幣皆可設計「有效期限、使用限制、對象指定」
- 資產可因政策、命令、評分等因素被凍結、限用、沒收

這意味著,在 CBDC 體系下,「擁有資產」≠「可以自由使用資產」。貨幣從此不再只是中立工具,而是政策延伸的控制裝置。

中國 e-CNY:控制力最完整的 CBDC 樣板

中國是目前 CBDC 開發最成熟且應用最廣泛的國家。其「數位人民幣」(e-CNY)已在超過 25 個城市試點,涵蓋交通補貼、醫療支付、購物折扣、跨境支付等場景,並與 Alipay 與 WeChat Pay 整合。

關鍵特徵:

- 分層匿名制:小額交易匿名,大額須實名綁定,實際上只「有限匿名」
- 用途中設計:如政府補助金只能用於指定食品、學費、社福用途
- 時間限制功能:發放的 e-CNY 若未於期限內使用將自動失效
- 資產可即時凍結/退回:司法或行政命令下,一鍵凍結帳戶並撤回資金

這套機制讓政府能「動態管理流動性」,但對個人而言,卻等於資產控制主權被收歸國家。2022 年上海封控期間,部分市民發現已入帳的 e-CNY 無法用於超市以外消費,引發關於「貨幣自由」的爭議。

第十二章　數位貨幣與透明經濟的陷阱

歐洲與英國：數位貨幣的「金融監管擴權化」

歐洲央行（ECB）已於 2023 年完成數位歐元「調查階段」，預計 2025 年前推動正式發行。其強調四大原則：

- 使用便捷性類似現金
- 防止銀行擠兌機制（設轉帳與儲值上限）
- 政府可調整持有門檻與轉帳額度
- 商業用途交易資料需即時回報央行

英國提出的「Britcoin」亦以「防洗錢、促金融穩定、應對新型詐騙」為主軸，開發具追蹤、辨識、可停用功能的數位貨幣系統。這些設計目的在於強化政府對金融風險的掌握，但同時也為國家進一步介入私人資產與交易開了後門。

印度 e-Rupee 與強制數位化的另類實驗

印度是全球推動現金退出最激進的國家之一。2016 年政府突然宣布廢除 500 與 1,000 盧比紙鈔，造成數百萬人陷入現金困難；此後推動 e-Rupee 作為 CBDC 主體。

2023 年起，印度政府開始以鼓勵措施推廣 e-Rupee，例如：

- 政府補貼計畫只透過 e-Rupee 發放
- 政府採購與報帳需使用數位貨幣工具
- 大型支付平臺如 Paytm 被強制整合數位錢包與政府監控模組

這種政策下的數位化雖提高交易效率，但實際上已讓金融系統由「市場驅動」轉為「政策驅動」，個人資產與收入再也不是私密帳戶內的自由，而是政府授權可見的「透明點數」。

透明經濟＝易於管控，而非必然進步

CBDC 所引導的未來，是一個所有金錢都有使用記錄、交易路徑與行為偏好都可建模的社會。在這樣的體制下：

- 你的消費行為可作為信用評分依據
- 你的資產流動可被視為潛在風險異常
- 政府能根據你的「政策忠誠度」或「社會行為」決定你能否使用錢

這不是科幻小說，而是現實中多國的制度設計草案內容。當貨幣變得「可設計」，人就不再是自由使用金錢的個體，而是被演算法分類與引導的政策單位。

你需要的不只是金融知識，而是制度識讀力

CBDC 本身不是邪惡的技術，但當它被結合政治目標、法律擴權與數據模型，就可能成為最強大的資產監控工具。透明經濟不是錯，但若沒有對等的個人隱私保護機制，它將淪為單向透明、單邊監管的資產威權。

未來幾年內，多數國家將陸續導入 CBDC。你無法阻止它，但你可以提早調整資產架構，確保不是所有財富都被鎖進「可預測、可凍結、可追蹤」的單一系統。

第十二章　數位貨幣與透明經濟的陷阱

數位貨幣比較表

比較項目	CBDC	穩定幣（如 USDT）	去中心加密貨幣（如 BTC）
發行主體	中央銀行	私營公司（如 Tether）	去中心化社群
是否具法償地位	具法償地位	無法償地位	無法償地位
價格穩定性	高（與本國貨幣掛鉤）	中高（與美元掛鉤）	低（高波動性）
去中心化程度	低	中	高
身分匿名性	低（結合實名身分）	中（視錢包／平臺）	高（匿名或偽名）
監管合規性	高（法定框架內發行）	中（部分地區認可／限制）	低（多數未納入合規）
技術底層	集中帳本或聯盟鏈	公有鏈如 Ethereum	公有鏈（PoW／PoS）
主要應用場景	政府補助、國內支付、公債發行	交易對、穩定價錨、跨境結算	價值儲存、資本避險、DeFi 應用
使用限制能力	強（可程式化控制）	部分可限制（平臺層面）	弱（無法限制）
跨境流通自由度	中（依國策而異）	中高（依發行商與地區）	高（無國界）

帳戶可控性風險矩陣

帳戶類型	控制權來源	風險說明	可控性評級（1低－5高）	備註建議
本地銀行帳戶	銀行與國家法規共管	遭凍結／資本控管風險高	2	應設第二層帳戶備援機制

帳戶類型	控制權來源	風險說明	可控性評級（1低－5高）	備注建議
數位銀行帳戶	平臺自營＋金管會監督	高流動性但具平臺風險	3	啟用 2FA、定期清帳並搭配冷錢包
境外外幣帳戶	受當地法域與國際協議限制	易受 CRS／FATCA 影響與跨境流通限制	2	應評估當地政治風險與稅制連動性
加密資產熱錢包	平臺或交易所控管（視是否保管型）	駭客攻擊、平臺倒閉或政府凍結資產風險	3	避免高額久留、風險隔離必備
加密資產冷錢包	私鑰全由個人掌控	需負責私鑰保管，遺失即全失	5	定期備份助記詞、模擬私鑰轉移演練
第三方支付平臺（如 PayPal）	平臺帳戶，依其使用條款執行	可能無法提領或遇封鎖、監管要求配合	2	僅存短期周轉資金、設額度通知
家族信託帳戶	法律結構下由受託人與委託人共控	視合約設計，靈活度受限且轉移需法律程序	3	合約應設彈性條款與緊急應變權限
保險型儲蓄帳戶	受保險契約與資金鎖定條款控制	提領限制與稅賦／年期約束重	2	納入家族資產整體規劃並設稅務轉換機制
實體黃金儲存帳戶	倉儲公司或銀行托管協議	存取需靠第三方執行，無法即時掌控	1	僅做儲備型配置，不做流動性依賴

第二節　數位貨幣不是比特幣，是國家級監控方案

錯誤的比擬：CBDC ≠ 加密貨幣

「我們即將邁入比特幣時代嗎？」這是許多聽到「數位貨幣」一詞的人最初的直覺聯想。但這個聯想正好成為了制度推動 CBDC 時最有效的心理障眼法。事實上，中央銀行數位貨幣（CBDC）與去中心化加密貨幣如比特幣的原則設計，截然相反，甚至可以說是彼此對立的兩極系統。

比特幣誕生於 2008 年金融海嘯之後，其創辦人中本聰在白皮書中強調的就是去除中央控制、強化個人主權與隱私性。而 CBDC 則是建構於國家絕對主權、即時掌控與可編程貨幣政策的基礎上，它的本質，是一個數位化的、全視角的金融監控工具。

本節將對比比特幣與 CBDC 在制度設計上的根本差異，並揭示 CBDC 作為「國家級監控方案」的實際風險與政策動機，讓你能更清楚地看懂數位貨幣政策背後的真正邏輯。

核心設計對比：去中心 vs. 集中控制

特性	比特幣（Bitcoin）	中央銀行數位貨幣（CBDC）
發行主體	無，透過挖礦演算法分布式生成	政府中央銀行主導發行
帳戶控制權	個人錢包控制，具備私鑰	政府主導帳戶開立與監管

特性	比特幣（Bitcoin）	中央銀行數位貨幣（CBDC）
交易匿名性	可匿名，雖可追蹤但不連結真實身分	實名制，甚至可設定交易條件
可編程性	極少，主要透過合約設計	高度可編程，政府可設定用途、時間、金額等規則
可追蹤性與審查性	可查但需技術手段，難以大規模即時監控	完全可審查與封鎖，資料即時掌握於國家資料中心
使用目的	資產儲值、抗通膨、個人避險	貨幣政策延伸工具、反洗錢、稅收效率與社會治理

這張表說明：CBDC 與比特幣不僅不同，更可能是制度上的對手。比特幣代表去國界的金融自由，而 CBDC 代表在國界內的資產再國有化。

政策動機分析：為什麼各國政府急於推動 CBDC？

防止私人加密貨幣取代貨幣主權

國家擔憂人民轉向比特幣或穩定幣（如 USDT），導致政府失去貨幣發行控制權，進而削弱金融政策效果。

提升徵稅與打擊洗錢效率

每筆 CBDC 交易皆具標籤與身分連結，可大幅提升追稅成功率，打擊非法資金與地下經濟。

強化金融穩定控制

可透過 CBDC 設定「消費期限」、「負利率刺激」、「指定用途發放補助」等功能，精準調節通膨與景氣。

第十二章　數位貨幣與透明經濟的陷阱

作為社會評分與政策工具延伸

在極權或高監控社會中，CBDC 將可與社會信用體系、疫苗護照、行動控制等系統整合，成為一套「政策即支付」的社會工程。

CBDC 試點案例：貨幣即監控的全球真實圖景

- 中國（e-CNY）：設有「可控匿名」機制，小額可匿名，大額需實名，政府仍保有最終追蹤權；官方可限制特定資金流向，例如防堵炒房資金流入房市。
- 奈及利亞（eNaira）：初期推廣困難後政府下令禁止部分私人加密貨幣交易平臺運作，並強制公務員薪資轉為 eNaira 支付。
- 美國與歐洲籌備中：雖官方強調「會保障隱私」，但在國會報告與 ECB 白皮書中，皆承認需「保有反恐與反逃稅的即時監控權限」。

這些實例說明一件事：CBDC 看似提升效率，但其核心設計皆指向「國家可直接動用你資產的能力」。

當貨幣不再中立：個人財富的「行動權」遭限

在傳統體系中，政府需透過司法程序才能扣押或凍結個人帳戶。但 CBDC 時代，這一步驟可以在無通知情況下「技術實現」，理由可能包括：

- 資產來源不明
- 涉及可疑轉帳模式

■ 未配合政策申報或違反社會信用準則

例如：若某地區政府推動環保減碳計畫，CBDC 便可設定「每人每月可使用交通工具的能源扣額」，若超出配額，便限制你的燃料類支出。

這不是未來幻想，已在中國與阿聯的智慧城市試點計畫中進行測試。

數位貨幣的戰爭，是自由與控制之爭

未來十年，數位貨幣不再只是金融科技的領域，而是一場關於「資產控制權屬於誰」的制度之戰。CBDC 若無監督機制與配套隱私法規，其最大受害者將是每一位原本擁有資產主權的個人。

不是所有數位貨幣都能保護自由；只有設計去中心化、具備密碼學保障與透明演算法的貨幣，才具備真正意義上的金融自治。

CBDC vs. 加密貨幣比較總表

比較項目	CBDC（中央銀行數位貨幣）	加密貨幣（Cryptocurrency）
發行主體	國家中央銀行	私人或社群去中心組織
去中心化程度	低（集中帳本管理）	高（多為去中心區塊鏈）
交易匿名性	低（具實名與可追蹤）	中至高（視協議與錢包設計）

第十二章　數位貨幣與透明經濟的陷阱

比較項目	CBDC（中央銀行數位貨幣）	加密貨幣（Cryptocurrency）
法償地位	具法償地位	無法償地位（依國別）
貨幣穩定性	高（與本位貨幣掛鉤）	不一（穩定幣 vs. 比特幣價格波動）
技術架構	可採區塊鏈或集中式架構	以區塊鏈技術為主（PoW／PoS）
監管態度	積極規劃與主導	部分國家禁止或限制
使用情境	跨境支付、國內結算、公部門補助發放	價值儲存、資本避險、跨境轉帳、DeFi 應用
發展目的	數位法幣替代、強化金融監理與貨幣政策工具	建立去中心化金融系統、對抗法幣信任崩潰
風險與限制	隱私權爭議、技術開發成本高、民營金融排擠風險	價格波動大、詐騙盛行、錢包遺失無法找回、監管不確定性高

數位貨幣控制矩陣

控制維度	CBDC（中央銀行數位貨幣）	加密貨幣（Cryptocurrency）
發行與鑄造權	由中央銀行主導，掌控總量與合規性	去中心化開源社群與算法決定發行機制
流通追蹤能力	可全程追蹤交易路徑與流向	交易部分可追蹤，但非全然揭露（視協議）
使用者身分連結	高度實名制，結合國民身分系統	匿名或偽名制，身分不一定與錢包對應

第二節　數位貨幣不是比特幣，是國家級監控方案

控制維度	CBDC（中央銀行數位貨幣）	加密貨幣（Cryptocurrency）
交易時間／地點控制	可設定特定時間／地區才能使用	無法預設使用限制，除非智慧合約中設定
資金有效期設定	可限制資金於特定期間內使用完畢	除穩定幣機制，難以施行時間性控制
支付對象限制	可指定或限制不得向特定對象支付	一般無限制，視平臺或應用場景而定
可編程貨幣功能	支援條件觸發、智慧合約設計分配用途	部分代幣支援，但普遍為開源協議設計
凍結與沒收機制	官方可直接凍結帳戶或追回資金	除非平臺配合，一般無法直接凍結資金
跨境支付限制	依主權政策實施出入境資金控管	除特定穩定幣或平臺，資金跨境高度自由
數據歸屬與主權問題	數據屬於國家或中央發行機構，個人無匿名性	數據多屬公開鏈紀錄，無國家主權主導權

第十二章　數位貨幣與透明經濟的陷阱

第三節　數位足跡與財務評分的新經濟邏輯

財務自由，正在被「信用數據」一點一滴地接管

你是否想過：某一天，你能不能貸款、能不能出國旅遊、甚至能不能買保險，都將不再取決於你的財力，而是你平時的「財務行為」——你買了什麼、在什麼時候買、花錢的方式與對象是誰。

這不再是科幻小說。在一個日漸數位化與透明化的經濟體系中，「財務足跡」已成為你被評分、被分類、被判定風險等級的基礎資料。這不只是金融科技的進步，更是一種以數據治理為基礎的個人信用控制模型。

本節將揭開這套正在全球成形的「數據信用邏輯」，並以中國社會信用體系、印度數位金融架構與新加坡政府資料整合機制為例，說明未來當你的金融行為即是你的人格檔案時，我們該如何理解自由的意義、隱私的價值與財富行動的邊界。

財務足跡，就是你的行為簿記

所謂的「財務足跡」，包含的不只是你的收入與支出總額，而是：

- 每筆消費的地點、時間、金額、類型
- 金融產品的開戶紀錄、投資偏好、風險選擇

- 社交帳戶與金融工具的跨平臺連結關係
- 行為模式的預測與例外差異值（例如：某月支出異常即觸發風險警示）

　　這些數據經由銀行、支付平臺、電商、政府系統與第三方信用評級機構的整合後，就能為每個人建構出一個「財務行為人格模型」。

　　這模型的作用不再只是讓你申請信用卡方便，而是決定：

- 你能否取得貸款（甚至是住宅資格）
- 你保費的多寡與理賠可能性
- 你進入某些職業或金融領域的資格
- 未來是否被納入監管白名單／黑名單

中國社會信用體系：數據治理的極端樣板

　　中國的「社會信用體系」是目前全球規模最大、整合層次最高的個人信用控制系統。其核心邏輯是：將財務、行為、社會參與與個人評價納入統一數據模型，給予每人一組評分與風險分級結果。

　　主要資料來源：

- 支付寶與微信支付的交易行為
- 貸款與儲蓄紀錄
- 交通違規、法院紀錄與行政處罰
- 線上發文內容與社交互動模式
- 工作單位與社會參與紀錄

第十二章 數位貨幣與透明經濟的陷阱

若一個人分數過低，將面臨：

- 無法購票（高鐵、機票）
- 貸款與信用卡審核拒絕
- 學校申請受限、子女教育資源被排除
- 公務職場與高階管理職禁用

這種制度的推動者聲稱「打造誠信社會」，但本質卻是將「個人財務行為」轉化為「制度控制個體行為」的數據工具。

印度信用層級制度：數據貧富分化的加速器

印度在 2010 年後推動「India Stack」與 Aadhaar 生物辨識身分系統，整合個人金融、稅務、健保與教育資料，目的在於提升金融普及率。但同時，也建構出一套信用層級分化的階梯社會。

例如：

- 使用 UPI（統一支付介面）越頻繁的人，在金融產品申請上可快速通關
- 不願綁定 Aadhaar 的人，則難以取得政府補助與銀行授信
- 商戶若未開通數位收款，信用評分將被視為不穩定商戶，進一步被排除於貸款與資源範圍外

這種看似公平的信用制度，實際上將「數位參與能力」轉化為社會分級基礎，讓資料多的人被視為可靠，資料少的人則被視為風險高──即使他們從未失信、從未違法。

新加坡 MyInfo：資料與金融整合的效率典範

新加坡的「MyInfo」系統整合了政府部門、銀行、稅局與教育與移民資料，實現一站式資料認證與金融服務申請。例如：

- 申請房貸可透過 MyInfo 自動填寫所有資料
- 學生貸款、商業登記、保險審查皆可一鍵完成
- 資產與收入可即時查證，防止洗錢與逃稅

該系統提升了效率，但也等於建立了一套由國家與大型銀行聯手掌控的「信用分層資料生態系」。若其中任一單位不承認你的資料，就可能全面阻斷你申請金融產品與參與經濟活動的能力。

這讓人反思：當「被資料驗證」成為參與社會的門檻，我們還剩多少選擇空間？

金融行為數據化的心理影響與隱形風險

當你的財務數據被即時運算、交叉分析、分類分級後，你會自然地開始「自我調整」行為：

- 為了信用分數不降低，你可能避開某些高風險消費行為（即使是正當的）
- 為了保險核保通過，你會壓抑某些真實健康支出或家庭病史
- 為了求職順利，你會清除帳戶中與特定議題／團體有關的捐款紀錄

第十二章　數位貨幣與透明經濟的陷阱

這是一種「數據馴化」。當人開始為了機器評分而活，就等於資產與信用已不再由人主導，而是由資料模型設計你的人生邊界。

你不是被資料統計，而是正在被資料定義

在這個時代，你是誰，不是你說了算，而是你的金融資料怎麼說。未來不是誰有錢、誰沒錢的問題，而是誰的資料夠漂亮、誰的資料被信任。

要重建財務自由，你必須先理解這些資料機器怎麼看你，並思考哪些財務行為是被設計來讓你「看起來值得信任」，哪些則是你內心真實價值的反映。

財務資料治理矩陣

資料類型	保密等級	風險來源	管控建議
會計憑證與發票	中	偽造、竄改、遺失	套用電子簽章與憑證驗證、定期備份
銀行交易紀錄	高	未經授權查詢或外洩	銀行對接 API 控權、角色權限分級、加密儲存
薪資與報稅資訊	高	涉及個資與法規違規風險	敏感欄位脫敏、以密文傳輸、限制留存時間
公司財報與內部報表	高	外流導致股價與信評受損	分層授權與檢視、保密協定與存取紀錄追蹤
投資組合與資產配置	高	資產配置外洩影響競爭力	只對內部指定人可見、投資資料加密存放

資料類型	保密等級	風險來源	管控建議
第三方付款平臺資料	中	平臺資安漏洞與第三方監控	開啟二階段認證、限制單次查詢量與存期
費用報支與預算資料	中	不當報支或假單據風險	建立報支審核 SOP 與單據數位化歸檔
稅務申報與審計報告	高	誤報、漏報或違反稅規	與稅務顧問同步作業、建立版本控管
內部控制紀錄	高	審計追溯與法遵義務壓力	導入審計系統、自動化異常警示流程

個人信用模型風險分析表

風險類型	風險說明	建議對策
數據來源誤差	信用模型使用不準確或過時的財務資料與個資	採用實時資料與多元核實來源，導入異常檢查
過度依賴消費行為變數	將外送頻率、夜間交易等行為誤判為信用指標	限制行為變數權重，優先考量財務穩定性變項
社交與地理數據干擾	位置、通訊、社群等非財務數據錯估信用能力	設置敏感數據屏障與地理匿名化處理
模型過擬合與演算法偏見	模型訓練樣本偏狹、無法泛化至多元族群	導入公平性評估指標與演算法審計流程
資料未經當事人同意收集	未告知即採集用戶行為紀錄，違反隱私與法規	落實 GDPR 等同意原則，設置資料使用彈性機制
分數不具解釋性（黑箱問題）	當事人無法了解或申訴模型評分依據	提升分數解釋透明度與用戶申訴機制
跨平臺信用拼接風險	多方資料來源拼接不一致導致混淆與重複計算	建立資料拼接標準與數據清洗一致性流程

第十二章　數位貨幣與透明經濟的陷阱

風險類型	風險說明	建議對策
模型靜態化導致過時	模型缺乏更新與校正，無法反映當前狀況	設立模型更新週期與自動化再訓練規則
系統性歧視與公平性爭議	特定族群因性別、地區、教育等變數遭到低估	導入差分隱私與公平性再加權技術

社會信用分層表

信用階層	人口比例（%）	可獲得金融服務	信用體系中的角色
頂層信用階層	5	高額低利貸款、黑卡、資產融通、政府投資優待	制度受益者、信用超級節點、資料來源輸出者
中高信用階層	20	中額授信、理財產品、房貸與車貸	信評模範、風控基準層、信貸政策參考對象
一般信用階層	50	基本帳戶、信用卡、分期、保單型借款	信評中位數代表、大眾風險池、金融利潤來源
低信用階層	20	小額高利貸款、預付儲值型工具、風控標記	風險控制樣本、利潤最大化實驗對象
信用排除者	5	無法使用一般金融服務，依賴現金或地下金融	統計遺漏群體、金融排除盲點、非正式經濟主體

第四節　被大數據統治的金融未來

資料不只是資產，而是你未來的命運參數

當我們談論「大數據」時，常以為那是企業行銷部門、政府統計單位或科技平臺的專利。然而，真正對個人產生最深遠影響的，是金融系統中的數據決策邏輯：你的借貸條件、投資資格、保險權益，甚至未來能不能申請移民、教育貸款、出國旅行，都將不再由人評估，而是由機器根據你的歷史資料自動裁定。

大數據結合人工智慧（AI）所驅動的金融演算法正在取代傳統的「經理人審核」、「風控部門判斷」等機制，邁向一個新時代：你的信用與風險，不是來自你是誰，而是來自你「被數據說成什麼樣的人」。

本節將深入剖析這個新型資料治理架構，說明金融系統如何以演算法構建未來，如何透過偏見資料創造制度性差別待遇，並指出我們還能如何為自己爭取剩餘的財務決策權。

金融 AI 如何「看見」你？
資料即命運的時代已到來

傳統金融業者的決策，來自表單資料、歷史紀錄與人工訪談。而在今日，這一切已被機器學習模型取代，以下是你被「看見」的方式：

- 信用評分模型（Credit Scoring AI）：不僅根據還款紀錄，還會評估你搜尋的關鍵字、停留的網頁類型、用戶點擊模式。
- 貸款風險模型（Loan Risk Engine）：根據你住的區域、社群互動模式、電商購買品項決定是否核貸與利率高低。
- 投資預測模型（Robo-Advisors）：你的資產配置將由系統「推薦」，但實際推薦依據來自過去與你類似客戶的集體行為預測，不見得適合你的真實需求。
- 反洗錢模型（AML Monitoring）：任何非典型金流都會觸發警示，甚至凍結；如突然從加密貨幣交易平臺匯入大額資金、在海外不尋常地點刷卡等。

這些模型會不斷根據你的資料行為更新「你是誰」，一旦被系統標記為「高風險用戶」，即使你沒有做錯任何事，也將被限制、拒絕、甚至納入黑名單。

偏見模型的擴大效應：從風險管理到社會控制

AI 不是中立的，它只會反映出資料的偏見，並將其自動化、標準化、系統化。當金融決策被演算法主導，其不公平與歧視效應更不易察覺、更難抗辯。

實際風險包括：

- 族群歧視：有些模型預設某些地區／族裔／性別的違約率較高，即使實際個體表現優異，仍遭集體懲罰（例如某些國家女性信用卡核發率顯著偏低）。

- 階層固化：若你從小資料紀錄就不完整（無信用卡、無薪資戶），模型會自動判定為高風險族群，即便你努力經營，也難以突破得分門檻。
- 誤傷效應：曾經的單一風險行為（如失業一段時間、延遲繳款）將長期被記錄、放大，影響後續所有申請行為。
- 「自我強化」陷阱：機器只根據「過去成功案例」判斷未來資金分配對象，導致資金越來越集中於「看起來風險低」的人，進一步排擠真正需要資源者。

金融決策的未來：從「人管錢」到「數據管你」

在這樣的未來中，金融決策的邏輯將全面轉變：

- 你的銀行不是你的夥伴，而是你資料的演算法審判者
- 你的保險不是為你風險分攤，而是為風險資料分類後的費率懲罰
- 你的投資顧問不再是了解你目標的人，而是推薦給你「類似你」的人買了什麼的程式

你是否可以選擇退出這種資料統治？理論上可以，但在制度設計上，將會面臨以下難題：

- 若你選擇不提交資料，就無法獲得金融產品（信用卡、貸款、保險）
- 若你拒絕綁定政府系統（如 MyInfo、Aadhaar），你將失去大部分公共與商業服務

第十二章　數位貨幣與透明經濟的陷阱

- 若你不與演算法互動，你的信用評分將自動歸類為「低可見風險用戶」，等同被預設為不可信任者

換言之，你不是被允許選擇參與，而是被系統預設「你會參與，且不能脫離」。

> ### 我們還能做什麼？
> ### 建立「資料主權」的財務防線

即使無法完全退出資料治理時代，我們仍能從以下幾點為個人與家庭建立財務決策的自由邊界：

選擇低資料侵入性金融產品

優先選擇不強制綁定社群／定位／大數據分析模型的投資管道與帳戶。

建立非資料導向的資產避險層

如實體黃金、非追蹤性數位資產（Monero、Zcash）、離岸不動產信託等。

理解你的「資料影子」

要求查看你的金融信用資料庫、保險風險評估報告與投資建議模型，確保內容正確，並定期請求刪除或更正（如 GDPR 規範所允許）。

教育下一代資料防衛意識

不讓孩子從一開始就在沒有選擇的資料環境中成長，為未來建立更多身分與數位脫鉤空間。

不是科技剝奪了你自由，是你沒設計出自由的空間

未來的金融社會，不再是「有錢人更自由」，而是「資料可控的人更自由」。若你所有的財務行為都已可預測，那麼你已不具備「選擇」的意義，只有「被安排」的結果。

我們不能與技術對抗，但可以與制度談判——用更深的理解、更早的設計、更好的結構，為自己與家庭保留一塊資料不能控制的資產自由地帶。

個人資料自主防線配置指南

防線層級	主要風險來源	建議工具與策略	落實重點行動
第一層：數位登入與帳號控管	密碼重複使用、未啟用二階段驗證、釣魚網站	密碼管理器（Bitwarden、1Password）、2FA、硬體安全金鑰（YubiKey）	每半年檢查一次帳號異動紀錄與登入地點
第二層：雲端儲存與檔案備份	未加密備份、同步開放共享、裝置遺失	加密雲端服務（Proton Drive、Syncthing）、定期離線備份、啟用儲存設備加密	每日自動同步＋每週異地備份一份，至少儲存兩處
第三層：即時通訊與社群使用	社交工程、公開資訊暴露、通訊軟體未加密	使用端對端加密軟體（Signal、Threema）、社群分級設定、禁用自動同步	通訊 App 與社群設定每月盤點一次公開項目

第十二章　數位貨幣與透明經濟的陷阱

防線層級	主要風險來源	建議工具與策略	落實重點行動
第四層：金流與交易記錄	交易平臺遭駭、個資外洩、監管資料追蹤	使用虛擬卡號、Monero 等隱私幣、離線交易記帳、分帳處理生活與高風險金流	建立生活金流帳／匿名交易帳雙軌使用習慣
第五層：身分認證與設備安全	指紋／臉部被複製、裝置未更新漏洞被利用	開啟裝置生物辨識搭配 PIN、定期系統更新、設備加密、防毒軟體搭配 VPN	裝置統一加密與備份管理、重要資料不上雲端

資料治理風險模型

風險項目	風險說明	建議應對策略
資料集中與單點失效	所有資料集中於單一雲端或平臺，遭攻擊即全面癱瘓	採多雲策略與分散儲存設計，強化系統韌性
跨國資料傳輸與主權爭議	資料流出海外涉及法域差異，違反當地資料保護規定	進行資料跨境風險審查，建立資料主權對照表
第三方服務供應商依賴	SaaS／PaaS 平臺關閉或異常即中斷業務運作	簽署 SLA 與備援計畫，評估服務終止風險
內部人員權限濫用	內部人員存取權限未分級，易造成洩漏與濫用	實施 RBAC／ABAC 權限控管與審計紀錄機制
監管不確定性與合規衝突	國際規範與本地法律牴觸，導致無所適從	設立資料合規小組，定期檢視全球資料政策
資料分類與標籤不明確	資料未設分類等級，無從制定相應保護策略	推行資料分級制度，結合保密等級與應變計畫
AI 模型訓練數據混用風險	模型使用來源不明或含個資，造成法律與倫理風險	使用可驗證資料來源，保存數據使用紀錄與授權書
備份與復原機制失效	備份無異地、無自動測試機制，災難時無法快速復原	建立自動備份與災難演練流程，測試復原時效

第四節　被大數據統治的金融未來

風險項目	風險說明	建議應對策略
匿名化與再辨識攻擊	表面匿名但可透過比對回推身分，形同洩漏	導入差分隱私技術，降低再辨識可能性

第五節　如何讓數位資產保留「隱私性」？

在透明經濟中生存，不能只靠合規，還要靠設計

當你的每一筆消費、每一次轉帳、每一個借貸申請都被系統性記錄，並自動送入國家資料倉、金融聯合徵信與 AI 風險預測模型中時，「財務隱私」已不再是你是否想保留的選項，而是你有沒有能力設計出來的結構結果。

現代資產的核心問題不再是「藏起來會不會違法」，而是「即使公開了，是否仍能保有行動的自由與空間」。

這一節，我們將提出一套合法、實務、可操作的資產隱私設計策略。它不是逃避監管，也不主張匿名至極限，而是在合法與風險可控的範圍內，為你的數位資產保留可選擇的空間 —— 一個資料可控卻不會過度暴露、可稽核卻不會被預設限制的生存界面。

核心原則：隱私性 ≠ 匿名，而是可自我決定揭露程度

在數位金融體系下，「隱私性」不再等同於「完全匿名」，因為極端匿名反而會觸發風控機制（如被銀行標記為高風險資金）。真正的策略，是讓你可以控制「誰能看見什麼」、「什麼時候揭露」、「揭露到什麼程度」，

第五節　如何讓數位資產保留「隱私性」？

這就是選擇性透明設計。

這種隱私性來自四個層面：

- 技術層的加密與錢包設計
- 資產結構層的法域與管理人設計
- 法務層的授權文件與稅務配套
- 文化層的認知與操作習慣養成

工具一：去中心化金融（DeFi）與隱私幣的結合

DeFi（Decentralized Finance）是建立在區塊鏈上的去中心化金融系統，不依賴銀行等中心機構，具備高度彈性與匿名性。

可搭配使用的隱私性資產：

- Monero（XMR）：具備環簽名、隱藏地址技術，是目前最難追蹤的數位資產之一
- Zcash（ZEC）：支援選擇性透明與盾化地址，可靈活設定可見程度
- Dash：具備混幣技術與匿名交易通道，適合短期避險與對內結算

應用方式：

- 建立一個非交易所錢包（如 MetaMask、Wasabi Wallet）
- 將主資產部分轉換為 ZEC／XMR 後存入冷錢包，設定分段資金移轉規則
- 用於家族財務結構中的「選擇性揭露層」（如教育信託金、短期危機預備金）

第十二章　數位貨幣與透明經濟的陷阱

優勢：

- 不易被政府或交易所辨識持有人
- 可實現跨境轉移與高機動資金運用
- 不必完全脫離法幣體系，可用於與法人帳戶結合的轉接平臺操作（如去中心化穩定幣 DAI）

風險控管建議：

- 不超過總資產 15%，作為避險層或「制度變動時的快速調度層」
- 將錢包備份私鑰存於法律授權信封中，由律師或信託人保管

工具二：多重簽章錢包（Multi-Sig Wallet）與資產使用權切割

多簽錢包是一種設定「多人簽名才可動用資金」的機制，可降低單人失控風險，亦可延遲審查觸發點。

實用情境：

- 家族信託：資產由委託人、受託人與法務三方設定 2-of-3 簽名機制
- 企業資本金：董事長、財務長與監察人三方共管，避免單點風險
- 高資產帳戶：本人口令＋受益人簽署方＋律師備援方

配合冷錢包（如 Trezor、Ledger Nano X）與去中心化交易工具使用，可達到「合法監管視野外、但操作仍安全可控」的資產管理效果。

工具三：法域分層結構與國際信託布局

資產的隱私性不只來自技術設計，更來自制度設計與司法分層的配置智慧。建議建立如下結構：

控股公司層（Holding Layer）

　　註冊於 BVI、開曼或塞舌爾等具稅籍中立與 UBO 豁免空間

　　僅擁有非個人用途資產，如 IP、品牌權、授權收入

信託層（Trust Layer）

- 設於新加坡、澤西島或開曼等信託法成熟國
- 擁有具匿名性之資產與明確法律授權文書
- 可納入「資產保密轉移條款」與「災難接管人機制」

操作帳戶層（Utility Layer）

- 設於瑞士、新加坡、杜拜等地私人銀行或數位銀行
- 僅留必要流動性與生活資金，其他資產不置於此帳戶

透過法域重疊與司法分層，即便一國監管政策突變，也難以在無國際法律合作下直接凍結或審查所有層級資產。

工具四：文件與信任制度的可操作化設計

再好的架構若沒有文件支持，危機來時仍會失效。以下為必要文件建議：

第十二章　數位貨幣與透明經濟的陷阱

- 授權簽署文件（Power of Attorney）：指定危機時期可調度資產者
- 資產備忘錄（Asset Memorandum）：列明所有隱私層資產項目、錢包與存放處
- 遺願備案（Letter of Wishes）：說明資產預設使用順序與傳承意圖
- 法務信封制度：將多簽錢包密鑰與緊急授權程序放入雙封制密封，由兩位不同國籍的律師或受託人分別保管

這不僅能維持隱私，更確保資產於你無行動能力時仍不被錯誤凍結或侵占。

不被預設透明，就是自由最後的防線

在制度日漸透明化、監控日漸常態化的未來，真正能保護你的資產不被不當控制的，並不是一紙法律，而是一套結構分層、可操作、跨制度但合法的設計。

我們不能逃離這個數位透明時代，但我們可以決定哪些資產、哪些資訊、哪一部分生活 —— 仍然屬於我們自己。

第十三章
能源危機與新世界秩序

第十三章　能源危機與新世界秩序

第一節　石油、天然氣與戰爭的三角聯動

能源不是戰爭的結果，而是戰爭的起因與武器

在大多數人的認知中，戰爭會導致能源價格上漲。但在地緣戰略的實務場域裡，能源本身就是戰爭的誘因、戰爭的資源與戰爭的工具。從石油主權爭奪的兩伊戰爭，到美國對伊拉克的兩次軍事行動，再到近年的俄烏戰爭與中東衝突，每一場重大軍事行動背後幾乎都牽涉到能源的戰略控制權。

這種三角關係──石油、天然氣與軍事力量──構成了當代世界秩序中最穩定卻最危險的結構性連結。能源既是經濟命脈，也是外交籌碼，更是威懾工具。

本節將聚焦於這三者如何聯動，並以俄烏戰爭、美國頁岩革命與 OPEC+ 的減產策略為分析軸線，說明能源如何從商品變成政治武器，並如何重新劃分全球力量邊界。

俄烏戰爭：能源武器化的 21 世紀範例

2022 年 2 月俄羅斯入侵烏克蘭，震動全球市場。然而，這場戰爭真正打亂的不是戰場邊界，而是歐洲對俄天然氣依賴的整個能源體系。在

戰爭爆發前，歐洲 40％以上的天然氣來自俄羅斯，尤其德國、義大利等國依賴度極高。

俄羅斯的能源戰術包含：

- 北溪一號減供、北溪二號永久中止：透過限制輸出製造市場恐慌
- 以盧布支付令施壓歐盟：迫使歐洲接受俄羅斯貨幣計價
- 與中國擴大能源協議：降低對歐出口的經濟損失，轉向東方

而歐洲的對應策略則包括：

- 啟動 LNG（液化天然氣）進口擴張計畫，向美國與卡達求援
- 重啟部分煤電與核能設施應急（如法國與波蘭）
- 對俄能源實施禁運，卻加劇本地物價壓力與政治矛盾

結果是什麼？

能源不只是供需問題，而是「誰控制誰依賴」的賽局結果。俄羅斯雖短期失去部分市場，但成功拉高全球能源價格，讓自己在制裁中仍保有財政收入；歐洲雖加快能源多元化，但面臨產業外移與通膨上升的雙重壓力。

OPEC+：減產不是為了價格，而是權力談判

OPEC（石油輸出國組織）與俄羅斯等非 OPEC 產油國組成的 OPEC+ 聯盟，在 2022 年與 2023 年多次宣布減產，引發國際市場劇烈波動。這些減產表面是「平衡市場」，但實質上卻是針對美國的地緣施壓與市場再平衡策略。

第十三章　能源危機與新世界秩序

減產背後的政治考量包括：

- 對抗美國頁岩油的價格擠壓效應：美國頁岩油生產成本相對較高，低油價會使其無利可圖
- 強化中東產油國的國際話語權：沙烏地阿拉伯與阿拉伯聯合大公國等國透過主導減產，重申其在國際政治中的主動角色
- 聯手非西方國家重塑能源結算制度：部分 OPEC+ 成員國已與中國討論以人民幣結算石油，挑戰美元石油霸權

這些策略說明，能源減產行為已從價格行為升級為制度性談判工具，OPEC+ 正藉由控制供應，對抗西方制裁與金融系統主導權。

美國頁岩革命：從進口依賴國到能源戰略輸出國

2000 年代美國仍是全球最大能源進口國之一，但在頁岩油與頁岩氣技術突破後，美國能源產量大幅提升，2020 年一度超越沙烏地與俄羅斯，成為世界第一大石油生產國。

這場「頁岩革命」的影響包括：

- 美國能源自主化：不再依賴中東，改變其外交與軍事部署邏輯
- 能源出口武器化：透過 LNG 出口制衡俄羅斯對歐天然氣壟斷
- 強化美元結算地位：LNG 交易多以美元計價，美國獲得金融與能源雙槓桿

美國不只成為能源供應者，更藉由頁岩油出口，將能源與外交、軍事、安全同步整合成一體化工具，這讓其成為新世界能源秩序的真正架構者。

中東地區：從能源場到代理人衝突核心地帶

在中東，能源不只是收入來源，更是地緣政治控制的命脈。以色列、伊朗、沙烏地與葉門衝突的背後，不只是宗教與民族矛盾，更有能源通道、油氣輸出與結算體系的爭奪。

- 伊朗試圖打破制裁枷鎖，重啟石油輸出，以人民幣結算作為策略跳板
- 沙烏地與阿聯不再全面親美，開始尋求「戰略多元對話」，強化與中國、俄羅斯的能源合作
- 中東各國將能源出口轉為「外交交換條件」，而不再只是經濟交易

這樣的轉變使得中東地區再次成為「能源—軍事—政治」三位一體的風暴核心，而全球市場的油價也幾乎隨著火藥味的濃淡劇烈跳動。

能源不只是資源，而是主權與秩序的重構工具

能源的價格，不只來自供需，更來自戰爭的可能、外交的選邊與技術的突破。石油與天然氣不是傳統意義上的商品，它們是貨幣的錨、軍事的燃料與主權的依據。

你無法只用經濟學角度理解能源，必須用地緣政治、制度設計與權力動態的眼光來看待。當世界進入能源再分配的新秩序，資本也將隨著能源流向重新排序。

第二節　綠能革命下的新財富流向

綠能不是理想，而是下一輪資本戰爭的主戰場

當各國政府紛紛宣示淨零碳排、2050年氣候目標、再生能源轉型路徑時，許多人仍將這視為環保、道德或政治表態。但實際上，綠能革命的本質早已不是倫理，而是權力與資本的再分配工程。

從鋰電池到氫能技術、從碳權交易到再生能源基金，整個能源體系的轉換，不只創造了全新的工業生態，更催生了一套全新的財富流向機制。這不僅是一次能源技術的升級，更是一次由氣候政策驅動的金融秩序重組。

本節將聚焦綠能產業如何從政策框架內發酵為新資本中心，從碳權制度設計到全球新能源ETF資本潮，解析再生能源如何將未來三十年的資本重心從石油轉向太陽、風電與氫氣，並分析幾個財富轉移的重要節點與代表性企業或機構案例。

碳權市場：從環保工具到資產化交易品的轉變

碳權最早是作為鼓勵企業減碳的政策工具，但隨著歐盟碳交易市場（EU ETS）與中國碳排放配額交易平臺啟動，碳排放額度已從政策義務轉變為資產價格，甚至是金融衍生品市場的一部分。

碳權成為新財富工具的轉折點：

第二節　綠能革命下的新財富流向

- 歐洲碳權價格自 2018 年每公噸 20 歐元以下飆升至 2023 年的 90 歐元以上
- 蘋果、微軟、Google 等科技巨頭投入碳移除專案，將自家碳中和需求轉化為新產業標準
- 中國的全國碳市場納入發電、鋼鐵、水泥等重排產業，讓配額本身變成「制度授權下的資產」

誰賺到了？

- 持有高效減排技術的企業：如丹麥 Vestas 風機、加拿大碳捕捉技術公司 Carbon Engineering
- 設計碳衍生品的交易所與基金：如 ICE（洲際交易所）與各類碳期貨 ETF
- 懂得進場操作碳權波動資產的投資機構與主權基金（挪威、卡達等）

這場轉變意味著：未來不只是石油能交易，連「空氣裡的碳含量」都成為資本流向的標的。

綠能供應鏈：
誰掌握技術，誰就掌握新財富控制點

　　再生能源的價值鏈，從不只是「發電端」開始，而是涵蓋整個材料、轉換與儲存系統。真正主導未來能源秩序的，不是誰有太陽或風，而是誰掌握了從礦產到模組、從製程到轉換的技術斷點。

第十三章　能源危機與新世界秩序

三大核心戰略領域：

- 鋰、鈷與稀土資源控制：全球鋰礦 70％以上掌握在澳洲、中國與智利。稀土則集中於中國與非洲部分地區。
- 儲能技術：美國特斯拉與中國比亞迪（BYD）不只是汽車廠，更是全球最大電池與儲能設備供應者。
- 氫能與燃料電池：日本豐田、韓國現代汽車持續推進氫燃料車與氫能基礎設施，中東與北歐則以綠氫生產為能源出口升級。

趨勢警訊：

- 綠能轉型不再是「去中心化」，反而出現新的集中控制鏈
- 技術與資本同步融合：科技巨頭主導新能源布局，傳統能源巨頭則轉投儲能與碳移除事業
- 國際供應鏈再政治化：美國對中國太陽能模組課稅即為案例，顯示綠能供應鏈也進入「武器化地緣化」

金融資本重編：
再生能源 ETF 與綠能主權資本的崛起

在資本市場端，綠能革命直接催生一系列以 ESG 為名、以能源轉型為核心的資本流向變化。

ETF 與基金現象：

- iShares Global Clean Energy ETF（ICLN）、Invesco Solar ETF（TAN）等綠能 ETF，2020 ～ 2023 年平均年成長超過 35％

第二節　綠能革命下的新財富流向

- 臺灣本地推出「元大全球未來關鍵科技 ETF」、「富邦未來車 ETF」，鎖定氫能、電動車與儲能主題
- 挪威國家主權基金（NBIM）將再生能源納入資產配置核心，2023 年起加碼風電與碳基金持股

這些資金流的邏輯已從「環保理想」變為「避險策略」與「政策跟單」：

- 因各國政府以補貼、稅賦優惠支持綠能發電與基建
- 投資人將再生能源視為「政策保護資產」，抗風險能力強於傳統產業
- 大型資產管理機構（如 BlackRock）甚至將氣候績效納入投資條件

典範轉移中的領航者：
台達電子、聯合再生與中鋼構築臺灣綠能競爭力

　　台達電子（Delta Electronics）：作為臺灣電力電子產業龍頭，台達電子從高效率電源供應器起家，積極布局智慧建築、電動車充電站與能源管理系統，成為臺灣綠能科技的代表性企業。其太陽能逆變器與儲能系統已外銷至歐美與東南亞地區，不僅提供硬體解決方案，更打造「能源整合平臺」的新價值模型。

　　聯合再生能源（URECO）：由昇陽光電、茂迪與新日光合併而成，是臺灣最大太陽能模組製造商之一。在政府推動「太陽光電兩倍增計畫」下，聯合再生積極整合上下游資源，發展高效率電池與模組，並朝向國內建置型案管理、長期維運服務平臺化轉型，為臺灣再生能源產業奠定在地自主能力。

第十三章　能源危機與新世界秩序

中鋼公司與中能發電（臺中風場）：中鋼從鋼鐵製造跨入風力能源，成立中能發電，參與臺灣離岸風電供應鏈。該公司在臺中港建置本地化鋼構塔柱製造基地，與國際開發商如 CIP（哥本哈根基礎建設基金）合作推動風場建置。中鋼的投入，象徵臺灣傳產轉型綠能核心供應商的決心。

這些企業代表的不僅是綠能化的產業調整，更是將電力科技、製造能力與政策導向整合為一體的新世代能源商業模式。他們正在為臺灣打造下一輪能源自主性與技術出口的戰略底座。

再生能源不是風起雲湧，而是權力重編的序曲

綠能革命不只是氣候變遷的回應，而是未來經濟體系的基礎邏輯轉向。財富正在從黑金流向白電，從地底流向天空，從國有礦場轉向科技雲端。

但問題是：新秩序仍會有新集中、新壟斷、新不平等。你如果錯把綠能當公益，就會錯過它真正的風險與機會。

國家／地區	制度類型	啟用時間	涵蓋產業	價格機制	交易平臺／監管機構
歐盟（EU ETS）	強制排放交易市場	2005 年	電力、鋼鐵、水泥、航空、製造業等	市場價格浮動制	EEX（歐洲能源交易所）／歐盟委員會

第二節　綠能革命下的新財富流向

國家／地區	制度類型	啟用時間	涵蓋產業	價格機制	交易平臺／監管機構
中國（CCER／全國碳市場）	強制＋自願混合制度	2013年試行，2021年全國啟用	發電為主，逐步擴及鋼鐵、建材、石化等	配額拍賣＋價格干預	上海碳交易所／中國生態環境部
美國（加州 Cap-and-Trade）	強制排放上限與交易市場	2013年	電力、製造、交通與燃料供應商	拍賣與分配雙軌	加州空氣資源委員會（CARB）
新加坡（碳稅制度）	碳稅制（固定價格機制）	2019年	所有大型碳排單位，無產業區隔	碳稅固定每公噸 S$5 起	新加坡國稅局
韓國（K-ETS）	強制排放配額交易制度	2015年	電力、工業、建築等 600+ 企業	市場交易價格＋拍賣	韓國碳交易所／環境部
日本（東京碳交易所）	地區型碳市場＋試行交易平臺	2010年（東京地區）	大型建築、設施業者	基準價＋自願定價	東京政府環境局／碳平臺
臺灣（碳費制度＋碳交易試行）	碳費為主＋交易平臺建置中（自願性）	碳費制度預計2025上路／交易平臺規劃中	大碳排企業（發電、鋼鐵、石化、水泥）	初期碳費定額徵收，未來試行交易制度	環境部／碳管理資訊系統（建置中）

第十三章　能源危機與新世界秩序

再生能源資本流向分析表

資本來源	主要投入領域	風險評估	代表案例／機構
政府政策補貼	太陽能、風電、儲能、電網升級	依賴法規連貫性，政策更替風險高	美國 IRA 法案、歐盟 RE-PowerEU、臺灣綠電憑證制度
主權基金與國際金融機構	跨境綠能專案、開發中國家綠基礎建設	受地緣、政經情勢與回報期限制	世界銀行、亞投行、挪威主權基金
能源產業自身投資	再生能源電廠、自主供電系統	資本來源自有限制、技術落差需克服	NextEra、Orsted、台達電子、臺灣中鋼綠能轉型
氣候導向 ETF 與 ESG 基金	標的多為電動車、綠能科技股、儲能供應鏈	市場波動與資金出入快速，估值易受影響	iShares Clean Energy ETF、元大全球未來科技 ETF
科技巨頭綠能布局	充電站、智慧電網、氫能、碳捕捉技術	技術研發與產業標準變動大，投資回收期不穩	Google 綠能採購、Apple 碳中和供應鏈投資
地方能源社區與合作社	地方型小型電廠、社區電力自治、共享儲能	規模小、營運不確定性高、回收期長	日本地熱社區電廠、臺東共享儲能示範案
碳交易與碳權收益	碳信用再投入風電林業、再生能源抵換機制	碳價波動與市場監管變數大	韓國 K-ETS 碳交易、Gold Standard 碳信用專案

第三節　頁岩革命與能源主權的崛起

> 能源主權，不只是資源，
> 而是技術與決策權的再奪回

　　長期以來，能源主導權集中於少數資源輸出國手中。歐美強國雖掌握消費市場與資本槓桿，但面對中東與俄羅斯的天然資源供應鏈，始終處於戰略依賴狀態。直到近年，以美國為首的國家陸續完成「頁岩能源技術突破」，這場以技術為核心的能源革命，重構了全球能源地圖與地緣談判規則。

　　頁岩油與頁岩氣的開採技術並不新，但直到水力壓裂（fracking）、水平鑽探與地層模擬等技術成熟，其商業化與規模化才真正引爆「能源主權回歸」的全球浪潮。這不只是供應數據的改變，更是一種國家自主能力的再定義。

　　本節將解析這場頁岩革命如何從技術突破進展為戰略重整，並聚焦美國、阿根廷與加拿大三國，說明他們如何從傳統進口者、依賴者轉變為全球能源出口國與定價權參與者。

第十三章　能源危機與新世界秩序

美國頁岩革命：
從能源依賴者到全球能源「戰略發球者」

美國在 2008 年金融海嘯後進入頁岩技術加速期，短短十年間，躍升為全球最大油氣生產國。根據美國能源資訊署（EIA），美國在 2023 年的原油與天然氣產量雙雙創下歷史新高，出口量甚至超越沙烏地阿拉伯與俄羅斯。

這場革命帶來三大戰略影響：

- 能源自主化：降低中東依賴，允許美軍全球部署從保護能源轉向戰略彈性調度
- 能源輸出外交化：LNG（液化天然氣）出口至歐洲，成為美歐對抗俄能源威脅的核心手段
- 金融槓桿強化：LNG 出口以美元計價，讓美元石油體系從石油轉向天然氣延伸，維持其全球清算優勢

頁岩技術帶來的不只是供給提升，更是定價邏輯的重新編碼。美國能夠以「自由出口」為標準，對抗 OPEC 的產能配額模式，為自由貿易與能源自由化提供制度性優勢。

阿根廷 Vaca Muerta：開發中的潛力供應國

阿根廷的「Vaca Muerta」（直譯為「死牛」）頁岩氣田，被譽為全球第二大頁岩儲藏區。過去因技術與資金限制無法全面開採，然而近年在與

中國、挪威、卡達與美國能源企業的合作下,逐步完成生產線建置與出口管線設計。

關鍵轉折:

- YPF(阿根廷國家能源公司)引入技術合資與國際資本,共同開採頁岩氣與液化天然氣設施
- 拉丁美洲能源外交重整:阿根廷與智利、巴西簽署能源互供協議,試圖替代對玻利維亞、委內瑞拉老舊體系的依賴
- 國內通膨與債務壓力下,能源出口成為唯一可擴張外匯收入來源

Vaca Muerta 的成功開發,象徵非傳統能源國透過技術與策略整合,也能重建國家財政與對外主權談判能力。

加拿大頁岩氣與油砂資源:兼具環境壓力與戰略實力

加拿大擁有世界第三大石油儲備,其中大多來自油砂與頁岩氣田。其能源戰略雖受限於環保與政策共識,但仍透過三個方向穩步擴張能源主權:

- 與美國能源網絡深度整合:透過 Keystone XL 與 Enbridge 油氣管線,與美國共同形成北美內部能源穩定圈
- 卑詩省 LNG 出口計畫加速:以亞洲為主要市場,打造液化出口港與海運基礎建設
- 環保壓力下推動「綠色開採」:發展碳中和油砂與低碳天然氣提取技術,回應國內外 ESG 評價體系

第十三章　能源危機與新世界秩序

加拿大的優勢在於：其能源主權不只來自資源，而來自制度透明、法治穩定與基礎建設成熟，能夠吸引長期型外資與技術合作方。

能源主權的下一步：
誰掌握轉化技術，誰主導未來談判

頁岩革命給全球的啟示是：能源主權不等於「地底下有什麼」，而是「能否開發並進入市場」。這需要：

- 高精度探勘技術與資料模擬
- 垂直整合產業鏈與供應網路
- 國內法制健全、稅制激勵與政策穩定
- 與地緣區域（如亞太、歐洲、北美）形成互補性輸出關係

例如，阿根廷若與巴西形成天然氣電力交換機制，就能提升整體區域談判權重；加拿大若掌握亞洲液化出口樞紐，也能取代中東與俄羅斯在東北亞的部分市場。

技術創造的不是能源，是主權談判的主動權

過去，能源主權屬於地底的國家；現在，能源主權屬於掌握技術與出口節點的國家。頁岩革命告訴我們，制度、技術與基礎建設可以改變國運。

第三節 頁岩革命與能源主權的崛起

未來的能源戰爭,不再是誰有油,而是誰能自己決定開採、輸出與定價的方式。當一個國家能夠不再仰賴別人的燃料、不再被壟斷體系綁架,它就能真正自主地在世界能源秩序中占有一席之地。

技術驅動 vs. 資源主義比較表

比較項目	技術驅動模式	資源主義模式
核心競爭基礎	技術創新、資料與演算法	自然資源儲量與產能
能源來源模式	再生能源、頁岩氣、儲能與氫能	石油、天然氣、煤炭、稀土金屬
政策導向	研發補貼、智慧電網、碳中和目標	產量控制、輸出配額、出口稅
地緣風險依賴	低—可自行設計與分散供應	高—受限於產地與運輸通道
基礎建設需求	高—需基礎研究與設備整合	中—以產地基礎設施為主
長期轉型潛力	高—具可演進與模組化可能	低—難以從資源走向產業升級
資本投入特性	長期研發與基礎建設型	短期獲利與地緣槓桿型
市場波動敏感度	中低—技術突破可降低風險	高—易受地緣政治與供需震盪
可複製與外輸性	高—可經由標準、平臺輸出	低—需靠地理與資源優勢,難以擴散
典型代表國家	美國、德國、丹麥、以色列	俄羅斯、沙烏地阿拉伯、委內瑞拉

第四節　臺灣、韓國、日本在能源轉型中的風險與機會

三個島鏈經濟體，三種不同的能源困境

臺灣、韓國與日本，是亞洲三個高度工業化卻能源資源極度匱乏的國家。三者共同點在於：

- 能源高度進口依賴（依賴率超過 90%）
- 面對能源轉型壓力但國土條件受限
- 需要在地緣風險與全球減碳目標中找到平衡點

然而，它們面對能源問題的策略與風險結構卻截然不同。臺灣以技術創新與外資引導為主、日本則尋求政策導向與氫能主軸，韓國則重啟核能並建立能源出口能力。

本節將分別檢視三國的能源轉型路線與挑戰，並指出企業與資本在其中所能扮演的角色，為個人、企業與政策設計提供具有區域脈絡的策略參考。

> **臺灣：**
> **離岸風電先行者，卻面臨轉型斷層與基礎風險**

臺灣自 2016 年啟動能源轉型政策，訂下 2025 年再生能源占比 20％的目標，其中離岸風電與太陽光電為兩大主軸。

轉型優勢：

- 地理條件佳：西部海域風能穩定，吸引國際開發商如 Orsted、CIP 進入
- 在地供應鏈正在建立：中鋼、中船、上緯投控等本土企業成為風電模組與零組件製造主力
- 綠電交易平臺與 RE100 企業導入推進市場機制

潛在風險：

- 供應鏈瓶頸：高階零件仍依賴歐洲與日本供應，國產化尚未完全建構
- 離岸風電成本高昂，售電價格壓力大
- 電網整合與儲能不足，易造成併網不穩與限電危機

臺灣在政策推動力上強，但需同步補強基礎建設（儲能、電網韌性）與中小企業參與綠電交易的門檻降低，否則容易淪為少數企業的能源特權結構。

第十三章　能源危機與新世界秩序

日本：
氫能國度的實驗場，與去核政策的兩難

福島核災後，日本能源政策一度大幅調整，依賴液化天然氣進口應急，但造成電價高漲與碳排升高。自 2018 年起，日本政府提出「氫能經濟戰略」，希望打造以氫為主軸的綠能未來。

轉型方向：

- 推動「氫能城市」：東京、大阪、福岡設置氫站與燃料電池基礎設施
- 重啟核電討論：在能源成本與電力穩定壓力下，部分地區重新開放核電機組
- 與澳洲、中東合作建構綠氫進口體系

機會與挑戰：

- 氫能在全球尚屬開發初期，日本有機會搶先標準制定權
- 但氫的儲存與運輸成本高，商業化仍需數年突破
- 國內社會對核電仍高度敏感，政策左右拉扯風險高

日本能源政策的最大挑戰在於：需要在綠能轉型、成本穩定與國民情緒三者間達成平衡，這也使企業在導入再生能源時需承擔更高的不確定性。

> **韓國：**
> **重啟核電與能源出口並進，打造能源輸出國夢**

韓國近年走出不同於臺日的能源轉型路線。尹錫悅政府上臺後，宣布重新推動核電政策，並以「核能出口」作為國家戰略產業之一。

主要策略：

- 2030 年再生能源與核能各占電力約 30%
- 出口型核電政策：與沙烏地阿拉伯、阿拉伯聯合大公國簽訂核電建設合作案
- 同時投資儲能、太陽能模組與氫能技術，建構「多軸能源布局」

核心優勢：

- 三星、LG、現代等集團投入能源技術整合，形成「能源－電子－運輸」跨界集團聯盟
- 國家政策明確，具稅收與融資支持
- 能源基礎設施現代化速度快，有望搶下亞太能源出口中轉樞紐地位

韓國的做法強調「產業綜合化」，能源轉型與出口同步進行，是少數將能源視為經濟擴張工具而非成本中心的亞洲國家。

區域風險總結與策略整合

國家	優勢	主要風險	建議發展重點
臺灣	離岸風電先行，企業參與活躍	電網與儲能配套不足，外部依賴高	建立在地完整供應鏈，推動中小企綠電平臺

國家	優勢	主要風險	建議發展重點
日本	氫能技術領先，政策資源豐沛	社會對核能反感、氫能尚未商業化	穩定國內轉型進度，強化國際氫能協定布局
韓國	政策明確、核能出口積極	對外依賴能源資源，易受原料供應鏈影響	強化上游能源儲備與原物料投資布局

區域能源命運的交錯與自救

臺灣、日本、韓國這三個經濟體，在全球能源轉型的洪流中，既是受害者，也是創造者。他們沒有油田，卻握有技術；沒有天然氣礦場，卻可能打造能源輸出型系統。

在這個能源不確定性主導的新世界秩序中，小國若能以技術換韌性、以政策換彈性、以區域合作換穩定，依然有可能跳脫結構劣勢，成為新秩序中的中樞節點。

這不僅是一場產業競爭，更是一場生存策略的比拼。贏的，不是誰擁有資源最多，而是誰能最早看懂規則，最靈活布局未來。

三國能源策略比較

策略指標	臺灣（1～5）	日本（1～5）	韓國（1～5）
再生能源占比目標	4	3	3
核能使用政策	2	3	5
氫能發展進程	2	5	3
離岸風電布局強度	5	2	2

第四節　臺灣、韓國、日本在能源轉型中的風險與機會

策略指標	臺灣（1～5）	日本（1～5）	韓國（1～5）
能源自主程度	2	1	2
政策穩定性與延續性	3	2	4

第十三章 能源危機與新世界秩序

第十四章

情境模擬：你該怎麼反應？

第十四章　情境模擬：你該怎麼反應？

第一節　模擬劇本一：銀行倒閉與提款封鎖

情境起點：
你早上醒來，發現 APP 裡的錢無法轉出

2027 年，一家系統性銀行因數位資安漏洞與隱匿壞帳醜聞被揭發，爆出流動性嚴重不足。週五傍晚監理機構緊急發布新聞稿，宣布啟動「銀行接管條款」，並將凍結所有轉帳與提款行為七個營業日，防止資金擠兌。

隔天清晨，媒體全面報導銀行倒閉風波，存戶湧入分行準備領現金，卻發現提款卡被停用、網路銀行無法登入，所有資產「存在，但動不了」。

你打開手機，APP 上帳戶餘額依然顯示數字，但那筆錢不再是你的選擇權，只是國家管理下的記帳紀錄。

第一層衝擊：帳面財富與實際可動資產的錯位

在數位化金融社會中，我們習慣於「錢＝銀行餘額」，但這個等式成立的前提是系統運作正常、法制不干預、風險可控。當這些前提被破壞，銀行帳戶裡的錢就不再是資產，而是「等待國家審查是否可放行的數據」。

你會發現以下幾件事：

- 即使你有數百萬存款，但無法提領一塊錢現金
- 信用卡、扣款、轉帳、支付平臺全部失效，包括電商、繳費與保險扣款
- 外幣定存與投資帳戶可能被凍結於同一平臺中，無法兌換或轉出

此時才意識到：真正的流動性，不是錢在不在帳戶，而是錢能不能用。

第二層錯誤反應：
你不該這樣做，卻很多人這樣做了

在這類事件中，絕大多數人會本能地採取下列錯誤行為：

(1) 大量分享、轉傳消息，企圖引發集體壓力或「提前跑掉」

→ 將自己帳戶標記為「擾亂金融秩序高風險用戶」，遭更長時間凍結

(2) 試圖透過人脈或業務窗口進行特權提款或內部調度

→ 造成帳戶紀錄異常，觸發自動法遵審查，連帶牽連其他帳戶群

(3) 同時從其他帳戶大量轉出或轉入資金

→ 系統視為資金逃逸行為，啟動「連鎖比對監控」

(4) 將所有希望壓在接下來的政府說明記者會或政治施壓上

→ 將行動權交給政治情勢，而非自己的備案與資產設計

這些錯誤多數不是「貪婪」，而是來自對數位金融體系的過度信任與心理慣性。

第十四章　情境模擬：你該怎麼反應？

第三層應對策略：真正能動用的資產在哪裡？

你現在該做的是三件事：

1. 啟動「實體現金應急儲備」

- 家中或保險箱中應留有足以支撐 3～7 天日常生活支出之現金（建議 5～10 萬臺幣，視家庭成員與區域狀況而定）
- 使用分散放置原則：小額分散於家中、辦公室、個人隨身包
- 留意通膨與災害狀況，搭配小額面額與外幣（如美元、小額港幣）

2. 啟動「非系統性帳戶使用方案」

- 數位銀行如 LINE Bank、樂天、將來銀行等，通常不與傳統大型銀行共享 API，有更高存活率
- 外幣帳戶（如新加坡 DBS、香港恒生）可透過國際網銀平臺進行跨境操作（需提前建立）
- 緊急轉入第三方支付平臺（如街口、全支付）之帳戶應提早驗證，不依賴實體卡與櫃員機

3. 啟動「資產結構切換模式」

- 將部分流動資產存放於與主帳戶不同金融體系的帳戶，例如虛擬資產、家族信託初級層、冷錢包
- 使用非即時交易性資產（如儲值型禮品卡、加值交通卡、數位金幣）進行短期支付替代方案

第四層防禦設計：你的帳戶結構應該這樣重建

此危機揭示了一個觀念重構：財富的防禦性不是總金額，而是帳戶的可用性、轉移性與可配置性。

理想帳戶分層配置

資產類別	說明	功能	建議比例
主帳戶	薪資入帳、日常生活支出	穩定性高，但風險集中	20%～30%
數位帳戶	高流動性與支付機能	可快速轉移與支付	10%～15%
境外帳戶	外幣避險與危機資金備援	可避免單一國家管制風險	20%～30%
現金＋儲值型資產	不依賴網路與金融系統	危機第一線存活資源	5%～10%
區塊鏈冷錢包	可跨國轉移之數位資產	境外資本或未來再投資空間	10%～15%

備註：比例依個人風險偏好與家族結構可微調

資產自由不是有多少錢，而是你能不能自己決定什麼時候用錢

當系統風險來臨，你的帳戶不再屬於你，而是暫時交給一套「可疑而不透明的機制」決定你是否有資格使用自己的資源。真正的金融自由，不在帳戶裡，而在結構與備案裡。

第十四章　情境模擬：你該怎麼反應？

你的帳戶架構，將決定你在危機來臨時能不能移動、能不能生存、能不能反擊。

資產可動性風險矩陣

資產類型	可動性評級	風險來源	應對建議
本地銀行活存	高（依賴法域與提款系統）	帳戶凍結、提款限制、資本管制	分散帳戶、設立轉出預案、預留現金
境外外幣帳戶	中高（法域開放度關鍵）	國際稅務協定、自動交換資訊 CRS	分法域分幣別設計、搭配信託或法人持有
數位銀行帳戶	中（流動快但限制高）	平臺限額、監管升級、服務中止	設平臺備援、日常轉移不超 1/3 總資產
黃金／白銀實體	中（需攜帶與兌換）	保管、運輸、交易流通性低	以小單位持有、附交易憑證與攜行箱
不動產	低（交易與變現慢）	變現速度慢、受稅與過戶程序限制	預先設立信託、計劃資產轉手流程
加密資產（熱錢包）	中（交易快但易凍結）	駭客風險、平臺關閉、身分驗證限制	僅保留短期操作部位、設雙重驗證
加密資產（冷錢包）	中（私鑰控管風險）	設備故障、助記詞遺失、鏈上異常	妥善備份冷錢包與權限設定、模擬演練
高配息股票	中（視股市流動性）	價格波動大、企業政策改變	設定停利停損點、避免單一產業集中
REITs 不動產信託	低（市場影響大）	地區房市波動、利率升高風險	控制地區曝險、以 ETF 或多國配置分散
實體備援物資	中低（可用但難以變現）	保存空間、耗損與使用難以標準化	定期盤點使用與替換、搭配社群互助使用

第二節　模擬劇本二：股市斷崖與實體商品暴漲

情境起點：當你打開電視，只看到紅色

星期一早晨，你開啟新聞頻道。道瓊暴跌 3,200 點、那斯達克四日累計重挫近 30%、臺股開盤即熔斷兩次。原因：一方面是美國科技泡沫破裂，另一方面是伊朗與以色列軍事衝突升高，中東石油供應線中斷，油價一天飆升至每桶 200 美元。

市場不僅重挫，而且無人接手。

你想出門買米，超市排滿人。貨架上泡麵、瓶裝水、罐頭、日用品一掃而空。加油站限制每人 10 公升，民眾推著桶搶購柴油。網路商城全面缺貨、平臺下單延遲七天以上。

股票全跌，商品全漲。

這不再只是投資人需要應對的問題，而是每個家庭都要立即反應的生活戰爭。

第十四章　情境模擬：你該怎麼反應？

> ### 第一層衝擊：
> ### 資本市場「虛擬」斷裂，實體需求「真實」暴漲

這類危機的本質，是虛擬資產價格快速清算，而實體商品變成新型避難所與交易媒介。

你會發現：

- 你持有的股票、基金與 ETF 全數下跌，資產市值大幅蒸發
- 你以為「穩健」的資產（REITs、債券型基金）也同樣下殺，因為市場連帶擠兌
- 現金變得重要，但實體商品變得更搶手——油、糧、民生物資、保健品與生活耐用品
- 任何不能吃、不能用、不能換的資產，在恐慌性需求中失去市場流通性

這種場景不是幻想，而是 1973 年石油危機、2008 年雷曼倒閉、2022 年俄烏戰爭能源斷供的綜合體。

> ### 第二層錯誤反應：這幾件事千萬別做

在這種情境下，多數人會做出以下錯誤反應：

(1)拋售股票套現，結果越跌越賣，反而鎖死虧損

→長期資產的短期恐慌清算，只會讓你錯過反彈

(2) 盲目囤積高單價商品，如金條或奢侈品

→實用性低、流動性差，不利於交換與應急

(3) 轉向高風險衍生品（如期貨、槓桿 ETF）「拼一波」

→無論多空都高波動，容易資產歸零

(4) 高頻交易或過度關注即時 K 線

→造成認知負擔，損失判斷力，反而錯過資產保值或轉向機會

第三層應對策略：
你需要的不是資產，而是可「使用」的價值

在這樣的危機下，應該啟動的資產思維是：

三層次資產可用架構

層次	資產類型	功能	建議配置比例
核心生存層	現金、食物、飲用水、藥品、基本工具	滿足生活與交易的基本需求	10%～15%
實體交換層	黃金銀幣、小額外幣、禮品卡、交通卡、食物兌換券	替代支付工具，具備交換價值	10%～20%
替代增值層	農地、能源設備（如發電機）、家用儲能系統	中期抗通膨避險資產，具實體使用功能	10%～20%

第十四章　情境模擬：你該怎麼反應？

其餘可配置至防禦型股票（公用事業、基礎消費品）與資源型 ETF，但比例不宜過高。

消費型資產預儲備列表

品項	建議備量	用途
白米／麵條／罐頭	每人至少 30 天份	基礎碳水與蛋白質來源
瓶裝水與濾水器	每人日均 3 公升 ×15 日	水資源異常或配送中斷時使用
醫療用品／慢性病備藥	至少 1～2 個月	基本病症、過敏、外傷處理
加值型悠遊卡／交通卡	每人 500～1,000 元儲值	停電或電子支付癱瘓時可使用
小面額現金與外幣	小額多張（50 元、100 元為主）	換購零售物資或避開找零問題

第四層配置調整：重建你的「通膨敏感型」資產邏輯

傳統資產配置：

- 60%股票
- 30%債券
- 10%現金

高波動時期應調整為：

- 40%抗通膨股票（如糧食、電力、天然資源、運輸）
- 20%實體資產（黃金、土地、碳權）
- 20%高流動性儲備（現金、外幣、穩定幣）

- 10%生活防禦型消費性資產（家庭儲備）
- 10%中長期重建資本（創投、能源新創、再生設備）

此外，請務必建立「動態資產雷達」：每週監控通膨預期、能源價格、地緣新聞，建立資產快速轉向流程表，確保能從「虛擬價格資產」轉向「可換取生活價值的實體資源」。

> 在極端波動時，
> 財富的定義不再是價格，而是用途

當金融市場全面崩跌、價格失去意義，真正能保護你的，不是漲跌的圖表，而是那一包可以讓你活下來的米、那桶能讓你移動的油、那張還能刷的卡。

危機來時，最稀缺的不是資金，而是可以使用的價值。

實體資產應急表

資產類型	建議項目	用途說明
飲水設備	濾水壺×1、10L水桶×2、瓶裝水×10	確保停水時仍能獲得飲用與生活用水
糧食儲備	白米5kg、罐頭30個、乾糧（餅乾、即食）	維持基本熱量與營養，抗物流中斷
基本照明工具	LED營燈×1、頭燈×1、手電筒×2、電池×20	提供夜間照明，避免照明失能引發次生風險
個人醫藥包	退燒藥、止痛藥、繃帶、優碘、酒精棉片、個人處方藥	處理日常病症與意外受傷，減少醫療壓力

第十四章 情境模擬：你該怎麼反應？

資產類型	建議項目	用途說明
通訊備援設備	對講機×2、備用手機與 SIM 卡、行動 Wi-Fi 分享器	維持與外界聯繫或社區互通，避免資訊孤島
應急交通工具	折疊腳踏車×1、電動滑板車（含備用電池）	保障區域內移動能力與緊急疏散選項
可交易實體物資	糖、鹽、香菸、小酒、肥皂、咖啡包	供短期兌換與建立人際信任所需
居家安全設施	鐵鍊×1、門鎖×2、防盜器、窗戶強化膠條	加強居家防衛能力，阻擋入侵與竊盜
能源儲備工具	卡式瓦斯罐×6、瓦斯爐、行動電源×2、太陽能板	提供斷電時的煮食與充電基本保障
心理安定物資	撲克牌、桌遊、紙筆、紙本書籍、個人祈禱物	穩定情緒、促進家庭互動、避免心理崩潰

通膨型資產配置總表

資產類型	通膨抗性	流動性	風險評估	配置建議比例
實體黃金／白銀	極高	中	價格波動大、存放需安全設施	5%～10%
抗通膨 ETF（如 TIP、美國通膨債）	高	高	受市場利率影響大	10%～15%
能源型資產（如石油、天然氣 ETF）	高	高	與地緣政治連動高	5%～10%
農產品與原物料 ETF	中高	高	受全球供需與氣候影響	5%～10%
公用事業類股	中高	中	波動相對低但成長性有限	5%

第二節　模擬劇本二：股市斷崖與實體商品暴漲

資產類型	通膨抗性	流動性	風險評估	配置建議比例
高股息股票	中	中高	受企業配息政策影響	5%～10%
不動產或 REITs	中	中	地區政策與利率敏感	10%～15%
再生能源產業股票／基金	中	中	政策補貼變動風險	5%～10%
加密資產（BTC、ETH）	中	高	高波動性與監管不確定性	5%
實體物資儲備（如糧食、燃料、水）	中	低	保存與更新成本高、但實用性極強	5%

第十四章　情境模擬：你該怎麼反應？

第三節　模擬劇本三：區塊鏈系統癱瘓與交易停擺

情境起點：
錢還在錢包裡，卻無法轉出、兌換或支付

你醒來打開手機，習慣性查看幣價，卻看到令人心驚的訊息：Ethereum 主網遭到重大攻擊，驗證者系統異常，出塊中斷；Coinbase 與 Binance 宣布暫停所有轉帳與提現；USDT 官方錢包標示安全異常，建議用戶暫停操作。

你試圖轉出冷錢包中的資產，結果交易被無限 pending。

你試著進入備用的 DEX（去中心化交易所），系統報錯：鏈同步失敗。

你慌了，打開 Telegram、Discord、X，整個社群都是崩潰貼文。某些人傳出比特幣也遭受攻擊，節點效能急降，整體加密資產市值蒸發 30%，但無人能完成交易。

你很有錢 —— 但你一毛也動不了。

第三節 模擬劇本三：區塊鏈系統癱瘓與交易停擺

第一層衝擊：
去中心的系統，一旦癱瘓，沒人能幫你恢復

區塊鏈的核心優勢在於「去中心化」，但這也意味著：

- 當系統失靈、主鏈出錯、共識無法建立時，沒有中央銀行可回補、沒有金融機構會兌現
- 如果某個 token 合約出現漏洞，或 Layer 1 / Layer 2 之間發生斷鏈事件，你的錢包只是個展示資產的記帳本，而非能轉帳的通路
- 冷錢包也無用 —— 它保障的是擁有權，不保證使用權

這種情況下，最嚴重的不是價格波動，而是資產失能：明明還在，卻無從動用，你與你的財富之間斷開了連結。

第二層錯誤反應：這些行為將讓你錯失補救窗口

(1) 嘗試在癱瘓期間頻繁操作轉帳、授權、解鎖資產

→錢包簽名紀錄混亂，可能造成後續鏈恢復時資產重組失敗或無法對應正確帳戶狀態

(2) 隨意下載未經驗證的「救援工具」或更新合約操作程式

→極易中駭，被釣魚網站轉移密鑰，資產全失

(3) 將資產兌換成過度中心化但流動性不足的穩定幣（如 USDD、UST 殘餘）

→在系統恢復後找不到可兌換對手方，反而遭受永久貶值風險

第十四章　情境模擬：你該怎麼反應？

(4) 盲目依賴中心化交易所的「內帳轉帳」功能

→ 若交易所面臨流動性危機或停止營運，你的資產即等於放棄控制權

> **第三層應對策略：**
> **打造「鏈下可存活」、「鏈外可兌現」的資產備援系統**

1. 鏈下備援原則：不要讓資產「單鏈依賴」

- 建立跨鏈資產備份，例如 BTC on Lightning、ETH on Arbitrum、USDT on Tron / Solana / Ethereum 多鏈版本
- 將冷錢包私鑰以多簽／門限加密方式分散保管（例如 3-of-5 設計，由不同人／地區保存）
- 使用「時間鎖」機制的錢包，若主鏈癱瘓超過預定時間，可自動觸發備援行動（如冷錢包轉移指令、硬體開機還原備份）

2. 鏈外兌現計畫：設計與實體資產的對應通道

- 在離岸金融機構（如新加坡 DBS 或瑞士銀行）建立可支援數位資產轉換之帳戶，提前完成 KYC 與風控驗證
- 持有已實體擔保的穩定幣（如金本位、REITs 擔保 Token）作為實體資產轉換橋接
- 將數位資產納入信託或家族基金架構中，以合約方式保留「特定時間內未操作即觸發轉換為法幣或物理資產」條款

第四層配置建議：你的加密資產不能只存在鏈上

層級	資產類型	功能	操作建議
主鏈資產層	ETH、BTC、USDT 等主鏈原生資產	高流動性、易交易	僅保留短期可用金額
鏈下備援層	多簽錢包、硬體錢包、紙錢包	擁有權保障、災難時可啟動	與可信受託人建立多點保管協議
鏈外兌現層	金銀幣、實體不動產憑證、法幣帳戶	在系統癱瘓時可兌換實物	建立對應簽署文件與轉換路徑圖
合法監管層	信託架構、基金份額	可稅務合規、具法律效力	預設轉移條款與資產凍結防衛條件

去中心的自由，必須用結構來守護

加密資產給了你前所未有的財務自由——但它也讓你暴露於一個無保證、無中央回應、無預警的運作機制中。

真正成熟的數位資產配置者，懂得結合鏈上與鏈下、技術與法律、隱私與合規，打造一個「即使出事，也能繼續活」的資產結構。

第十四章　情境模擬：你該怎麼反應？

第四節　模擬劇本四：能源中斷與社會秩序崩潰

情境起點：
當燈不亮、水不流、網不通，你該怎麼活？

　　2031 年夏天，一場突如其來的區域戰爭打亂東北亞能源供應鏈。韓國南部核電廠遭受網路攻擊，大規模停電擴散至日本九州與臺灣北部。臺灣西部電網負載超標後跳電，全國供電率剩下 38%。

　　油輪停靠港口遭延誤，高雄煉油廠因安全因素全面關閉。天然氣儲槽僅剩三天庫存，緊急限流令下達，全臺進入「分區限電與限水階段」。

　　第三天後，大臺北地區公車停駛，捷運每小時一班。超市關門、提款機癱瘓、網路訊號中斷。社區居民開始設置路障，自組守望隊。

　　這不再只是資產安全問題，而是 —— 你的生活能不能持續下去？

第一層衝擊：
現代人的脆弱，是對能源與制度的依賴性

　　過去，我們以為風險來自市場；現在，我們才意識到風險根本來自日常的基礎維生系統。當能源斷供、社會秩序失序，你會發現：

- 你家的瓦斯爐不能用，電磁爐沒電，冷藏食物全壞掉
- 手機變成磚塊，網路癱瘓、電信基地臺失效
- 無法工作、無法移動、無法買東西 —— 因為沒電，也沒有秩序

這時候，你的財富是幾張股票？還是幾瓶水、幾個電池、還能使用的工具與鄰里信任？

第二層錯誤反應：
你不能只靠現金、信用與等救援

在災難初期，最常見的錯誤包括：

(1) 只依靠現金或電子支付作為購買手段

→ 在能源中斷時，「錢」無法支付任何東西，除非你能兌現實體物資

(2) 寄望政府立即出手協調、分配資源

→ 公部門通常需要 3～7 天建立緊急命令與資源調度系統，初期是民間自保時間

(3) 自行逃離城市，卻無油、無導航、無安全避難點

→ 在缺乏能源與秩序情況下移動是風險更高的行為

(4) 嘗試大量儲存或搶購，但無處存放或被他人掠奪

→ 資源必須具備儲藏設計與分區保護，否則將反成引戰點

第十四章　情境模擬：你該怎麼反應？

第三層應對策略：
打造你的「能源與秩序備援系統」

家庭能源備援表（3～7日生存標準）

項目	規格建議	功能與操作備注
太陽能小型充電板	至少 20W 以上	可為行動電源與簡易 LED 照明充電
手搖發電手電筒	多合一功能型	具備收音、緊急警示與 USB 輸出
行動電源	≥ 20,000mAh、雙輸出	兩臺手機可供電 3～5 次
瓦斯爐或罐裝丁烷爐具	備兩週用量	用於煮食、沸水、加熱藥物
水桶與濾水器	大小分層，至少備 120 公升	作為限水下的基本衛生與飲用支持

社區自助與安全守護機制

- 組成「5 戶互援單位」：分工管理糧食、水源、醫藥、資訊、守望
- 建立「社區情報共用白板」：交換訊息、資源與避災點更新
- 配備簡易無線電（手持對講機）：社區間通訊不依賴電信系統
- 設定「門禁與避難信號」：以燈號、聲響與旗幟傳遞基本警戒與協尋訊號

第四層資產結構轉換：
從財務自由轉向「生活持續力」

在能源與秩序崩潰的情境中，你必須將部分資產從「財富性」轉為「存活性」：

資產類型	存活價值	配置建議
電池、發電機、瓦斯罐	可轉換為能量，具交換力	每 3 人一組備 1 套，定期測試維護
飲用水與乾糧	高存活性，稀缺時可換物	每人儲存至少 7 日份糧水
社區土地與共耕空間	可生產食物，長期生活依託	結合鄰里建立種植計畫
手工具、簡易修繕材料	自主維修與庇護	用於加固、遮蔽與生火保暖
可攜型交換資產（如金幣、香菸、糖）	災時交易媒介	僅占總資產 5% 內做機動資產

真正的韌性，不在雲端，而在地面

能源與秩序中斷，不是科幻，而是歷史曾發生、系統可能發生、地緣風險誘發下必然會再發生的「現實變數」。

在那個瞬間，你擁有的不是資產，而是你提前建好的結構、你身邊的人，以及你當下能做的行動。

第十四章　情境模擬：你該怎麼反應？

備援設備與規格摘要

類別	建議項目	功能用途
行動電源	20,000mAh×2 組、支援雙 USB	應急供電給手機、網路裝置與小型照明
太陽能板	可攜式 20W 以上、防水、摺疊支架型	戶外或白天持續供電來源
乾電池／LED 照明	AA／AAA 各 20 顆、LED 營燈／頭燈	夜間照明、省電可靠、不依賴主電網
小型瓦斯爐	雙圈火型＋6 罐以上瓦斯罐	供應煮水、加熱、烹飪能力
手搖發電機／USB 發電棒	5V 輸出，可充手機／燈具	停電環境中臨時補電
家用鋰鐵電池（500Wh↑）	供應 1～3 天基本照明與通訊電力	高續航、高安全備援主力
小型發電機	輸出 600W↑，備油料	可運作電磁爐、小冰箱、熱水器
蓄電儲能設備（太陽能系統）	1～2kWh，附逆變器	長期斷電時，作為家中「離網電力中樞」

存活型資產分級對照表

資產類型	可用等級	使用條件	重啟階段角色
現金（本幣／外幣）	A	需無資本管制／帳戶未凍結	即刻啟動主力
可兌換金屬（金／銀）	A	需有實體在手或可交易地點	替代支付與存值
乾糧與水資源	A	需有保存與替換機制	基本維生續命

第四節 模擬劇本四：能源中斷與社會秩序崩潰

資產類型	可用等級	使用條件	重啟階段角色
電力設備（行動電源／太陽能板）	A	需陽光或充電環境	技術保障與補能
簡易醫療備品	A	保存期限內，無嚴重事故者可自我處理	自助醫療核心
帳戶存款（國內）	B	銀行營運正常，網路與提款機可用	轉移與再啟用資金來源
境外帳戶資金	B	未受國際稅務協議波及、帳戶合規	跨境儲備與保值功能
數位資產（冷錢包）	B	私鑰未遺失、設備可用、鏈未中斷	匿名轉移與流動資產備援
自有住宅或避難空間	B	結構安全，未受災或被徵收	保命庇護、長期駐守據點
交換價值型物資	B	依環境與社會氛圍決定可交易程度	災後交換、補充、信任重建工具

381

第十四章　情境模擬：你該怎麼反應？

第五節　模擬劇本五：政府突襲稅與境外凍結

> 情境起點：
> 你不是犯罪者，但你的帳戶已被凍結

2040 年，某亞洲已開發國家因財政赤字爆炸性成長，政府突襲推出「一次性高資產階層財富回收計畫」，針對未揭露的境外資產加徵「海外資產持有稅 15%」、數位資產「交易稅 10%」、並凍結未完成申報者之所有帳戶。

同時，國際間基於「資訊透明合作條約」（改版 CRS 3.0）啟動跨境金融帳戶即時交換，包含新加坡、香港、杜拜、盧森堡等境外金融中心均於 72 小時內同步執行凍結動作。

你打開手機，習慣性登入海外銀行 APP，卻跳出訊息：「此帳戶依當地政府指示已被凍結 pending investigation」。

這不再是政策討論，也不是財稅糾紛，而是你多年構建的財富堡壘，正在一夜之間瓦解。

第一層衝擊：你以為的「安全資產」其實高度曝光

許多人以為只要資產存在境外、以離岸公司名義操作、使用信託或加密資產，就不會受到本國政府干預。但這一波行動揭示：

- 資訊透明協定已涵蓋超過 110 個司法轄區，銀行、加密平臺皆須回報實質受益人資料（UBO）
- CRS 自動交換已演進為「即時稅務交換」與「事前資料交叉驗證」
- 即便是信託或保險型帳戶，只要未在本國財稅系統登記，就可能被視為潛在逃稅行為

換句話說：你以為「沒人知道」的資產，其實早已在系統中標注「待處理」。

第二層錯誤反應：這些行為只會讓風險擴大

(1) 試圖立即將資產轉往他國新帳戶

→ 被視為資金逃逸，觸發全球金融反應機制，更快觸發全面凍結

(2) 與國內銀行業務員交涉，希望解凍帳戶或轉換名義

→ 多數銀行為自保立場將全面配合政府命令，無人敢私下協助

(3) 回溯補申報財產，但未備妥資料或與報表不一致

→ 將被判定為「不實申報」，損失合法解凍機會

(4) 訴諸輿論與媒體炒作，妄圖政治反制

→ 反成「阻礙執法」案例，影響其他家族或企業關聯帳戶

第十四章　情境模擬：你該怎麼反應？

> **第三層應對策略：設計你的「合法分層防衛架構」**

1. 稅前防線：分層披露與合規布局

- 建立三層帳戶結構：完全揭露層（國內帳戶）、部分揭露層（中性司法區）、完全儲備層（不接本國資金流）
- 搭配多國稅籍與居住身分設計，進行「全球稅務彈性配置」
- 對每一筆資產預設其稅務申報義務與自動稅務交換的路徑

2. 稅中應對：風險監測與應急應對流程

- 每半年進行「政府財政與稅收壓力評估」，預測突襲稅機率
- 建立境外金融帳戶風險雷達（依所在地、國際壓力、歷史行為評估）
- 撰寫並備妥財產來源證明、跨國資產流動備忘錄與合法移轉授權信函

3. 稅後重建：以信託與家族辦公室作為防彈屋

- 使用分層信託架構將資產切分不同目的與受益人，減少全額凍結風險
- 引進雙層家族辦公室（FO）設計，一層在高信賴司法區處理法律策略，一層在中立國處理實務操作
- 設定「稅務風險啟動條款」：若一國開始進行突襲性徵稅，立即觸發資產自動轉換為替代性低課稅工具或信託重構

第四層資產調整建議：
讓資產擁有「合法但非顯性」的生存空間

層級	資產工具	特色	配置建議
透明合規層	國內帳戶、國稅局登錄資產	完全合法可見，主要用於日常營運	20%～30%
國際信託層	新加坡／澤西島信託架構	法律保護強、資產隔離明確	30%～40%
冷錢包層	冷儲數位資產、多簽交易憑證	高隱私、需技術管理、非中心化風險可控	10%～15%
應急兌換層	黃金、土地、外幣現金	危機時第一層保命資產	5%～10%
非財產登記層	私人股權、藝術品、長期授權收入	不直接被系統視為「可稅資產」	10%～15%

財富的最後堡壘，
是結構，而不是數字

當國家開始把人民視為「流動資金來源」而非資本主人，你要問的不是「你有多少錢」，而是：你這筆錢能不能自己決定它的未來？

合法，是最低標準；可控，是生存標準；結構，才是自由的最高境界。

沒有預演過突襲稅的人，就沒有真正安全的資產。

第十四章　情境模擬：你該怎麼反應？

資產結構風險與生存備援表

資產分類	風險因素	建議風險等級	配置建議比例
現金與支付工具	通膨、貨幣貶值、現金管制	中	5%～10%
國內銀行帳戶	凍結、提領限制、資產稅	高	20%～30%
境外金融帳戶	審查與政治風險、資料交換協定影響	中	15%～25%
數位資產（熱錢包）	駭客攻擊、平臺關閉、資產易曝光	中	5%～10%
數位資產（冷錢包）	技術門檻高、遺失私鑰即永久失控	低	5%～10%
實體資產（黃金、土地）	變現慢、價格波動、運輸困難	中	10%～20%
信託與保險	條件繁複、啟用需法律程序與時間	低	10%～15%
儲備物資	保存期限／空間需求高，需輪替維護	中	5%～10%
技能／人脈	不可轉讓但決定生存與重建效率	低	-

第十五章
資本守則總結：抗災行動綱領

第十五章　資本守則總結：抗災行動綱領

第一節　不要相信系統的善意，要設好底線

系統是中立的，直到它不再中立

在平穩的年代，我們習慣將「制度」視為保障的來源。你信任銀行會讓你隨時領錢，相信保險公司會理賠，期待政府會補助或救市。但歷史無數次告訴我們：當系統本身為了存活而犧牲個體權益時，個人的「信任」就會變成被動的「接受」。

從 2001 年阿根廷宣布銀行凍結提款、到 2013 年賽普勒斯政府直接從存款人帳戶徵收「財富稅」，再到 2022 年加拿大動用緊急狀態法凍結民眾銀行資產，這些都不是極權國家的惡例，而是民主體系下，合法制度所啟動的現實。

你要明白：制度能保護你，是因為它還沒決定犧牲你。

道德不是風險的保證，結構才是

多數人以為：「我沒有犯罪，我依法納稅，政府不會對我怎樣。」但現實中的風險從不問你是不是好人，它只問你「是不是在錯誤的時間站在錯誤的位置」。

當政府面對債務危機，它不會先找最壞的人，而是找最好處理的資產。

第一節　不要相信系統的善意，要設好底線

這意味著：

- 賬面乾淨、資產高透明者最容易被優先處理
- 單一帳戶集中、無法分層分權的結構最容易被全面凍結
- 沒有分散資產地理位置、帳戶法域、資產型態的人，一旦發生危機時等於全軍覆沒

> 什麼是底線？
> 是你在最壞狀況下仍能保有行動的那一條

底線不是你希望的那一條，而是你不願也不能退讓的一條。

建立底線資本結構的第一步，是問自己三個問題：

- 若我今天所有數位資產都被暫停轉出，我還剩多少現金可用？
- 若我遭遇帳戶凍結，有無第二套可存取的獨立金融系統（境外帳戶／多幣別錢包）？
- 若國內施行財富課稅、外匯限制或數位資產回溯稅，我能否在三日內完成資產重配置與風險隔離？

這不是假設，這是行動指南的起點。

第十五章　資本守則總結：抗災行動綱領

建議行動：三個底線資本的建置動作

1. 建立「底線存活金」

- 一筆 3～6 個月生活費，以現金或高流動性外幣持有
- 分別放置於 3 個以上的不同法域、平臺或保管工具
- 優先使用小額帳戶、數位銀行與非主流金融通道（例如加密穩定幣）

2. 設定「最低控制權資產」

- 一組不依賴國內法律系統的資產，例如：
- 境外信託中之冷錢包、外幣保單、黃金實體存單
- 該資產應能在國際協議下保持「不主動揭露、不易凍結」

3. 製作「資產風險隔離地圖」

- 把你所有資產列成一張表格，標注：
- 是否需經監管許可使用？
- 是否在單一帳戶集中？
- 是否與同一稅籍／同一司法風險綁定？

底線，就是你仍然能說「這筆錢是我的，我現在就能動用」的那個點。

不要相信制度的善意，
應該設計制度以外的行動空間

制度的善意，來自它還沒需要向你徵用資源；制度的中立，來自你還沒進入它的例外名單。

你不需要懷疑整個體系，也無需成為反建制者，但你必須承認一個事實：

當制度進入戰時思維，你的資產必須有備戰配置。因為在壞消息出現那一刻，來不及重組結構的人，將會成為最先承擔風險的人。

帳戶風險分層檢查表

帳戶類型	潛在風險	風險等級	建議配置比例（總資產）	備注與應對建議
日常主帳戶	遭遇封鎖或提款限制、與稅籍高度綁定	高	20%～30%	避免資產集中，應設流動性上限與轉出備援路徑
高資產國內帳戶	易被監控與課徵資產稅、流動性依賴單一法域	高	10%～15%	若金額過高建議分散至信託／境外法人名義
數位銀行帳戶	受本地金融法規影響小，但可能流動性有限	中	5%～10%	留作日常轉帳／緊急支付備用，審查彈性高
境外帳戶（亞洲區）	與母國稅制互通，部分地區仍易受政治壓力	中	10%～20%	應搭配多國稅籍／身分籌劃避免過度曝光

第十五章　資本守則總結：抗災行動綱領

帳戶類型	潛在風險	風險等級	建議配置比例（總資產）	備注與應對建議
境外帳戶（中東／歐洲）	具避險優勢但跨境轉帳有審查門檻	低	10%～20%	適合作為戰略轉移資產起點，注意合規文檔
加密資產熱錢包	易遭平臺限制、駭客風險高、帳戶易曝光	中	5%～10%	僅作短期交易資金池，不宜存放大額
冷錢包（自保私鑰）	技術要求高，遺失私鑰恐永遠無法取回	低	5%～10%	妥善備份助記詞與私鑰，分散存放於不同地點
第三方支付帳戶	綁定個人身分、儲值金額與功能有限制	中	5%	適用日常生活備援，應啟用雙重認證與限額通知
信託帳戶／保險型帳戶	結構複雜、成本高、需法律文件備妥	低	10%～15%	適用長期風險隔離，文件應事先簽署授權

第二節 持有「行動資產」，而非靜態存款

你的錢，能不能在 24 小時內轉換為你需要的東西？

這是資產真偽的試金石。在制度還穩定、網路還通、電力還在的日常裡，我們很容易把資產數字視為安全感，但當危機降臨時，真正能幫助你的，不是那些看起來很多的數字，而是你可以使用、可以交換、可以移動的那一部分財富。

這就是「行動資產」（active capital）與「靜態存款」（static savings）的本質區別。

靜態存款的三大風險

無法動用風險

錢存在銀行裡，不代表你可以立即提領。系統性風險、提款限制、法定凍結令下達時，你只能看到餘額，卻無法行動。

價值稀釋風險

在通膨、匯率崩跌、金融危機之中，靜態存款的購買力將快速下降。例如：2019 年阿根廷比索三個月貶值 70%，存款幾乎歸零。

第十五章　資本守則總結：抗災行動綱領

轉換限制風險

即使資產安全，但若你無法在災難時將其轉換為水、燃料、食物、移動工具或可用空間，這筆資產等同於無效。

你需要的，是一種可以「從紙面→行動」、「從帳戶→生活」的資產。

行動資產的定義與分類

行動資產，不是看它「漲不漲」，而是它在各種制度與環境下，能不能用來換取你需要的生存資源或轉移能力。

以下是三大類你應該持有的行動資產：

類別	資產型態	功能	特性
生存兌換型	小面額現金、外幣紙鈔、加值交通卡、禮品卡	滿足生活與短期交易	無需電力、網路或監管許可即可使用
高流動性實體型	黃金銀幣、加密冷錢包、實體比特幣硬幣	保值、跨境、避險	不依賴單一國家金融體系
生活轉換型	瓦斯罐、濾水器、醫療備品、發電設備	在危機中轉為實用價值	可直接使用或換取他人資源

行動資產的核心價值在於：「可以用」、「可以換」、「不被封鎖」。

建議行動：建立屬於你的行動資產清單

初級行動資產包（72 小時行動用）

- 臺幣現金 3,000 元（小面額）
- 美金現鈔 200 元（20 元鈔為佳）
- 悠遊卡／一卡通各加值 1,000 元
- 行動電源 ×2（至少 20,000mAh）
- 禮品卡 ×2（超商、連鎖商場）

中級行動資產包（7 日生存備援）

- 黃金 1 克幣 ×5、銀幣 ×10 枚
- 家用發電機或太陽能板備組
- 儲水桶與淨水濾芯各 1 組
- 儲糧盒（可吃 7 日 × 家中人數）
- 硬體冷錢包 1 組（Ledger / Trezor）

高階行動資產配置（制度轉移型）

- 新加坡／瑞士／杜拜境外帳戶一個
- 可兌換型實體資產（如：可交易農地權利、海外倉儲金條）
- 信託授權契約與 POA 文件備份一套

第十五章　資本守則總結：抗災行動綱領

心法提醒：行動性 ≠ 流動性

很多人混淆了「資產可以賣掉」與「資產可以用來活下去」。

你擁有一棟房子，但沒人接手、房貸還綁著、在災難時你無法住進去也無法變現，這棟房就不具行動性。

你持有一支 ETF，平常每日成交量過千張，但股災來臨時，跌停無人接手，這不是行動資產，而是靜態風險。

資產不是讓你看起來有錢，而是讓你有行動力

你不是為了資產數字過生活，而是為了在關鍵時刻有選擇、有餘地、有退路而設計資產。

「行動資產」不只是財務工具，它是讓你活下去、動得了、選得起的自由保證。

行動資產實物配置表

類別	建議項目	功能用途
現金與小額支付工具	臺幣零鈔、美金 20 元、悠遊卡、禮品卡	小額交易首選，無需網路即可用
可兌換貴金屬	小單位金幣、銀幣、不記名條塊	保值、跨境、換物
儲水與淨水裝置	儲水桶、濾水壺、手動濾芯	保障飲水安全
糧食與耐儲食品	白米、罐頭、泡麵、乾燥糧食	多日熱量來源

第二節 持有「行動資產」，而非靜態存款

類別	建議項目	功能用途
照明與電力設備	太陽能板、LED 燈、行動電源、電池	夜間照明與訊號維持
應急醫藥	消炎、腸胃藥、繃帶、維他命	保命與初級醫療
交通與通訊備援	摺疊車、行動網卡、對講機	疏散與非網通訊
可交易民用品	糖、咖啡、小酒、香菸、鹽	災後高交換價值資源

第十五章　資本守則總結：抗災行動綱領

第三節　建構屬於自己的資本堡壘與資訊早報系統

資產配置沒有萬靈解，除非你有自己的情報與決策系統

多數人以為風險管理等於買保險、買黃金、買美元，但這些只是工具，真正決定你能否在風險中生存的，是你有沒有建立一套屬於自己的「資訊提早獲得→風險辨識→資產行動」系統。

這套系統不是靠財經新聞，不是靠 YouTuber 解說，更不是靠股市分析師「喊進喊出」。而是你要打造出一個屬於你、你的家庭、你的產業、你的資產結構專屬的資訊處理與行動系統。

簡單說，你需要的是兩座堡壘：

- 資產堡壘：你的錢能不能擋下衝擊，撐得住局勢，保得住選擇權
- 情報堡壘：你能不能在還沒被擊中前，先做出調整與轉向

第三節　建構屬於自己的資本堡壘與資訊早報系統

> 為什麼你需要情報系統？
> 因為市場知道的，永遠晚一步

當媒體告訴你房市反轉、幣圈崩潰、能源危機、通膨失控時，往往都已經發生、定價、甚至被操作過一輪了。

真正關鍵的，是你能否在「尚未被報導，但跡象已現」的時候，就開始行動。

這就是為什麼要建構「五感情報網」：

感知類型	對應主題	來源建議
制度感知	稅制變動、法令改革、監管升級	國稅局、監理會公告、OECD 報告
市場感知	資產泡沫、資金轉向、股債異常	Bloomberg、TradingView、Yahoo Finance
區域感知	地緣風險、能源壓力、物流斷鏈	國際能源總署（IEA）、IMF、航運平臺
技術感知	數位資產、鏈上異常、網路攻擊	Glassnode、Etherscan、Cybersecurity News
群體感知	輿情變動、社會動盪、社交預警	Reddit、Twitter/X、Telegram 社群、Google Trend

你不需要成為情報專家，但你必須知道哪些數據值得你在星期五晚上熬夜打開來看。

第十五章　資本守則總結：抗災行動綱領

建構你的資產堡壘三部曲

1. 建立防火牆：風險隔離

- 不要把所有資產放在同一法域
- 不要讓同一身分持有全部資產
- 不要將日常帳戶與策略帳戶混用

操作範例：

- 臺灣薪資帳戶＋新加坡理財帳戶＋瑞士保險帳戶
- 家族信託持有加密資產，與個人名下完全隔離

2. 建立緩衝區：現金與實體配置

- 三層現金模型：3 日應急金、30 日流動資產、6 月維持基金
- 三種實體備援：水電糧、金銀幣、加值卡與生活信用物（如香菸、糖）

操作範例：

- 儲備 3 個月生活費於小額帳戶與多簽錢包
- 3 人家庭預存 300 公升水、10 公斤米、兩套手動濾水設備

3. 建立反擊力：重啟機制

資產歸零後你能否重啟？從哪個資源開始？靠誰的系統運作？

預設一套「資產轉向腳本」：

第三節　建構屬於自己的資本堡壘與資訊早報系統

- 股票失效→黃金兌換
- 信用卡失效→交通卡＋實物交換
- 網路癱瘓→無線電通訊＋社區互助

建議行動：建立你的「資本預警儀表板」

每週更新一次，記錄以下變項的風險分數（1～5 分）：

模組	觀察指標	異常門檻	建議行動
制度風險	稅制新法草案、央行言論	＞3 分	開始資產轉移第一層
資本市場	股債同跌、貨幣波動、ETF 持倉集中	＞3 分	調整流動性配置
數位安全	駭客攻擊頻率、鏈上出錯、主鏈延遲	＞2 分	備份冷錢包、提領至鏈下
能源／物資	國內限電、價格異常、物流中斷	＞2 分	啟動家庭物資採購備援

可使用 Excel、Notion、Obsidian 或 Google Sheet 建立動態監控。

沒有預警系統的資產，是無防備的堡壘

資本不是冷冰冰的數字，它是你與世界賽局時的槓桿。你必須知道什麼時候放下，什麼時候出擊，什麼時候轉向。

你要設計的不只是帳戶，而是一座能夠預警風險、隔離衝擊、轉換

第十五章 資本守則總結：抗災行動綱領

用途、再啟資產的堡壘。

你不是等新聞來決定命運，而是靠自己的資料系統決定資本怎麼走。

情報類型與關注主題

類型	要監控的風險信號
制度感知	稅制改革、金融監管、跨國協議調整（如 CRS、AML）
市場感知	資金流向、資產波動、金融商品避險趨勢
區域感知	能源輸出國政策、戰爭警示、交通封鎖與地緣異常
技術感知	數位資產漏洞、鏈上攻擊、穩定幣異常、資安通報
群體感知	群眾焦慮、投資社群跳船、資本逃逸前的口碑變化

第四節　你不需要當投資高手，但必須成為資本思維者

資本思維，不是賺錢技巧，而是理解風險的結構感

多數人一提到「理財」、「資本」就聯想到投資、股市、買賣點、報酬率。但真正在風險時代活得下來的人，不一定是投資高手，而是懂得用資產「抵禦風險、延長選擇權、創造行動力」的人，也就是具備資本思維（capital mindset）的人。

投資技巧是進場與出場的精準操作，而資本思維是：即使市場無法操作，你依然能站得住、不會崩潰。

投資高手 vs. 資本思維者的四大差異

比較維度	投資高手	資本思維者
目標	賺錢、超額報酬	存活、延長行動時間
關注點	股價、趨勢、財報、籌碼	法規、制度、流動性、風險地圖
工具使用	技術分析、基本面、槓桿產品	多層資產配置、風險隔離、預警系統
判斷基礎	預測市場走向	判斷制度變動與資本結構連動

第十五章　資本守則總結：抗災行動綱領

　　一個資本思維者的信念是：我不能保證一直賺錢，但我要保證我的選擇權不能被拿走。

資本思維的三個核心觀念

1. 資產不是看數量，而是看結構

　　擁有 1,000 萬現金，若全放在單一帳戶中，等於把選擇權交給了一套機制。

　　相反，擁有 200 萬黃金＋300 萬境外帳戶＋200 萬信託＋300 萬在地實體資產，可能看起來分散、分批、效率低，但當危機發生時，你至少還有三種以上的應變路徑。

　　問題反思：如果今天國內凍結銀行帳戶，你還剩幾分能動的資產？

2. 評估風險不是看事件，而是看連鎖結構

　　資本思維者不只看某件事「會不會發生」，而是思考：

- 如果 A 發生（如：區塊鏈停擺）
- 接下來 B 會如何反應（如：USDT 流動性崩潰）
- 然後 C 就會出現（如：交易所清算潮、監管突襲）

　　他會為整條鏈路設計資產調整：不是等災難到來才決定，而是從邏輯上建立「當……則……」的行動策略。

　　問題反思：你目前的資產結構，是否有超過三種「連動風險重疊點」？

3. 錢不一定要增值，但必須能轉化

許多人迷戀報酬率，卻忽略資產「能否轉化」的重要性：

- 房地產是否可快速變現？
- 加密資產能否換成可用現金？
- 股票能否兌換為實物或支付項目？
- 帳戶能否轉到其他司法轄區？

資本思維告訴你：錢不能動的時候，它就不是錢。

問題反思：你有哪些資產，只能看、不能轉、不能換、不能用？

建議行動：打造你的「個人資本思維系統」

資產行為盤點表（每半年檢視）

- 每項資產填寫：流動性、使用性、轉換性、稅務狀態、司法風險、替代方案
- 目的：讓你知道資產不只是存在哪，而是「怎麼用、什麼時候用、被誰限制用」

風險故事演練手冊（每季度模擬）

- 模擬：如果你三天內不能用你的主帳戶，你要怎麼活？
- 寫下「資產轉用 SOP」：哪一筆錢要先動？什麼順序轉帳？誰來幫你執行？

第十五章　資本守則總結：抗災行動綱領

選擇權日誌（每月檢討）

- 問自己：我本月做的每個財務選擇，是因為我有選擇，還是我被環境推著選的？
- 記錄：有哪些選擇我沒做、沒敢做、來不及做？下次要如何提前準備？

資本不是讓你發財，而是讓你不被剝奪

你可以錯過幾次交易，但你不能錯過活下去的機會。

你可以不買在最低、賣在最高，但你不能讓別人替你決定你該怎麼用錢。

你可以不追逐暴利，但你不能讓自己沒有行動空間。

資本思維的終點，是確保你永遠還能說一句話：這是我的資產，我決定它的未來。

資本思維者 15 條行動

行動模組	每日／每月任務	對應提問
制度風險感知	訂閱政府法規通告、關注 OECD 與本地稅制動態	若本地法律突變，我是否可提前一週知情？
境外帳戶分層	建立至少兩個非臺灣籍帳戶並設定不同操作用途	我目前資產中有多少是可以在 72 小時內轉出國外？
多法域結構配置	設計三層法域：國內、亞洲中立區、歐洲或中東低風險區	當單一區域爆發戰爭時，我的資產是否有後備出處？

第四節　你不需要當投資高手，但必須成為資本思維者

行動模組	每日／每月任務	對應提問
數位資產冷錢包配置	備份冷錢包並測試跨鏈轉帳成功率，紀錄簽章人分布	如果鏈上交易停擺，我能否用冷錢包提取並重建？
資產使用優先順序設計	寫下你目前所有資產從危機當日開始的動用順序表	我的錢從哪筆開始動？誰先用？誰授權？順序是否合邏輯？
實體備援物資管理	每季清點備糧、濾水、油品與通訊工具的有效性	食物、水與基本燃料可撐幾天？誰知道儲放地點？
高風險產業配置監測	建立風險資產觀察清單（幣種、ETF、REITs、債券）	我是否知道哪些資產風險正在累積卻還沒爆發？
家庭信任協議與授權	設定突發狀況代理授權人，並準備 POA 文件影本備存	若我無法處理資產，誰有明確權力與指示繼承我角色？
社區互助資源盤點	每半年與鄰里建立災備協議，包含物資、醫藥、避難所	萬一物流斷鏈，誰是我可以信賴的合作單位？
三層現金流規劃	分配家庭應急金：3日／7日／30日三層現金流模組	若明天封城，我的家人有多少天資金可用？在哪些帳戶？
個人避險技能盤點	學習並記錄三項具交易／生存價值的技能（如濾水、修繕）	若資本失靈，我能靠什麼技能換取食物／庇護？
風險異常預警雷達	製作你專屬的風險五感儀表板，納入地緣、金融、制度、物流與社群	我能否在別人知道前看見資產風險的徵兆？
行動資產轉換實驗	實測一週內用非主流帳戶或資產完成基本生活消費	我是否曾用非主流方式完成實體生活交易？效果如何？
資產重啟劇本寫作	編寫一份模擬資產歸零後的重建流程圖與第一週行動計畫	若明早起來一切歸零，我能否自動啟動資產重建藍圖？
每月帳戶流動性與封鎖風險評估	每月用紅黃綠標記所有帳戶流動性與法域風險狀態	若現在凍結主帳戶，我還剩幾個能操作的備援通道？

第十五章　資本守則總結：抗災行動綱領

第五節　危機不是結束，是重啟資產秩序的起點

不是結束，而是重新洗牌的開端

在這本書的前面十四章中，我們經歷了制度風險的剖析、能源與金融的連鎖反應、區塊鏈系統的崩潰模擬、銀行倒閉與政府突襲稅的情境演練。

現在，是時候問一個終極問題：

如果一切歸零，你該怎麼從零開始，重啟自己的資產秩序？

這不是悲觀假設，而是真正的資本設計思維試煉。因為真正強韌的資產結構，不只是能避開風險，更是即使崩毀，也能重建的體系。

歸零不是終點，是底層結構重組的機會

歷史不只一次告訴我們：在災難之後，新的資本主導者不一定是倖存者，而是「事後有行動力的人」。

- 2008 年金融海嘯後，有人破產，但也有人開始建立不依賴單一投資銀行的家族資本架構
- 2020 年疫情來襲，有人失業，也有人啟動跨境個人品牌或資源交換社群

- 2022 年俄烏戰爭爆發，有人損失帳面資產，也有人建構能源分散與物資交換網絡

危機，是一場硬體重開機，也是一場軟體升級的契機。

> **資本重啟三步驟：**
> **從一筆資源、一個技能、一段信任開始**

第一步：建立「重啟型資產」

不是所有資產都能幫你重建生活，真正能幫你起身的，是那些能讓你創造收入、交換資源、重建信用的資源：

- 現金不是最重要的，「可生產的資源」才是
- 例如：能出租的空間、能種植的地、能移動的交通工具、能販售的專業
- 更實際的是：能讓你被信任與再僱用的履歷與人脈連結

問題自問：
如果我現在一無所有，有什麼是別人仍願意「借我、聘我、合夥我」的資產？

第二步：復原你的「資產交換圈」

資產不是自己運轉的，它存在於一個能兌換與轉換的網絡中：

- 誰是你能信任、能合作、能互換資源的夥伴？
- 哪些社群、哪些通路、哪些制度仍對你開放？

第十五章　資本守則總結：抗災行動綱領

- 你是否有保留「聯絡清單」、「憑證資料」、「信用紀錄」等可重建信任的憑藉？

行動建議：

- 製作一份「資本復原名單」：列出 10 個人／單位／平臺，你可在重啟階段第一時間求援或合作

第三步：設計「重建的資本順序」

當一切清零後，你不能亂動資源。你必須有一套順序：

- 確保基本生存（食物、水、電、交通）
- 啟動收入來源（勞務、交換、販售）
- 恢復通訊與資料（網路、帳戶、備份）
- 開始儲備與分層（儲蓄、可轉換資產、小規模投資）
- 回到制度架構中（合法合規、身分與稅務定位）

這就像是一場資產版的「防災演練」，而你要當的不是倖存者，而是重建者。

沒有永遠穩定的系統，但可以有永遠可啟動的資產設計

我們曾相信某些制度會一直存在，某些市場不會崩潰，某些帳戶會永遠開放，但現實一次次提醒我們——沒有任何結構天生穩固，唯有擁有重啟能力的人才能真正自由。

請記住本書最後一條守則：

危機不是結束，而是你開始主導自己資產秩序的那一天。

你已經看過世界怎麼崩，你也該學會怎麼建。從明天開始，請你從一個行動、一筆資產、一段思維，開始設計屬於你真正自由的資本體系。

第十五章　資本守則總結：抗災行動綱領

結語
從被動資產到主動資本，
在不確定中活得更好

當你讀完這本書，或許心中會浮現一個問題：「那我現在到底該做什麼？」這個問題並不是關於哪一種資產表現會最好，也不是關於什麼國家更安全、什麼投資管道最具潛力，而是回到一個更根本的定位：你在這個資本秩序中的角色，是什麼？

在全球貨幣體系正經歷深度位移的此刻，資本世界不再單純依循「高報酬＝高風險」這種線性邏輯，而是逐漸進入一種多維競技場。這個場域中，影響你資產穩定度與資本成長力的，不只來自於金融商品的選擇，也來自於你所置身的制度網格、帳戶設計、資金來源、流通通道，甚至 —— 你與制度之間的關係。

◎你不是資產的擁有者，而是資本的設計師

資產可以被凍結、消失、貶值、重新計價，但資本的邏輯設計與結構選擇卻是一種持續發揮作用的系統思維。透過這本書，我們一路梳理了制度穿透的檢核點、帳戶風險的等級排序、非金融資產的流動性困境、CBDC 與監管資本的強制透明化風險……你會發現，傳統理財書所說的「投資組合多元化」其實只是表層，真正的抗風險能力，來自你的資本布局能否跨制度、多地點、動靜並存、疊加機制。

在資產穩定期，這些設計看起來冗餘；但一旦貨幣秩序重組或發生地緣政治轉折，它們就能決定你是資本轉移者還是制度受困者。

結語　從被動資產到主動資本，在不確定中活得更好

◎從金錢管理到系統設計：個體對抗風險的真正升級

傳統的個人理財常以「記帳、節流、存錢、投資」作為主線思維，但本書的重點不在於如何節省開銷，而是如何理解當制度不再穩定、帳戶不再自由、資本流動受限時，個體應如何提前布局系統、保護價值與加速逃生速度。

在第十章我們提出「從利潤塔到能力圈」的概念，也就是說，個體或企業不應僅追求短期利潤的最大化，而應思考整體價值鏈的重組：哪些事情是自己可以持續做、做得久、具備競爭力？哪些資源是可以被他人替代的？哪些投資是陷入「看似必要但沒產值」的成本泥淖？

這樣的反思不只是管理會計的問題，更是抗風險能力的源頭。當世界進入結構性不確定時代，資本設計的關鍵詞不再是「報酬最大化」，而是「風險最小化後的自由空間」。

◎用三段式收入梯，撐過現金震盪期

我們也不會迴避一個現實問題——大多數人，並沒有立即可用的大量資本可以「調動」。因此，本書在第九章第五節所提的「三段式收入梯」是一個實用的資產現金流節奏設計工具：

- 穩定現金來源：兼職、接案、現金交易，先求不死。
- 成長型收入模型：方案打包、顧問服務、數位販售，逐步擴大單位價值。
- 資本型被動收入：平臺化、授權型、訂閱制，讓收入具有疊加與累積效果。

這三個階段不是依次進入，而是可以並行設計、輪流加重的收入戰略。目的不是創造財富總量的極大值，而是創造抗震力與策略空間的最大寬度。

◎實質負利率時代，資本「不虧光」就是最好的成長

在第六章我們揭示了「當通膨維持在35％之上，債券年收益即使為23％，仍為實質負利率」這樣的現實荒謬。這表示，在某些貨幣體系下，單純擁有「固定收益資產」反而是一種慢性損耗。

這提醒我們，金融安全感不可再來自於「數字穩定」，而是來自於「流動性結構＋制度邊界判斷＋資本移動自由」。

這也是為什麼我們在書中反覆強調：你必須主動變成制度與風險的設計者，不能只是被動的資產保有者。

◎當你的資本可以自我移動時，你才真正自由

若說本書有一個最終訊息，那便是：自由，不只是表面上的財務自由，更是一種制度自由。

當你有能力將資本結構設計為「多層、多國、多樣態」，你將擁有：

- 一套「不被凍結」的帳戶系統
- 一套「不被單一制度限制」的流通通道
- 一套「自我生成收入」的資本機制
- 一套「可逃生／可增值／可再生」的資產組合

這樣，你即便身在風暴核心，也有轉身離開的能力；你即便遭遇資本斷流，也有備援現金與重啟資產的能力；你即便資產遭限，也有自我信任網絡與收入梯可以重新爬升。

◎危機時代，你就是自己的貨幣主權機構

請不要把「帳戶」當成銀行給的，而是你自己設計的「信任邊界」；不要把「收入」當成對方給的報酬，而是你價值創造系統的外部表現；不要把「資產配置」當成財務顧問設計的圖表，而是你對未來預期與制度判

斷的實體行動結果。

當你有這樣的意識，你就不再是被資本世界牽著走的人，而是一位擁有自我資本主權的設計者。

你不是被命運安排的資產管理者，你是可以布局全局的策略資本人。

從這一刻起，你要的不只是「活下來」，而是「活得更好、站得更穩、走得更遠」。

附錄
專有名詞一覽表

中文術語	英文對應
實質負利率	Real Negative Interest Rate
固定收益資產	Fixed Income Asset
抗通膨性	Inflation Hedge
購買力	Purchasing Power
資本配置	Capital Allocation
非金融資產	Non-financial Asset
現金流週期	Cash Flow Cycle
變現流通性	Liquidity for Exit
邊際貢獻率	Marginal Contribution Rate
收入組合	Income Portfolio
資產流動性	Asset Liquidity
平臺型收入	Platform-based Income
被動收入模型	Passive Income Model
數位資產	Digital Asset
實質受益人	Ultimate Beneficial Owner (UBO)
帳戶凍結	Account Freeze
資本管制	Capital Control
制度穿透	Regulatory Penetration
雙重課稅協定	Double Taxation Agreement (DTA)
加密貨幣	Cryptocurrency
冷錢包	Cold Wallet

附錄　專有名詞一覽表

中文術語	英文對應
熱錢包	Hot Wallet
數位身分	Digital Identity
金融監管沙盒	Financial Sandbox
本幣貶值	Local Currency Depreciation
美元本位體系	USD-based System
分潤模式	Revenue-sharing Model
現金安全邊際	Cash Safety Margin
營運槓桿	Operating Leverage
現金流斷裂	Cash Flow Gap
流動性風險	Liquidity Risk
信用風險	Credit Risk
法定貨幣	Fiat Currency
數位法幣	Central Bank Digital Currency (CBDC)
帳戶可控性	Account Controllability
凍結授權機制	Freeze Authorization Mechanism
資金出入境	Capital Inflow/Outflow
離岸金融	Offshore Finance
匿名交易	Anonymous Transaction
交易所監管	Exchange Regulation
金融科技	Fintech
虛擬資產	Virtual Asset
實體資產	Tangible Asset
法規風險	Regulatory Risk
避險資產	Hedge Asset
稅務居民	Tax Residency
帳戶分層	Tiered Accounts

中文術語	英文對應
信託結構	Trust Structure
資本轉移	Capital Transfer
法律灰區	Legal Grey Zone
通膨預期	Inflation Expectation
名目收益	Nominal Return
實質收益	Real Return
租金收益	Rental Income
版稅收入	Royalty Income
授權協議	Licensing Agreement
被動現金流	Passive Cash Flow
資產配置圖	Asset Allocation Map
財務診斷	Financial Diagnosis
流動性對照表	Liquidity Matrix
家庭資本會議	Family Capital Meeting
三段式收入梯	Three-Tiered Income Ladder
收入模型	Income Model
財務緩衝期	Financial Buffer Period
資本來源	Capital Source
現金儲備	Cash Reserve
結構性風險	Structural Risk
制度設計	System Design
避險	Risk Hedging
策略分層	Strategy Layering
利潤組合	Profit Portfolio
能力圈	Circle of Competence
商業模式壽命	Business Model Lifetime

附錄　專有名詞一覽表

中文術語	英文對應
營運成本結構	Operating Cost Structure
資本支出	Capital Expenditure
財務韌性	Financial Resilience
實質資本	Tangible Capital
可轉移性資產	Transferable Asset
風險等級	Risk Tier
帳戶診斷	Account Audit
可控性矩陣	Controllability Matrix
財富遷徙	Wealth Migration
資產防火牆	Asset Firewall
收入流設計	Income Stream Design
緊急資金分配	Emergency Fund Allocation
非主流資產	Alternative Asset
資產凍結機率	Asset Freeze Probability
金融信任鏈	Financial Trust Chain
家族資本架構	Family Capital Architecture
稅務穿透	Tax Transparency
分級帳戶設計	Tiered Account Design
數位監管	Digital Regulation
金融排除	Financial Exclusion
跨境資本流動	Cross-border Capital Flow
脆弱型收入	Vulnerable Income

中文術語	英文對應
分潤協議	Revenue-sharing Agreement
平臺化獲利	Platform Monetization
策略現金池	Strategic Cash Pool
防通膨資產	Inflation-resistant Asset
信任貨幣	Trust-based Currency

末日資本防衛戰，財富保全的 74 個超前部署：

從金融崩壞到資產重建，寫給下一場危機倖存者的行動藍圖

作　　　者：	遠略智庫
發 行 人：	黃振庭
出 版 者：	山頂視角文化事業有限公司
發 行 者：	山頂視角文化事業有限公司
E－m a i l：	sonbookservice@gmail.com
粉 絲 頁：	https://www.facebook.com/sonbookss/
網　　　址：	https://sonbook.net/
地　　　址：	台北市中正區重慶南路一段 61 號 8 樓
	8F., No.61, Sec. 1, Chongqing S. Rd., Zhongzheng Dist., Taipei City 100, Taiwan
電　　　話：	(02)2370-3310
傳　　　真：	(02)2388-1990
印　　　刷：	京峯數位服務有限公司
律師顧問：	廣華律師事務所 張珮琦律師

- 版權聲明 -

本書作者使用 AI 協作，若有其他相關權利及授權需求請與本公司聯繫。

未經書面許可，不得複製、發行。

定　　　價：550 元
發行日期：2025 年 06 月第一版
◎本書以 POD 印製

國家圖書館出版品預行編目資料

末日資本防衛戰，財富保全的 74 個超前部署：從金融崩壞到資產重建，寫給下一場危機倖存者的行動藍圖 / 遠略智庫 著 .-- 第一版 .-- 臺北市：山頂視角文化事業有限公司，2025.06
面；　公分
POD 版
ISBN 978-626-7709-17-7(平裝)
1.CST: 理財 2.CST: 財務管理 3.CST: 經濟分析
563　　　　　114007346

電子書購買

爽讀 APP　　　臉書